TEOLOGIA e SOCIEDADE

Coleção Teologia na Universidade
- *Teologia e arte: expressões de transcendência, caminhos de renovação* –
Ceci Baptista Mariani e Maria Angela Vilhena
- *Teologia e ciências naturais: teologia da criação, ciência e tecnologia em diálogo* –
Eduardo R. da Cruz
- *Teologia e comunicação: corpo, palavra e interfaces cibernéticas* –
Vera Bombonatto e Fernando Altemeyer Junior
- *Teologia e cultura: a contribuição da fé cristã no mundo atual* –
Matthias Grenzer e Pedro Iwashita
- *Teologia e direito: o mandamento do amor e a meta da justiça* –
Afonso M. L. Soares e João Décio Passos
- *Teologia e educação: educar para a caridade e a solidariedade* –
Eulálio Figueira e Sérgio Junqueira
- *Teologia e outros saberes: uma introdução ao pensamento teológico* – João Décio Passos
- *Teologia e saúde: compaixão e fé em meio à vulnerabilidade humana* –
Alexandre A. Martins e Antonio Martini
- *Teologia e sociedade: relações, dimensões e valores éticos* –
Paulo Agostinho Nogueira Baptista e Wagner Lopes Sanchez

Paulo Agostinho N. Baptista   Wagner Lopes Sanchez

TEOLOGIA e SOCIEDADE

Relações, dimensões e valores éticos

Dados Internacionais de Catalogação na Publicação (CIP)

(Câmara Brasileira do Livro, SP, Brasil)

Teologia e sociedade : relações, dimensões e valores éticos / Paulo
Agostinho N. Baptista, Wagner Lopes Sanchez, [organizadores].
– São Paulo : Paulinas, 2011. – (Coleção teologia na universidade)

Bibliografia
ISBN 978-85-356-2738-1

1. Teologia - Aspectos sociais   2. Teologia - Estudo e ensino
I. Baptista, Paulo Agostinho N.   II. Sanchez, Wagner Lopes.   III. Série.

10-12289   CDD-261

Índices para catálogo sistemático:

1. Teologia e sociedade   261
2. Teologia social   261

1ª edição – 2011

1ª reimpressão – 2012

Direção-geral: Flávia Reginatto

Conselho editorial: Dr. Afonso M. L. Soares
Dr. Antonio Francisco Lelo
Luzia M. de Oliveira Sena
Dra. Maria Alexandre de Oliveira
Dr. Matthias Grenzer
Dra. Vera Ivanise Bombonatto

Editores responsáveis: Vera Ivanise Bombonatto e
Afonso M. L. Soares
Copidesque: Anoar Jarbas Provenzi
Coordenação de revisão: Marina Mendonça
Revisão: Ana Cecilia Mari
Direção de arte: Irma Cipriani
Assistente de arte: Sandra Braga
Gerente de produção: Felício Calegaro Neto
Projeto gráfico: Manuel Rebelato Miramontes
Capa e diagramação: Telma Custódio

Nenhuma parte desta obra poderá ser reproduzida ou transmitida
por qualquer forma e/ou quaisquer meios (eletrônico ou mecânico,
incluindo fotocópia e gravação) ou arquivada em qualquer sistema ou
banco de dados sem permissão escrita da Editora. Direitos reservados.

Paulinas

Rua Dona Inácia Uchoa, 62
04110-020 – São Paulo – SP (Brasil)
Tel.: (11) 2125-3500
http://www.paulinas.org.br – editora@paulinas.com.br
Telemarketing e SAC: 0800-7010081
© Pia Sociedade Filhas de São Paulo – São Paulo, 2011

Apresentação da coleção

Com este novo livro, *Teologia e sociedade*, organizado pelos professores Paulo Agostinho Nogueira Baptista e Wagner Lopes Sanchez, oferecemos mais uma preciosa colaboração à coleção *Teologia na Universidade*. Esta foi concebida para atender um público muito particular: jovens universitários que estão tendo, muito provavelmente, seu primeiro contato com uma área de conhecimento que talvez nem soubessem da existência: a área de estudos teológicos. Além dos cursos regulares de teologia e de iniciativas mais pastorais assumidas em várias Igrejas ou comunidades religiosas, muitas universidades comunitárias oferecem a todos os seus estudantes uma ou mais disciplinas de caráter ético-teológico, entendendo com isso oferecer ao futuro profissional uma formação integral, adequada ao que se espera de todo cidadão: competência técnica, princípios éticos e uma saudável espiritualidade, independentemente de seu credo religioso.

Pensando especialmente nesse público universitário, Paulinas Editora convidou um grupo de docentes com experiência no ensino introdutório de teologia — em sua maioria, oriundos do antigo Departamento de Teologia e Ciências da Religião da PUC-SP, recentemente assumido pela nova Faculdade de Teologia dessa universidade — e conceberam juntos a presente coleção.

A proposta que agora vem a público visa produzir estudos que explicitem as relações entre a teologia e as áreas de conhecimento que agregam os cursos de graduação das universidades, a serem realizados pelos docentes das disciplinas teológicas — ora chamadas de *Introdução ao Pensamento Teológico*, ora *Introdução à Teologia*, *Antropologia Teológica*, *Cultura Religiosa* e/ou similares —, contando com a parceria de pesquisadores das áreas em questão (direito, saúde, ciências sociais, comunicação, artes etc.).

Diferencial importante dos livros desta coleção é seu caráter interdisciplinar. Entendemos ser indispensável que o diálogo entre a teologia e outras ciências em torno de grandes áreas de conhecimento seja um exercício teológico que vá da *teologia e...*

até a *teologia do...* Em outros termos, pretendemos ir do diálogo entre as epistemes à construção de parâmetros epistemológicos de teologias específicas.

Por isso, foram escolhidos como objetivos da coleção os seguintes:

a) Sistematizar conhecimentos acumulados na prática docente de teologia.

b) Produzir subsídios para a docência inculturada nas diversas áreas.

c) Promover o intercâmbio entre profissionais de diversas universidades e das diversas unidades destas.

d) Aprofundar os estudos teológicos dentro das universidades afirmando e publicizando suas especificidade com o público universitário.

e) Divulgar as competências teológicas específicas no diálogo interdisciplinar na universidade.

f) Promover intercâmbios entre as várias universidades confessionais, comunitárias e congêneres.

Para que tal fosse factível, pensamos em organizar a coleção de forma a possibilitar que cada volume fosse elaborado por um grupo de pesquisadores, a partir de temáticas delimitadas em função das áreas de conhecimento, contando com coordenadores e com escritores de temáticas específicas. As temáticas estudadas e publicadas são delimitadas em função das áreas de conhecimento, podendo ser multiplicadas no decorrer do tempo a fim de contemplar esferas específicas de conhecimento.

O intuito de estabelecer o diálogo entre a *teologia e outros saberes* exige uma estruturação que contemple os critérios da organicidade, da coerência e da clareza para cada tema produzido. Nesse sentido, decidimos seguir, ma medida do possível, a seguinte estruturação para cada volume da coleção (com exceção do volume inaugural, de introdução geral ao pensamento teológico):

- *Aspecto histórico e epistemológico*, que responde pelas distinções e pelo diálogo entre as áreas.

- *Aspecto teológico*, que busca expor os fundamentos teológicos do tema, relacionando *teologia e...* e ensaiando uma *teologia da...*

- *Aspecto ético*, que visa expor as implicações práticas da teologia em termos de aplicação dos conhecimentos na vida social, pessoal e profissional do estudante.

Esperamos, portanto, cobrir uma área de publicações nem sempre suficientemente subsidiada com estudos que coadunem a informação precisa com a acessibilidade didática. É claro que nenhum texto dispensará o trabalho criativo e instigador do docente em sala de aula, mas será, com certeza, um seguro apoio para o sucesso dessa tarefa.

Enfim, queremos dedicar este trabalho a todos aqueles docentes que empenharam e aos que seguem empenhando suas vidas à difícil arte do ensino teológico para o público mais amplo da academia e das instituições de ensino superior, para além dos muros da confessionalidade. De modo muito especial, temos aqui presentes os docentes do extinto Departamento de Teologia e Ciências da Religião da PUC-SP, onde essa coleção começou sua gestação.

Afonso Maria Ligorio Soares
Livre-docente em Teologia pela PUC-SP

Introdução

A teologia, como um saber crítico sobre Deus e sobre tudo o que existe, desde suas origens tem sido desafiada a pensar os problemas decorrentes da vida em sociedade. Ao enfrentar esse desafio, ela é convocada a mostrar a sua competência e a legitimidade de sua perspectiva.

A modernidade, ao questionar o lugar da religião na sociedade e a validade do seu discurso, obrigou o saber teológico a refazer a sua dinâmica e os seus referenciais para revelar a sua razão de ser. Nos meandros da sociedade moderna, entre conflitos e tentativas de diálogo, entre resistência e aceitação, entre contestação e acomodação, a teologia, num processo complexo de reflexão sobre o mundo, sobre a vida humana e sobre a vida social, precisou redefinir o seu discurso e colocar-se numa atitude de diálogo com o mundo.

Dialogar com o mundo, significou, em primeiro lugar, abandonar o seu exílio. Isso a obrigou a levar a sério as diversas realidades históricas, colocar-se compreensivamente para além das condenações e reconhecer que os problemas humanos são também seus problemas. Enfim, ela teve que elaborar uma palavra pertinente sobre as realidades históricas. Essa atitude de diálogo colocou-a numa atitude de humildade e reconhecimento da existência de outros saberes que também dialogam com o mundo.

Em segundo lugar, dialogar com o mundo permitiu que ela reconhecesse que é um saber historicamente situado, historicizado, e, ao mesmo tempo, portador de uma autonomia relativa. Aqui temos uma mão dupla: de um lado esse saber está intrinsecamente vinculado à sociedade e ao tempo onde é produzido, e, de outro lado, participa do grande "mutirão" de construção de significados que é próprio da produção intelectual e, por isso, também influi nas diversas leituras que pessoas e grupos sociais fazem da história. Os sujeitos que produzem teologia — os teólogos — estão condicionados ao momento histórico e também influem na construção de significados que procuram organizar e dar sentido à vida humana levando em conta as diversas tradições religiosas às quais estão vinculados e as inquietações vividas pela sociedade.

Pensar a relação entre *teologia e sociedade* é problematizar as relações entre um determinado tipo de saber, oriundo da fé religiosa e que toma em conta uma dimensão específica da realidade — a dimensão da Realidade Última da vida —, e um aspecto da realidade humana que é a vida em sociedade com toda a complexidade que dela decorre. Como vimos, essa relação terá que ser, necessariamente, de diálogo sem abrir mão da crítica e do profetismo inerentes ao discurso teológico. Em outros termos, o discurso teológico não pode abrir mão da sua especificidade, mas também, para ser ouvida no cenário das diversas interpretações da realidade social, tem que assumir uma posição dialogante e de igualdade com os demais discursos interpretativos.

Entre todas as tentativas de diálogo com a sociedade realizadas pela tradição teológica durante os últimos séculos, podemos lembrar três momentos importantes que se tornaram paradigmáticos. No século XIX a teologia protestante tratou de enfrentar o duro desafio de dialogar com a sociedade moderna e fez isso se manifestando sobre os grandes temas da modernidade: o sujeito, a liberdade, o progresso e a ciência.

Do lado católico, por outro viés, no século XIX tivemos o desenvolvimento da chamada "doutrina social", que procurou enfrentar a questão social decorrente do processo de industrialização e de urbanização, resultado do desenvolvimento do capitalismo. Esses posicionamentos levaram muitos cristãos e cristãs, de diversas igrejas, a se juntarem a pessoas de outras religiões ou sem adesão religiosa e se engajarem criticamente nas lutas sociais por uma sociedade mais justa e solidária.

Mas foi na década de 1960 e na América Latina que teve origem uma teologia que procurou dar respostas ousadas ao grave problema da opressão e da desigualdade social, tendo como referência o acontecimento bíblico do "êxodo", a realidade de exploração vivida pelos povos latino-americanos e o horizonte das utopias de uma sociedade igualitária, que se desenvolveram no interior dos movimentos de libertação naquele momento. No âmbito do cristianismo, a Teologia da Libertação foi, seguramente, uma das mais consistentes expressões até hoje construídas sobre a sociedade no que diz respeito aos desafios oriundos da luta pela justiça e da superação da desigualdade social. O seu método e os temas escolhidos continuam a ecoar em toda a reflexão teológica e eclesial em diversas partes do mundo cristão. O esforço desenvolvido por ela levava em conta, num diálogo inovador e fecundo, a contribuição das ciências sociais para a compreensão crítica da realidade social.

Esses esforços da teologia para dialogar com a sociedade mostram que ela constitui um discurso competente e relevante e sem o qual a compreensão da realidade pode ficar incompleta.

Este volume da coleção *Teologia na Universidade*, dedicado ao tema *teologia e sociedade*, tem uma direção: pretende mostrar a relevância do discurso teológico para

Introdução

compreender a sociedade, mas também a necessidade do diálogo da teologia com os diversos saberes que se debruçam para compreender a dinâmica da vida social.

Em vista desse objetivo, este volume é interdisciplinar por duas razões:

- Toda realidade humana é complexa e multifacetária e, por isso, a realidade só pode ser percebida a partir de leituras diversas e compreensões mútuas; e

- A teologia, para romper com os dogmatismos e os exclusivismos, precisa ouvir os diversos discursos que se fazem sobre a realidade.

Assim como todos os volumes desta coleção, este está estruturado em três eixos. O primeiro eixo, de caráter histórico e epistemológico, problematiza a relação entre *teologia e sociedade*. O segundo eixo, de caráter teológico, lança o olhar da teologia sobre as várias dimensões da sociedade em diálogo com as diversas áreas. O terceiro eixo, de caráter ético, apresenta as implicações éticas do discurso teológico sobre a sociedade.

A cada um desses eixos corresponde uma das partes do volume. (I) Relação entre *teologia e sociedade*; (II) As dimensões da sociedade a partir da teologia; (III) Valores e discernimento ético.

Para tratar desses três eixos, sob diferentes enfoques, teólogos, cientistas da religião e pesquisadores de diversas áreas das ciências sociais aceitaram o desafio de dialogar sobre as relações do discurso teológico com a sociedade.

Na primeira parte, "Relação entre *teologia e sociedade*", temos quatro textos: (1) As múltiplas dimensões do ser humano, de Roberlei Panasiewicz; (2) O ser humano como ser histórico, de João Batista Libanio; (3) A teologia como produto social e produtora da sociedade: a relevância da teologia, de Benedito Ferraro; e (4) Teologia cristã e modernidade: confrontos e aproximações, de Wagner Lopes Sanchez.

Na segunda parte, "As dimensões da sociedade a partir da teologia", são apresentadas quatro dimensões da sociedade: social, política, cultura e comunidade internacional. Temos aqui oito textos: (5) Justiça social e direitos humanos, uma luta antiga: em memória do profeta Amós, de Pe. Jaldemir Vitório, SJ.; (6) A busca de uma sociedade justa na Doutrina Social da Igreja Católica, de Luiz Eduardo Wanderley; (7) Liberdade e engajamento social, de Edélcio Otavianni; (8) Políticas públicas e exigências éticas, de Marta Silva Campos; (9) A diversidade cultural como desafio à teologia, de Silas Guerriero; (10) Ser como Deus: críticas sobre as relações entre religião e mercado, de João Décio Passos; (11) Globalização neoliberal e globalização solidária, de Pedro de Assis Ribeiro de Oliveira; e (12) Uma pátria comum?, de Márcio Antônio de Paiva e José Carlos Aguiar de Souza.

Na terceira parte, "Valores e discernimentos éticos", são apresentados três textos: (13) Uma reflexão ético-teológica a partir da *Gaudium et Spes* e da *Caritas in Veritate*, de Rosana Mancini; (14) O papel das religiões na construção das utopias e de uma ética mundial, de Maria Luiza Guedes; e (15) Parâmetros ecoteológicos para a sustentabilidade planetária, de Paulo Agostinho N. Baptista.

Esperamos que este livro seja um instrumento importante no ensino da teologia nos diversos cursos de graduação da área das ciências sociais e que favoreça uma reflexão teológica aberta e interdisciplinar, que contribua para o desenvolvimento, no futuro, de uma teologia da sociedade.

Paulo Agostinho N. Baptista e
Wagner Lopes Sanchez

PARTE I

Relação entre teologia e sociedade

CAPÍTULO I

As múltiplas dimensões do ser humano

Roberlei Panasiewicz

Viver humanamente é sempre um desafio. Somos desafiados o tempo todo e a todo instante. Provavelmente você já parou para pensar em qual é o sentido da vida, se vale a pena viver e como dar sentido a ela. Já pensou que viver é um mistério? Será que é por isso que é tão gostoso? É isso, desafio constante. Estamos envoltos em um mistério: o mistério da vida! Daí, desde os mais simples mortais até cientistas, intelectuais e místicos procuram dar respostas que satisfaçam suas perplexidades ante o ato do viver.

Há várias maneiras de responder a essas indagações, pois o ser humano é composto de várias dimensões, e as respostas podem ser dadas por ângulos diferentes. Pontos de partida diferentes geram composições de respostas diferentes, mas isso não significa que os resultados sejam diferentes. E, ainda, se tivermos resultados diferentes não significa que um está certo e outro errado. Podem, simplesmente, ser diferentes. Fomos instigados a julgar tudo como certo ou errado. Esse dualismo corrói nossa existência, destruindo, em grande parte, nossa potencialidade de felicidade. Nesta reflexão, partiremos dos estudos desenvolvidos pela antropologia filosófica para fundamentar nosso ponto de partida.[1] Não significa que seja o certo ou o melhor, mas é um ponto de partida.

O objetivo desta reflexão é pensar a estrutura fundamental do ser humano, como ela se manifesta em várias relações, gerando múltiplas dimensões, e, ainda, nesse contexto, compreender o sentido do existir humano. Para tanto, dividiremos este estudo em três momentos. O primeiro apresenta a estrutura fundamental do ser humano. O segundo analisa a realidade unitária que compõe essa estrutura. Por fim, o terceiro propõe a distinção e a articulação entre realização e felicidade humanas, sentido do existir humano.

---

1 A antropologia filosófica investiga a estrutura essencial do ser humano e os livros de referência desta reflexão são: VAZ, *Antropologia filosófica*, vv. 1 e 2.

1. Estrutura fundamental do ser humano

Procurando decifrar o mistério que é o ser humano com suas angústias, inquietudes e busca por realização e felicidade, iniciemos por apresentar a estrutura existencial que o compõe. Três são as dimensões fundamentais que estruturam o ser humano: o corpo, o psíquico e o espírito. Elas perpassam sua estrutura antropológica. Deveriam viver em constante harmonia, pois é nesse equilíbrio que o ser humano encontra o sentido para sua vida. Entretanto, nem sempre é assim! Por isso as crises existenciais.[2] Analisaremos cada uma dessas dimensões separadamente para melhor entendimento.

a) O corpo ou a exteriorização

O corpo é onde percebemos que tudo começa concretamente. Por ele o ser humano se mostra ao mundo. Podemos dizer que neste primeiro momento há uma *presença natural*, ou seja, o ser humano é expressão de sua forma biológica. Neste estágio inicial ele simplesmente está-no-mundo. Viver significa ser atendido na satisfação de suas necessidades básicas. O neonato (recém-nascido) se apresenta ao mundo de forma primária. Sua interação com o mundo só se faz pelo biológico. Nesse momento de sua existência, o indivíduo se compreende como "sendo" o seu corpo, estágio em que quer ser satisfeito em suas necessidades básicas.

Posteriormente, o ser humano demarca sua presença de forma *intencional*. Deixa de estar-no-mundo e de se perceber somente como "sendo" o seu corpo. Processualmente passa a se compreender como "tendo" um corpo. A passagem do *ser* para *ter* o seu corpo permite certo distanciamento em relação à atitude de buscar satisfazer suas necessidades básicas e sobreviver; ele passa a olhar para o mundo de forma intencional. Quer dizer, de forma ativa. Não fica mais passivo esperando ser atendido, mas, lentamente, passa a interagir com o meio em que vive. Essa mudança de postura permite que surja a noção do *eu corporal*, ou seja, começa a emergir a percepção de que ele é sujeito e que, portanto, faz parte de uma história. Essa nova presença passa a propiciar a noção de espaço e de tempo. Percebe que está em um lugar e em um momento específicos, noção que antes não havia. *Ter* um corpo e não só *ser* o próprio corpo permite que a vida seja vivida com intencionalidade. Seu agir passa a ser deliberado pelo seu "eu corporal".

Sua presença no mundo passa a ocorrer em vários níveis: biológico, emocional, mental, social, político, cultural, religioso e cósmico. No biológico, como dito, além de demarcar a presença física e espacial do ser humano em determinado momento e

---

2   No sânscrito, crise é *kri* ou *kir* e significa "desembaraçar", "purificar", "limpar". No grego é *krisis* ou *krínein* e significa "a decisão num juízo". Podemos dizer que crise é todo processo de purificação visando à decisão.

tempo específicos, desenvolve um *jeito* próprio de estar-no-mundo. Ser sujeito significa ser diferente e, inicialmente, essa diferença é dada pela sexualidade. A presença intencional no mundo provoca a compreensão de que o ser humano é sexuado. É, portanto, diferente do outro. Essa noção perpassa todos os níveis.

O emocional demarca a presença na ordem da afetividade. Neste nível emerge o desejo, o sentimento e a imagem. A sexualidade será envolta pela afetividade. O mental estabelece sua presença pelo emergir da consciência e da racionalidade. A sexualidade será envolta pela racionalidade. Há uma profunda articulação do emocional e do mental no psíquico humano.

No social sua presença é focada no encontro com o outro e se dá pela linguagem. A comunicação simbólica será a marca da expressividade humana no mundo. A sexualidade encontra sua expressão em símbolos e comportamentos sociais. O político se caracteriza pela busca da organização social procurando estabelecer a justa medida para o convívio. O cultural diz que a presença no mundo se dá através da adequação ou de adestramento a certos padrões de comportamento ou a determinadas regras. A sexualidade será introduzida a esses padrões de comportamento.

O religioso reflete sua busca por um sentido que vá além da materialidade.

Por fim, o cósmico. Aqui a presença no mundo é compreendida como estando para além de si mesmo. O mundo é mais do que ele mesmo e, se por um lado provoca medo, por outro estimula a novas buscas e conquistas. A sexualidade instiga o ser humano a ser sempre mais.

O foco central da existência humana é que o ser humano nasce corpo biológico, se exterioriza, mas, ao dar intencionalidade a sua existência no contato intersubjetivo e na contemplação cósmica, desenvolve suas potencialidades e passa a construir um mundo com sentido. Isso é propriamente tornar-se humano.

b) O psíquico ou a interiorização

A dimensão psíquica do ser humano se localiza em uma posição estratégica. Encontra-se entre o corpo e o espírito. É, portanto, estruturalmente mediadora. Se, por um lado, a presença no mundo através do corpo acontece de forma *imediata*, ou seja, ele se apresenta no aqui e no agora da história, por outro lado, a presença no mundo através do psíquico passa a ser *mediata*. Antes, a construção do eu corporal processava-se na passagem de uma presença natural para uma presença intencional no mundo. Agora, há a presença do filtro da *percepção* e do *desejo*. Aqui, a passagem do estar-no-mundo para o ser-no-mundo provoca a interiorização do ser humano. Seu mundo interior começa a aflorar cada vez com maior intensidade. É o emergir de sua *consciência*.

Neste novo estágio de ser-no-mundo a interioridade humana processa-se a partir de uma delicada e constante articulação entre liberdade e consciência, emoção e razão. Viver é comprometer-se em manter em constante equilíbrio essa maneira de ser-no-mundo. Privilegiar um lado (a liberdade, a emoção) ou outro (a consciência, a razão) nessa articulação pode colocar em risco a saúde psíquica do ser humano. A psicologia é a ciência que estuda e procura estimular esse equilíbrio.

A percepção humana capta o mundo exterior e o interioriza. Internamente emergem três crivos que verificam o que foi captado: o imaginário, o afetivo e o racional. A interioridade humana se configura através desse processo de captação do mundo exterior, análise pelos crivos internos e nova exteriorização em forma de comportamento. Entretanto, isso não é simples, pois sua localização em um tempo e em um espaço específicos na história, a maneira como elabora sua captação do mundo e como estabelece suas relações intersubjetivas possibilitam a emergência de um comportamento mais ou menos saudável.

Assim, o "ser-no-mundo" é caracterizado como sendo *relacional*. Estabelecemos as mais diversas e variáveis relações. Entretanto, o que solidifica a experiência do sujeito no mundo é a relação intersubjetiva. O outro, por excelência, sempre desafia a interioridade do eu. Isso favorece a não acomodação do ser humano e estimula sua constante busca de aprimoramento.

A forma de o psíquico captar e organizar tempo-espaço é diferente do corpo. Aquele ordena o fluxo da vida em termos de percepção, representação, memória, emoção, pulsão e razão. Seu ser-no-mundo é de forma ativa e dinâmica. Por exemplo, a memória possibilita que o ser humano viva o presente, mas sem menosprezar o passado. A história passada permite olhar criticamente para o presente, viver de forma diferenciada e projetar seu futuro.

O imaginário, o afetivo e o racional convergem para a construção da unidade consciencial, demarcando seu eu interior. Aqui se delineia a identidade do sujeito que será expressa no "sentimento de si". Isso será assumido e consumado na unidade espiritual.

c) O espírito ou a profundidade

As duas primeiras experiências são agora assumidas pelo espírito. Isso não significa que o ser humano perca sua especificidade. Pelo contrário. Essa experiência possibilita que o ser humano se afirme, mantenha e aprofunde sua interioridade essencial. Ele seria determinado pelas leis da natureza se não fosse a mediação do sujeito, efetivada pela presença do corpo intencional e do psíquico. Agora ele é levado a um estágio de maior profundidade. Da *experiência relacional* com o outro relativo e que, a todo instante, o relativiza, para a *experiência transcendental* com o Outro absoluto e que, constantemente, o convida a ir além. Se a experiência relacional demarca a relação intersubjetiva e preenche a vida humana de sentido, a experiência transcendental eleva o humano a outro patamar. Na estrutura espiritual o ser

As múltiplas dimensões do ser humano

humano, enquanto liberdade, se abre à amplitude transcendental do bem e, enquanto inteligência, à amplitude transcendental da verdade. "É pelo espírito que o homem participa do Infinito ou tem indelevelmente gravada no seu ser a marca do Infinito."[3]

É no espírito que a unidade do ser humano (ontológica) torna-se realidade. Há uma consumação da unidade entre corpo-psiquismo-espírito. É pelo espírito que o corpo e o psiquismo tornam-se transcendentais e é pelo o corpo e pelo psíquico que o espírito torna-se imanente, ou seja, participa do mundo. Essa unidade mantém o ser humano reflexivo e adentrando, mais e mais, a sua interioridade. Por isso, esse momento é chamado de profundidade, pois o espírito propicia tamanha interiorização do humano. Essa releitura que a dimensão do espírito estabelece possibilita novas apreensões e emergências de novas noções. A esperança, por exemplo, deixa de ter um enfoque somente existencial em que caracteriza uma relação intersubjetiva e ganha dimensão transcendental. O Outro envolve e sustenta a esperança humana. A dimensão psíquica sofre com a perda de um ente querido, mas a dimensão espiritual reconforta com a alegria da esperança transcendental.

A dimensão espiritual possibilita olhos para que o ser humano reveja, reconfigure e ressignifique fatos e acontecimentos de sua vida passada e olhos para enxergar, com utopia, o futuro que se vislumbra. Possibilita a articulação entre particular e universal. "Espírito não é uma parte do ser humano. É aquele momento da consciência mediante o qual aprendemos o todo e a nós mesmos como parte e parcela deste todo."[4]

O ser humano é "composto" desta tríplice dimensão: corpo-psiquismo-espírito. Entretanto, é ao longo de sua vida que ele vai se compreendendo, tomando consciência e aprendendo a articular essas dimensões. E mais, tornar-se humano significa propiciar que essas dimensões entrem em harmonia. O equilíbrio entre corpo, psiquismo e espírito é essencial para que o ser humano mantenha sua unidade existencial-trancendental. Neste horizonte, ele percebe-se vivo, desejante, livre, inteligente, racional e consciente.

Dessa unidade integradora do ser humano emergem múltiplas relações e possibilidades que compõem o mundo humano.[5] Seja através da política, da economia, da cultura, do social, do familiar, do religioso ou do tecnológico, o humano quer estabelecer relações e construir um mundo que faça sentido para ele e para os que o sucederão. Daí emergem novas noções, dependendo de sua relação e necessidade no tempo-espaço de sua história. O cuidado, por exemplo, com o meio ambiente e com

---

3   VAZ, *Antropologia filosófica*, v. 1, p. 202.

4   BOFF, Leonardo. Espiritualidade, dimensão esquecida e necessária.

5   Para Regina Migliori, consultora em Cultura de Paz da Unesco, "o ser humano é formado por um conjunto de dimensões: orgânica, biológica, mental, emocional, intelectual, cultural, social, planetária e espiritual" (MIGLIORI, Somos seres com múltiplas dimensões).

o planeta, a busca por justiça social, pela construção da paz e da cidadania, e por relações interpessoais mais amorosas apontam para sua inquietante busca de sentido e realização. Essas relações provocam o ser humano, propiciam novas construções e estimulam a criatividade, aprimorando, cada vez mais, seu eu interior, agora compreendido em suas dimensões fundamentais: corpo-psiquismo-espírito.

Há algum conceito que unifica essas dimensões fundamentais do ser humano?

2. A realidade unitária

a) O conceito de pessoa

Há uma unidade essencial entre corpo-psiquismo-espírito na existência humana. Enquanto corpo, este aparece ao mundo, se exterioriza, demarca seu jeito de estar no mundo de forma objetiva, ou seja, ele é ele sem as suas relações. É sua dimensão de objetividade. Esse momento é marcado, primeiramente, pela não reciprocidade e pela indiferença em relação ao outro. Entretanto, o psiquismo humano não fica no isolamento corporal. Ele convida para a relação intersubjetiva. Ou seja, a exterioridade do outro é assumida como um *existir-com* ou *ser-com*. Emerge um espaço intencional que demarca a relação e o outro passa a ser reconhecido na interioridade do sujeito. O corpo não fica mais isolado e busca, agora, reciprocidades. Pela comunicação interpessoal processa-se um reconhecimento mútuo das existências e os sujeitos se sentem corresponsáveis. Parece até magia, mas não é. É existência humana. Há uma atração recíproca e afetuosa entre os sujeitos que querem construir história. Porém, é verdade também que essa atração nem sempre é em vista do desenvolvimento recíproco e, por isso, emergem as violências. Essas duas dimensões não completam o ser humano. Ele sente falta de mais. A exterioridade e a interioridade o estimulam a ir além, a transcender a sua existência. O ser-no-mundo e o ser-com-os-outros provocam-no a avançar para além dos limites da sua história. A transcendência provoca aprofundamento do ser e releituras na maneira do viver humano, insistindo na construção do sentido e, ainda, apontando para a dimensão do mistério que envolve e ultrapassa a vida, buscando sua expressão maior no Absoluto.

Podemos dizer que esta unidade radical entre estas três dimensões é articulada pela noção de *pessoa*. Em sua origem grega, pessoa vem de *prosopon*, que significa "rosto" e designava a máscara de teatro. Os estoicos utilizavam esse termo para indicar os papéis ou as funções que os homens e a mulheres deveriam cumprir em suas vidas. Em sua origem romana, pessoa vem de *persona*, que significa "soar através", termo utilizado para designar a máscara que os atores utilizavam, representando o papel que desempenhavam no teatro e, ainda, possibilitando ecoar o som da máscara para todo o ambiente. A origem etimológica aponta para uma semelhança no

As múltiplas dimensões do ser humano

sentido do termo, tanto em grego quanto em latim. Podemos dizer, portanto, que *prosopon* ou *persona* era a máscara usada nas peças de teatro, colocada sobre o rosto e diante dos olhos. Assim, indicava os papéis desempenhados pelos homens e mulheres, a princípio no teatro e, depois, no palco da vida, no espaço social.

Posteriormente, esse termo será assumido pela teologia cristã na tentativa de compreender a relação interna da Trindade divina: existe um só Deus em três pessoas, Pai-Filho-Espírito Santo. Porém, com o surgimento do que foi qualificado como *heresia modalista*, essas "pessoas" foram compreendidas como "modos" (máscaras) de Deus se manifestar na história humana. Houve a necessidade de buscar novo termo para articular essa relação trinitária e o escolhido foi *hipóstasis*, que significa "suporte", "subsistência", pois um existe e subsiste *na* e *em* relação com o outro. Além da linguagem teológica, o termo pessoa também será foco de debate da linguagem filosófica, jurídica, linguística, gramatical e, mais tarde, psicológica, sociológica e política. Dessa complexa história do termo, iremos assumir o recorte proposto pela antropologia filosófica.

Neste horizonte, "a categoria de *pessoa* se apresenta, tanto na sua procedência histórica como nas suas exigências teóricas, como a mais apta a exprimir toda a riqueza inteligível que se adensa nesse estágio, o mais elevado, da autoafirmação do sujeito".[6] Ser autônomo é a grande busca e característica de todo e qualquer sujeito. Enquanto o indivíduo demarca a exterioridade corporal e a pessoa a interioridade espiritual, ser sujeito é conquistar sua autonomia na história. Estes três termos — pessoa, sujeito e indivíduo — resguardam, cada qual, sua especificidade, porém numa mútua interpenetração. É em torno da categoria *pessoa* que esses termos encontram sua definição.

Assim, podemos compreender a pessoa como particularidade de cada existência situada na história. Ela possibilita que cada um seja reconhecido pelo que é. Vive sua singularidade no mundo ao mesmo tempo em que se abre para a transcendência. Todo humano quer e gosta de ser reconhecido, individual e coletivamente. A pessoa dá ao indivíduo a identidade humana. Cada um é reconhecido como humano por ser pessoa. Porém, para além do reconhecimento, Ricouer[7] propõe compreender a identidade de duas maneiras, como *idem* e como *ipse*. A *identidade idem*, que significa "o mesmo", aponta para a dimensão estática, fixa de nossa identidade. Alguns anos são fundamentais para a formação da personalidade humana. Depois de formada, ela está fixa, acabada. A outra, *identidade ipse*, que significa "o próprio", diz respeito à dimensão dinâmica da pessoa, mostra que todo ser humano não se encontra acabado, mas em constante processo de construção. É alteridade provocando reconstruções.

---

6   VAZ, *Antropologia filosófica*, v. 2, p. 190.
7   Para maior aprofundamento ver: RICOUER, *O si mesmo como um outro*. O autor mostra que temos dentro de nós "um outro" de "nós mesmos". Esse desconhecido é o mistério que perpassa todo o ser humano.

21

A maneira como cada humano lida com estas dimensões, *idem* e *ipse*, permite que ele se autocompreenda e conviva no ambiente social de forma mais aberta ou fechada. As duas dimensões fazem parte da identidade humana; a questão é como são articuladas e, mesmo, priorizadas.

Ser pessoa significa ser sempre fim em "si-mesmo". Que quer dizer isso? Quer dizer que nunca podemos ser instrumentalizados, direcionados, manipulados, pois aí deixamos de ser pessoa humana e passamos a ser "coisa". Buber, filósofo existencialista, afirmava que, em uma relação interpessoal, sempre que o *eu* domina um *tu*, ou vice-versa, perde-se o essencial do relacionamento, e o outro passa a ser uma *coisa* nas mãos do *eu*, pois ele deixa de ser pessoa humana. Nesse sentido, sempre que houver dominação na relação pai e filho, marido e mulher, professor e aluno, namorado e namorada, patrão e empregado, e assim por diante, há impedimento no processo de humanização, pois tanto o *eu* quanto o *tu* deixam de ser pessoas e passam a ser *coisas*, objetos manipulados. Assim, ser pessoa significa permitir que o relacionamento ocorra sem manipulação de nenhuma das partes. Isso não é viver por determinação do destino ou "deixar a vida me levar". Significa fazer a vida acontecer, possibilitar que o desejo seja realizado, mas sem supressão do desejo alheio. Aqui está o paradoxo, pois é na relação interpessoal que discernimos os próprios desejos, mas nem sempre os realizamos. Este é o desafio do encontro de liberdades, característica essencial dos encontros interpessoais. Se, por um lado, o outro possibilita discernimento quanto aos próprios desejos, por outro lado, inibe e, em grande parte, censura a sua realização. As *hipóstases sociais*[8] são as responsáveis pelo controle social do comportamento humano na sociedade. Isso não anula e nem empobrece a liberdade humana. Assinala que o ser humano não possui liberdade absoluta e que também não é totalmente determinado pelo meio. Nesse espaço intermediário é que emerge o ser livre. Este reconhecimento que demarca a relação interpessoal caracteriza a sua autonomia e aponta para outra noção básica do conceito de pessoa, que é a compreensão da *liberdade*. Ser livre é poder articular internamente, porém, provocado pelo outro, o ser-em-si e o ser-para-si.

Kant já compreendia o ser humano como *fim absoluto*, e, portanto, nunca como *meio*. Com ele podemos afirmar que a pessoa é valor absoluto e não pode ser instrumentalizada. Mesmo com a força de um sistema econômico que quer mudar este imperativo, a humanidade não pode se dobrar à exigência do mercado atual. Toda pessoa deve ser cuidada em sua dignidade própria. Esse é o sentido de *respeito*. No trato interpessoal, respeitar alguém é cuidar para que aconteça tal como foi combinado entre as partes. Nas relações sociais, respeitar é cumprir o contrato social, fonte e possibilidade da democracia.

A pessoa humana sempre articulou essa unidade essencial?

---

8   *Hipóstases sociais* são, na compreensão de Peter Berger, as instituições que os seres humanos constroem nas sociedades e que, depois de construídas, controlam os seus comportamentos sociais. Exemplos dessas hipóstases são: família, escola, Estado. Para maior aprofundamento, ver BERGER, *Dossel sagrado*.

b) Ruptura da unidade

Resguardar a unidade e manter o equilíbrio entre as dimensões corpo-psiquis-mo-espírito é o grande desafio da pessoa humana. Ao longo da história ocidental emergiu um dualismo entre *coisa* e *ideia* ou entre *corpo* e *alma*. Superar esse dualismo é o desafio que continua a rondar a noção de pessoa humana.

Para compreender esse dualismo, vamos recorrer a dois momentos que podemos dizer filosófico-culturais da história da humanidade. Um reporta-se à unidade essencial entre *coisa* e *ideia* ou *corpo* e *alma* e outra remonta à ruptura radical que provocou repercussão em toda a história ocidental. O primeiro caso encontra-se na cultura hebraica e expresso no livro do Gênesis. O segundo está presente na cultura grega e expresso nos escritos platônicos.

Na cultura hebraica, a unidade entre corpo e alma é expressa no ato na criação. Deus cria o homem do barro e sopra as narinas. Essa dupla combinação é que propicia a vida humana. Não basta o corpo como também não basta o sopro. Sem o corpo ou sem o sopro não há vida. A alquimia da vida acontece com essa dupla combinação.

Na cultura grega, é o contrário. Os escritos de Platão expressam a divisão entre corpo e alma. As coisas e, portanto, o corpo pertencem ao mundo sensível, representado pelo mundo material, mutável, temporal, ilusório. As ideias e, portanto, a alma pertencem ao eterno, imutável, ou seja, a outra realidade, a divina. É por isso que o corpo será compreendido como o cárcere da alma, pois a aprisiona em seu estado de imperfeição. Esta poderia estar em todo lugar, mas não pode, pois o corpo a aprisiona onde estiver. Por isso, a hora da morte é bem-vinda, pois liberta a alma da prisão do corpo.

Duas culturas com duas compreensões diferentes de uma mesma realidade. Não se trata, neste momento, de aprofundar essas realidades, mas de mostrar que o dualismo que trazemos em nossa forma de pensar o mundo tem uma origem histórica. Nem sempre foi assim, nem em todo lugar é assim, e não precisa ser assim para sempre. Podemos mudar essa forma de compreender o *corpo* e a *alma*.

Para entendermos quando ocorreu esta "mistura de culturas", vamos recorrer a uma passagem emblemática e, mesmo, simbólica dessa fusão. Referimo-nos à pregação de São Paulo em Atenas, capital da Grécia (At 17,16-34). São Paulo, originário da cultura hebraica, prega em terras gregas. O texto diz que em Atenas existia a crença em vários deuses e que São Paulo encontra um altar com a seguinte inscrição: "Ao deus desconhecido". Como acreditavam em vários deuses, poderia haver um deus que eles não conhecessem. Então, esse altar era para esse deus. São Paulo diz para os gregos: "O que vós venerais assim, sem o conhecer, é o que eu vos venho anunciar". Faz uma pregação bonita sobre Jesus Cristo e converte vários gregos. Com isso começa a existir uma fusão de culturas e de religiões. Simbolicamente podemos dizer que São Paulo leva a religião cristã e traz a filosofia grega. Esse intercâmbio continua por séculos no interior do Império Romano até que, no século IV da era comum, a religião cristã passa a ser a religião do Império. A religião cristã, que tem sua fonte em uma unidade integradora entre corpo e sopro, incultura-se em um ambiente dicotômico. Bebe dessa água e passa a oferecer a todas as culturas pertencentes ao Império Romano essa nova água já "misturada" para matar a sede do divino. Nesse processo de fusão, filósofos e teólogos se debruçam sobre os textos sagrados buscando demarcar a doutrina da nova religião que está emergente. Infelizmente, a alquimia que será desenvolvida neste novo momento histórico entre a estrutura feudal medieval e a religião cristã terá o acento na dicotomia entre corpo e alma. O corpo será concebido como imperfeição, como limitação da alma. Bendita a hora da morte, pois liberta a alma para Deus, para a perfeição, para o céu. É nesse horizonte que emerge uma das explicações para a presença da Inquisição. Do que vale viver muitos anos de forma herética e ser condenado ao "fogo eterno"? É preferível, na compreensão das autoridades da época, viver menos tempo, ter seu corpo purificado pelo fogo e ir contemplar Deus em sua eternidade. Por isso, bruxas e hereges foram condenados à fogueira, fruto dessa dicotomia básica entre corpo e alma. Há, obviamente, muitas outras explicações para a Inquisição, mas ela não é o objeto desta análise.

Os missionários cristãos, ao levar a "boa-nova" do evangelho de Jesus Cristo, oriundos dessa fusão de culturas — hebraica, grega e romana — provocada pelo cristianismo nascente, que se torna a religião oficial do império, espalham também esta dicotomia presente na maneira de compreender corpo e alma.[9] Essa maneira de compreender as *coisas* e as *ideias* se espalhará por todos os campos da existência humana. Da forma que passamos a compreender separadamente e de forma dualista, por exemplo, sagrado e profano, certo e errado, rico e pobre, vida material e vida espiritual. A filosofia moderna e várias ciências que emergem na modernidade recebem a influência do pensamento de Descartes. Esse filósofo apresenta o corpo como *res extensa*, ou seja, como coisa, substância mensurável, e a alma como *res cogitans*, substância pensante. Acentua e reforça a dicotomia. Esta dilacera o psiquismo humano, provocando uma existência marcada pelo julgamento moral, pela culpa e pelo medo de não estar respondendo de forma "certa", ou seja, da maneira como prediz tal verdade.

Nesse horizonte, como entender os valores universais? Primeiramente, eles foram estabelecidos a partir do horizonte ocidental. Provavelmente, o "pano de fundo" foi a busca de superação dessa dicotomia e a possibilidade de apontar para valores que perpassem por todas as culturas, por isso, universais. Ao fazer isso, possam ser reinterpretados de forma diferente, agregando novos significados. São considerados

---

9   No Edito de Milão, em 313, depois da era comum, o imperador Constantino assegura a liberdade de culto para os cristãos e, logo, o cristianismo passa a ser a religião oficial do Império Romano.

valores universais tais como a vida, a justiça, a liberdade. Embora a maneira de compreender cada um deles dependa do horizonte cultural onde emerge a discussão, é importante que sejam estabelecidos, pois norteiam a convivência social e estimulam sempre novas hermenêuticas.

A conclusão que podemos tirar dessa ruptura na forma de compreender a pessoa humana, tendo seu acento na compreensão dicotômica entre corpo e alma, é saber que não é uma característica ontológica, ou seja, não é inata ao ser humano. Ela foi incorporada a nossa maneira de viver. E se foi incorporada e tem provocado desarranjos, é possível mudar. A busca é retomar a unidade essencial do psiquismo humano, é voltar à unidade entre consciência e liberdade, razão e emoção, como também buscar o equilíbrio entre as dimensões essenciais do ser humano: corpo-psiquismo-espírito.

Se vivemos séculos de dicotomias e dilacerações, qual a finalidade de buscar não só a unidade do psiquismo, mas o equilíbrio entre as dimensões fundamentais do ser humano?

3. Realização e felicidade

Como afirmamos antes, o ser humano é uma unidade ontológica. Enquanto ser-no-mundo, mantém relação de objetividade com as coisas e pessoas que o cercam. Enquanto ser-para-os-outros, mantém relação de intersubjetividade com as pessoas e, nessa relação, pode se construir como pessoa e ser sujeito de sua história. A situação do ser humano é, até este instante, marcada pela finitude. Entretanto, essa situação se abre para a transcendência e o ser humano é chamado a ser mais, a reler a sua história com novas lentes e a ver mais distante e com maior profundidade. Compreendemos que o ser-no-mundo e o ser-para-os-outros é ser-para-a-transcendência. Somos chamados para a infinitude.

Enquanto ser-em-si, o humano tem uma unidade estrutural interna, dentro dele mesmo. Porém, quando começa a se relacionar com o mundo, com os outros e com o transcendente, essa unidade começa a ser ameaçada e emergem as dificuldades. Isso mostra que o ser humano, mesmo tendo uma unidade básica, estrutural, não está pronto e acabado para sempre. Ele é dinâmico e, nessas relações, enquanto torna-se pessoa também vai compreendendo-se diferente de tudo e de todos. Essa constatação possibilita que faça, constantemente, novas apropriações de si mesmo, ou seja, que aprofunde na elaboração de sua identidade, de quem ele é para si mesmo. Viver, então, é entrar na dinâmica de estar sempre reconstruindo sua identidade existencial.

Realizar-se como pessoa humana é encontrar, ou melhor, é dispor-se a articular esta unidade essencial que compõe o humano. Tanto a identidade *idem* (sua relação consigo mesmo) quanto a identidade *ipse* (sua relação com o outro, com a alteridade) são estímulos constantes para o ser humano buscar sua unidade essencial. Este é o convite dirigido à existência humana: que viva com sentido e que aprenda a articular sua unidade essencial.

Se realização se dirige mais ao campo ontológico (ao ser) da existência humana, onde encontrar a felicidade? Realização e felicidade estão articuladas? Aristóteles dizia, no século IV antes da era comum, que o sentido para a existência humana na *pólis* ("cidade") era a felicidade. Mas o que significa ser feliz? Este é um estado de espírito, é algo dinâmico ou estático? A dificuldade em definir a felicidade encontra-se no fato de as pessoas sentirem diferentemente e, daí, darem sentido diverso para ela.

Seguindo a estrutura exposta nesta reflexão, vamos pensar a felicidade a partir das categorias essenciais do ser humano. Enquanto *corpo*, ser feliz significa ser-no-mundo. A felicidade aqui se sintoniza com o bem-estar, com a saúde corporal, com a disposição em viver e sentir prazer. Em contrapartida, a infelicidade se apresenta como sendo falta de saúde, com a doença, com a velhice e, sobretudo, com a finitude maior da existência humana, a morte. Ela inibe a disposição humana e ofusca a busca pelo prazer e, até mesmo, pelo sentido da vida. Daqui derivam outras consequências. Por exemplo, dependendo do tempo e do espaço em que o ser humano viva, ou seja, em qual cultura e em qual momento histórico, pode existir uma valorização pelo belo e pela estética que acaba por levar o corpo humano a ficar escravo de padrões culturais. A felicidade daquela pessoa fica condicionada a se enquadrar nesse modelo.

Enquanto *psiquismo*, emoção e razão põem-se em equilíbrio visando ser feliz. Felicidade significa ser-para-os-outros. Nesse processo, o ser humano desperta para os próprios desejos. A felicidade aqui está ligada à realização desses desejos, do desenvolvimento intelectual, da participação e da construção de comunidades e ser reconhecido. A infelicidade é se perceber sempre insatisfeito e não conseguindo e nem podendo usufruir de todo o conforto oferecido pelo mercado. Por exemplo, no campo interpessoal as frustrações aparecem quando o amor não é encontrado ou correspondido. No trabalho, quando as potencialidades não são desenvolvidas ou, pelo contrário, quando se sente explorado em suas habilidades. Se, por um lado, as diferenças de cor, sexo ou religião possibilitam emancipação, novas descobertas e construções, por outro lado podem gerar preconceitos, marginalizações e violências. Lembremos, neste aspecto, que o ser humano é ser-de-desejo, portanto, nunca poderá ter seus desejos satisfeitos na totalidade. Esta dimensão o estimula a alcançar suas utopias. Entretanto, a insatisfação pode levá-lo a buscar compensação, por exemplo, na felicidade química, tornando-o dependente.

O *espírito* possibilita que a felicidade dê um salto para o "mais", para o além, para a transcendência. O ser humano compreende que o seu universo é envolto de amor e que há um sentido maior na existência, mesmo que esteja passando por uma situação de crise, expressão de sua finitude. Cabe a ele retomar seu sentido. Tanto o ser-no-mundo quanto o ser-para-os-outros são relidos com nova ótica e percepção. Felicidade aqui é o lugar da alegria e da paz de espírito. Há uma diferença apresentada por Rubem Alves a respeito do prazer e da alegria que se faz pertinente recordar brevemente. Podemos compreender, por seus escritos, que prazer está ligado ao corpo, precisa do objeto material para acontecer. Se seu corpo encontra-se com fome, o prazer se dará quando comer aquela comida favorita. Porém, chega uma hora em que seu corpo dá um alerta e fala: *Para! Já estou saciado*. No campo do prazer há desejo e limite e ele só ocorre quando o objeto desejado encontra-se ausente, no primeiro momento, e presente, no segundo momento, para sua saciedade. Com a alegria é diferente. Só de saber que um amigo chegará de viagem, a pessoa que o espera já se encontra feliz. Não há necessidade de a pessoa esperada chegar e acontecer o abraço para a alegria ser instalada. Portanto, a alegria é um estado que acontece antes, durante e depois do encontro com o objeto desejado ou da concretização da situação esperada. Os exemplos podem se estender, mas para o momento é o suficiente. É por isso que a alegria possibilita ao ser humano transcender a sua existência. O grande limite que se instala, nesta dimensão, é a angústia e a insegurança ante o Mistério que se abre e ultrapassa o ser humano. Dizia Rudolf Otto que ante o mistério o ser humano reage tendo medo (*tremendum*) ou tendo atração (*fascinium*).

Não existe, portanto, um estado estático de felicidade ou, o seu oposto, de infelicidade. A felicidade é processual, é vivida e construída à medida que o ser humano se conhece (aprofunda em sua identidade *idem*) e aprende a se relacionar com os outros e com o mundo (aprofunda em sua identidade *ipse*).

4. Conclusão

As três dimensões fundamentais que estruturam o ser humano, a que podemos chamar de categorias essenciais — corpo, psiquismo, espírito —, possibilitam que ele se realize e construa uma vida feliz. Essas são as grandes razões da existência humana. Ao buscar construir sua realização e felicidade, ele estabelece várias relações, que estimulam o encontro consigo mesmo. Cada vez que é provocado por algo externo a si mesmo, seja por outra pessoa ou por desafios de outra ordem, o ser humano volta-se para si buscando novas respostas e lapidando sua identidade. Isso possibilita que a "pedra preciosa" do seu interior brilhe com mais luz e ilumine os que estão à sua volta. As múltiplas relações que estabelecemos ao longo da vida, seja no nível econômico, político, social, familiar e religioso, devem ser pensadas e, portanto, mantidas, aprofundadas ou alteradas tendo em vista esta disposição essencial, a realização e a felicidade.

Não há respostas exatas ao mistério que perpassa a vida humana, mesmo porque esta vida deixaria de ser mistério. Se, por um lado, não ter certeza causa insegurança e, até mesmo, angústia, por outro lado, provoca uma sensação de risco e de aposta.

A busca do equilíbrio entre corpo-psiquismo-espírito será sempre a grande meta do existir humano.

5. Referências bibliográficas

ALVES, Rubem. *Sem fim*. São Paulo: Loyola, 2002.

BERGER, Peter. *Dossel sagrado*; elementos para uma teoria sociológica da religião. São Paulo: Paulinas, 1985.

BOFF, Leonardo. Espiritualidade, dimensão esquecida e necessária. Disponível em: <http://www.leo nardoboff.com/site/vista/outros/espiritualidade.htm>. Acesso em: 04 fev. 2010.

_____. *Vida segundo o espírito*. 2. ed. Petrópolis: Vozes, 1983.

MIGLIORI, Regina. Somos seres com múltiplas dimensões. Disponível em: <http://www.migliori.com.br/artigos_folha.asp?id=8>. Acesso em: 02 fev. 2010.

RICOUER, Paul. *O si mesmo como um outro*. Campinas: Papirus, 1991.

VAZ, Henrique C. de Lima. *Antropologia filosófica*. São Paulo: Loyola, 1991. v. 1.

_____. *Antropologia filosófica*. São Paulo: Loyola, 1992. v. 2.

CAPÍTULO II

O ser humano como ser histórico

João Batista Libanio

1. Pressuposto metodológico

O tema articula ser humano e história. Adotamos a perspectiva dialética. O ser humano constrói a história e a história, por sua vez, constrói o ser humano. De que maneira?

A história humana só existe porque, em dado momento do longo processo evolutivo de bilhões de anos, surgiu o ser humano. Comunga das mesmas substâncias químicas da natureza, carrega DNA de fraternidade com os animais. No entanto, marca profunda distinção ao ser dotado de razão, de consciência e de liberdade.

Mais. O princípio de hominização se uniu ao de humanização. Ao tornar-se racional, instituiu modo de viver diferente daquele dos animais de que se originara. Estabelece relações, age sobre a natureza, cria laços e, sobretudo dá um significado ao que faz. Suas ações se sucedem, não em mera materialidade, mas lhe ficam na memória. Elas têm passado. E ao atuar no presente descortina já um futuro. Entende-se, pois, dentro de um espaço vital cercado de passado, presente e futuro. Consegue captar um processo que atravessa os eventos que o cercam. Numa palavra, o ser humano se compreende a fazer história. E isso desde que acordou para o horizonte da consciência e liberdade, como alguém que convive com outros, que marca o mundo com seu agir, que dá significado ao agir, que se pensa na tríplice dimensão de passado, presente e futuro.

A fé ilumina-nos com nova luz essa dimensão construtora de história. Deus criou-nos, não como pura individualidade, singularidade de mônada, mas em direção à sociabilidade, a criar família, clã e sociedade. O próprio Deus existe eternamente como comunidade trinitária. "No princípio está a comunhão dos Três e não a solidão do Um" (L. Boff). Um Deus trinitário só pode criar um ser livre e racional para viver em comunhão com outros, transformando a natureza, dando sentido às realidades e gestando cultura, tradições: numa palavra sendo construtor da história.

29

A atividade humana se exprime em eventos, escritos, obras, construções físicas e simbólicas. A história, como ciência, debruça-se para estudá-los. Elabora instrumentais teóricos para entender o ser humano e tudo o que ele faz no tempo e no espaço de sua vida, como indivíduo e como coletividade. Por seu meio se conhece e se estuda o próprio ser humano e suas atividades.

Todos construímos história. Mas as marcas deixadas, identificadas e estudadas variam. Longo período da história humana se perdeu no silêncio de atividades dos humanos sem rastos. Os paleontólogos tentam imaginar e recriar a vida humana a partir de mínimos resquícios. A verdadeira história se estabelece com a escrita. Cada época consignou os fatos diferentemente, de maneira que a ciência histórica se mune continuamente de recursos teóricos para entendê-los.

As fontes que nos dão acesso a eles privilegiam os poderosos, os *viri illustres*, os grupos e camadas organizadas. Mais recente, a história dos *Annales* rompeu com a historiografia dos grandes, dos heróis, das elites, para deter-se no cotidiano, nas atividades populares, nos traços psicológicos das camadas simples a fim de entender melhor uma época. A história oral põe à vista dados que escapavam dos estudiosos dos escritos. Mesmo assim, a leitura que fazemos da história revela parcialmente o que o ser humano na totalidade construiu. Numa palavra, o ser humano constrói a história.

O outro lado da dialética. A história constrói o ser humano. Ela não se reduz a um constructo humano. Conforma o próprio ser humano. Somos filhos de nosso tempo. Carregamos a marca da história. Numa palavra, o ser humano se entende histórico por duas razões. Porque ele constrói a história e porque a história o constrói.

A Constituição *Gaudium et Spes* afirma-o com todas as letras. Confiramos esse esclarecedor número.

> A atividade humana, do mesmo modo que procede do homem, assim para ele se ordena. De fato, quando age, o homem não transforma apenas as coisas e a sociedade, mas realiza-se a si mesmo. Aprende muitas coisas, desenvolve as próprias faculdades, sai de si e eleva-se sobre si mesmo. Este desenvolvimento, bem compreendido, vale mais do que os bens externos que se possam conseguir. O homem vale mais por aquilo que é do que por aquilo que tem. Do mesmo modo, tudo o que o homem faz para conseguir mais justiça, mais fraternidade, uma organização mais humana das relações sociais, vale mais do que os progressos técnicos. Pois tais progressos podem proporcionar a base material para a promoção humana, mas, por si sós, são incapazes de a realizar. A norma da atividade humana é, pois, a seguinte: segundo o plano e vontade de Deus, ser conforme com o verdadeiro bem da humanidade e tornar possível ao homem, individualmente considerado ou em sociedade, cultivar e realizar a sua vocação integral.[1]

---

1   Constituição Pastoral *Gaudium et Spes*, n. 35. In: CONCÍLIO VATICANO II. *Compêndio do Vaticano II*.

Embora a história seja obra de todos, o nível de consciência tanto na construção da história quanto na sua influência sobre nós varia enormemente. O processo de conscientização consiste precisamente em desenvolver nas pessoas a consciência histórica.

2. Quadro da reflexão: relação entre teologia e sociedade

Aqui refletimos sobre o ser humano como ser histórico no quadro da relação entre teologia e sociedade. Não se trata de um estudo genérico e abstrato sobre o ser humano. Mas como ele entende sua historicidade à luz da teologia, situada na atual sociedade.

A teologia se define, na clássica expressão de Santo Anselmo, como a fé em busca de inteligência. Acrescentaria, no espírito da Teologia da Libertação, e em busca de práxis. A fé se faz transparente à inteligência e à práxis humana pela teologia.

A fé tem duplo movimento de inteligência e de práxis em relação à salvação. Pela fé, acolhemos e vivenciamos a salvação como seres inteligentes e agentes que somos. Ela desempenha a dupla função de pergunta e resposta. A quem perguntamos? À Palavra de Deus. De onde perguntamos? De dentro da própria fé. Parece um círculo vicioso. Mas não o é, porque o ser humano que pergunta não o faz como natureza pura, mas como quem, ao ser criado, foi envolvido pelo chamado salvador de Deus. Habita o coração humano um desejo maior que ele mesmo. Orienta-se para a comunhão com o próprio Deus trino. K. Rahner nos fala de existencial sobrenatural.

Antes de crer, o ser humano reza. Antes de tematizar a Palavra de Deus como palavra, sua existência já se orientava para essa Palavra. A teologia soa como ato quarto. O existir humano constituído pela Palavra criadora e salvadora de Deus lança a base para o nosso movimento em direção a Deus (ato primeiro, palavra transcendental). Todas as outras palavras de verdade e de bem (ética) e das tradições religiosas pressupõem-no. Brotam dessa fonte última e voltam-se sobre ela para torná-la clara e atuante. Nesse nível todas as sociedades de todos os tempos geram simultaneamente a história humana e a história da salvação (ato segundo: palavra revelada anônima). O ser humano se faz construtor perene da história da salvação na sua dupla face de caminho para Deus e de afastamento dele.

A fé teologal bíblica recebe uma Palavra de Deus revelada no Antigo e Novo Testamento a qual acolhe como explicitação, enucleação, iluminação do fundo ético e religioso da humanidade. Ato terceiro da Palavra revelada bíblica. Permite o cristão como ser histórico construir a história humana à luz da fé e entendê-la como história da salvação.

Teologia, por sua vez, qual ato quarto, assume esse processo e busca-lhe ainda maior explicitação, ao recorrer à razão com inúmeros processos teóricos disponíveis. E tanto mais se sofistica quanto mais dispõe de elementos que lhe tornam a fé inteligente e atuante a partir de maior clareza da Palavra revelada na Escritura (ato terceiro), na ética e nas outras tradições religiosas (ato segundo), e na estrutura existencial do ser humano feito para Deus (ato primeiro).

Dentro desse horizonte de conhecimento, a teologia enfrenta o perigo de esquecer os atos anteriores e de enveredar por caminhos tão sofisticados que termina perdendo o sentido eclesial. Ela não existe em função do pensar como tal. Vale enquanto serviço à fé do fiel comum. Uma teologia sem leitor fora do círculo dos próprios teólogos se torna incestuosa. Esquece que ela pretende esclarecer a fé para a vida das pessoas no mundo e na Igreja. Ameaça-a o próprio dinamismo teórico.

Mais. A vocação eclesial da teologia não escapa também de certa ambiguidade. A Igreja Católica sabe e confessa ser, antes de tudo, povo de Deus. E o fez solenemente no Concílio Vaticano II. No entanto, razões históricas, que não cabe aqui elencar, levaram a criar na linguagem comum uma identificação entre ela e a hierarquia. De maneira espontânea, os fiéis, a imprensa e mesmo membros da Igreja oficial nomeiam a Igreja quando estão a falar de ações estritamente do magistério. Perigosa sinédoque.

Nesse caso, a teologia facilmente se confunde com ideologia. Em vez de servir a todo o povo de Deus, iluminando-lhe a fé, termina por defender, antes de tudo, o interesse da Instituição eclesiástica sem consciência explícita de tal função. A realidade primeira da vida eclesial cede lugar para a justificativa de estruturas organizativas. Tal função se exacerbara no período da contrarreforma e na luta contra o mundo moderno. Os inimigos de fora da Igreja Católica monopolizaram o papel da teologia. Deixou de ser alimento para o fiel comum para tornar-se arma de combate.

O Concílio Vaticano II, na esteira do movimento de renovação teológica, criou um espírito de diálogo com o mundo moderno. Deslocou-se a atenção da defesa da fé para sua comunicação, do acento sobre a definição das verdades para a práxis social, da fé proclamada em textos solenes para a sua vivência no cotidiano, da dimensão intelectual para a simbólica e estética, do aspecto racional para o existencial, de uma tecnicidade verbal para formas compreensíveis pelo comum dos fiéis, da guarda escrupulosa e literal da tradição para a experiência e decisão das pessoas, da vigilância ortodoxa até o rigor verbal para um discurso ecumênico, de um cristomonismo irredutível para um discurso interreligioso, de um discurso antropocêntrico para uma abertura ecológica.

Na interface com a ciência, a teologia se enriquece, mas também arrisca perder muito de sua seiva espiritual. No momento, no Brasil, vivemos circunstâncias paradoxais. Abre-se no mundo acadêmico civil espaço para a teologia encontrar cidadania. De novo, defrontamo-nos com a ambiguidade.

As instâncias civis desconhecem os meandros do saber teológico. Num afã de regulamentação, estão a pôr, sob o mesmo teto epistemológico, a teologia e as ciências da religião, com prejuízo para ambas. Está em curso uma discussão e tratação sobre tal questão.

Mesmo salvaguardando a índole própria da teologia, o reconhecimento oficial tem despertado interesses diversos. Amplia a presença da teologia na sociedade. Oferece-lhe presença no mundo acadêmico. A multiplicação das faculdades civis de teologia tem arrebanhado número maior de estudantes e dado publicidade acrescida à teologia. Tal não acontece sem perda de nível acadêmico, sobretudo por parte de denominações evangélicas antes interessadas no proselitismo e na simples comercialização que no cultivo da teologia. Tem acontecido verdadeiro assalto aos títulos civis de teologia para objetivos ambíguos e não raro espúrios. O termo teologia cobre ampla gama de reflexões religiosas a ponto de perder a especificidade.

À medida que ela mantenha nível acadêmico elevado, cresce-lhe a chance de dialogar com as universidades laicas e públicas. E, em alguns lugares, têm surgido teologias não cristãs com certa consistência a pedir um diálogo com a cristã. Pouco a pouco desaparecem as ilhas de exclusividade católica de modo que o diálogo inter-teológico se imporá cada vez mais. Algumas posições fundamentalistas e reacionárias, atualmente em curso em várias das grandes tradições religiosas, não prometem futuro.

Uma reflexão sobre a sociedade completa o quadro em que se situa esta reflexão. A sociedade atual rege-se fundamentalmente pela economia capitalista neoliberal no tríplice nível teórico, ideológico e prático.

O núcleo teórico da economia neoliberal baseia-se sobre mecânica bem simples, mas cujo funcionamento exige instrumentos teóricos altamente sofisticados. No centro situa-se o mercado. No princípio está o capital com diversos nomes: agrário, industrial, financeiro. Por sua natureza, ele existe para produzir bens de consumo a serem vendidos. E daí resulta mais capital para de novo retomar o ciclo. O produtor voa com a dupla asa da livre iniciativa e do desejo de lucro. Essa gigantesca máquina produtora se azeita com sempre novas tecnologias que nascem da criatividade humana e aumentam a produtividade com correspondente lucro. Introduz-se um processo de mútua alimentação. A economia pede contínuas inovações tecnológicas e estas, por sua vez, aquecem a produtividade. Demos saltos qualitativos desde a invenção da força movida a vapor, passando pelo carvão e petróleo, para entrarmos na alta tecnologia eletrônica. O choque já não se dá no futuro,[2] mas a cada momento.

A última etapa do capitalismo incorporou de tal maneira os avanços tecnológicos da informática que está a possibilitar um capitalismo financeiro. Gira gigantesco

---

2 TOFFLER, *O choque do futuro.*

capital com enorme autonomia em face da produção. O dinheiro entrou num ciclo perigoso, fascinante, de produzir mais dinheiro, já não baseado nos bens materiais, mas no jogo do próprio dinheiro. E funciona um fato imponderável, de natureza imaterial, que se chama confiança no dinheiro.

A crise de setembro de 2008 mostrou o risco desse cassino financeiro, que ainda continua funcionando. Faz circular trilhões de dólares sem lastro, sustentados pela magia do nome. Até quando? Os teóricos debruçam-se para analisar e prever os resultados dessa loteria.

Anima tal sistema a ideologia. Essa se alimenta de mitos e imagens sedutoras. Na base está o desejo insaciável do ser humano de consumo de bens materiais e simbólicos cada vez mais sofisticados e caros. Utilidade, gozo, beleza, prazer, fascínio entram como fatores nutrientes de tal ideologia. O homem ocidental revela o instinto primário de conquistador sem limite. A terra mascara a verdade de si. Embora realmente represente um planeta de recursos limitados e já sendo explorados além de sua capacidade de recuperação com prognósticos não muito longínquos de exaustão, figura no horizonte da cultura ocidental como de infinitas possibilidades. Vive-se no momento o choque de leituras sobre a terra. O movimento ecológico alerta para o realismo da crescente destruição do planeta, de modo irreversível, se não se mudar o paradigma de desenvolvimento. E o sistema capitalista, sustentado pela mentalidade ocidental devastadora, aposta em sempre possíveis soluções tecnológicas.

O coração da batalha se trava em torno do aquecimento global. E este, por sua vez, adviria da crescente emissão de CO_2. Há série enorme de estudos científicos com dados estatísticos projetivos. Cito à guisa de um exemplo. "Se as emissões de gases continuarem aumentando de acordo com as tendências atuais, estima-se que a temperatura da superfície do planeta cresça de 2°C a 4,5°C no final deste século (IPCC, 2007)."[3] E tal aquecimento seria fatal para a vida no planeta terra.

O universo econômico molda a cultura, e esta, por sua vez, alimenta a economia. Vivemos esse círculo dialético. E hoje não há possibilidade de romper um só dos elos. A mudança virá do trabalho conjunto econômico e cultural. A teologia age no espaço da cultura. E cabe-lhe interferir com o instrumental teórico próprio nessa rinha tremenda. Tanto mais que se acusa precisamente a visão cristã de ter sido uma das alimentadoras da mentalidade ocidental devastadora com a clássica interpretação do Gênesis em que Deus entrega ao homem a incumbência de submeter a terra a ele. Além disso, a própria encarnação do Verbo alçou o ser humano a tal dignidade que facilmente se creu senhor absoluto da criação.

Nessa perspectiva da relação entre teologia e sociedade é que avançaremos a reflexão sobre a posição do ser humano na sua consciência de ser histórico.

---

3   LA ROVERE, Perspectivas para a mitigação das mudanças climáticas: ações do Brasil e no mundo.

3. Ser histórico sob o império da natureza e do divino

A consciência histórica tem-se modificado muito na sua relação com a natureza. O tamanho das coisas nos impressiona grandemente. A criança sente-se pequena porque tudo lhe parece grande. O pai, a mãe, os adultos impõem-se-lhe pelo porte desenvolvido. À medida que ela cresce, a distância diminui. Não raro, ela passa do respeito para a petulância, da pequenez para a exibição de grandeza e poder. Todos fazemos infinitas experiências dessas em todos os níveis. Na família, na escola, na universidade, no trabalho, nas viagens, percebemo-nos diminutos em face de tantas grandezas. Que o digam pessoas que deixam o interior e mergulham numa grande capital. Que espanto!

Assim o ser humano se defrontou com a natureza num primeiro momento. Assombravam-no as forças violentas das tempestades, dos granizos, das ondas agitadas e pior ainda quando sobrevinham terremotos e outras catástrofes atmosféricas. Até hoje as trovoadas assustam muita gente.

Essa situação despertou-lhe a consciência de impotência diante da natureza. Trabalhava-a com recursos pobres, de pequeno alcance. A natureza plasmava-lhe a consciência. Ditava-lhe o procedimento e comportamento. Ele aguçava o olhar e conhecimento da natureza para adaptar-se a ela. Jesus alude no Evangelho a tal experiência primeira em relação às árvores e ao céu. Repreende os fariseus e saduceus que conhecem a natureza, mas não a história: "No fim da tarde, dizeis: 'Vai fazer tempo bom, pois o céu está cor de fogo', e de madrugada: 'Hoje teremos tempestade, pois o céu está vermelho escuro'. Sabeis, pois, distinguir muito bem os aspectos do céu; mas não reconheceis os sinais dos tempos!" (Mt 16,2-3). Idêntica referência à arvore. "Aprendei da figueira a lição: quando seus ramos vicejam e as folhas começam a brotar, sabeis que o verão está perto" (Mt 24,32).

A relação com a natureza se reduzia a perscrutar-lhe as entranhas para agir sobre ela com base em suas próprias regras. Os utensílios que desenvolveu alcançavam limite bem restrito a ponto de apenas lhes mudar a consciência de dependência em face dela.

Essa consciência de minoridade facilitou a sacralização das leis naturais. O panteão dos deuses se encheu de divindades ligadas aos fenômenos da natureza. Os humanos recorriam a eles para dominar as forças indômitas do céu, das águas, dos mares, dos animais ferozes.

O nível de historicidade caminhava a par e par com o domínio físico e instrumental sobre a natureza. Até a revolução industrial, predominou a dupla atitude de submissão e reverência, uma física e outra espiritual.

Nesse horizonte cultural, o sujeito maior da história se deslocou para fora do ser humano. Eram os deuses, frequentemente escondidos detrás dos fenômenos naturais ou do destino. E, por sua vez, o próprio destino, que inicialmente se concebia como lei inexorável sobre deuses e homens, se divinizou. As *moiras*, três irmãs divinas, dispunham do destino dos deuses e dos humanos.

O povo judeu, que se diferenciava de outras culturas por ter uma compreensão histórica linear e não cíclica, atribuía a Javé a condução da história. Noé, Abraão, Moisés, os juízes, os monarcas, os profetas, enfim os personagens que teciam a história, apresentavam-se como chamados e designados por Deus para as respectivas missões. E no seu próprio agir, estava Deus presente. Os salmos testemunham essa onipotência, onipresença e oniação de Deus na história humana.

Até hoje o linguajar religioso ressuda tal visão. E para as camadas simples do povo a ação de Deus se faz palpável, localizável, pontual. Em última análise, Deus escreve a pauta de toda a história e o ser humano simplesmente a executa.

4. Ser humano: consciência de domínio sobre a natureza

À medida que as ciências naturais avançam a partir do século XVI, o ser humano desaloja lentamente a Deus da natureza e da história. Desaparece o Deus intervencionista que dirige os fenômenos naturais e os seres humanos, como o grande Sujeito. Na modernidade avançada, acentua-se e vulgariza-se o processo de secularização. Ironicamente o filósofo francês Henri Gouhier associa o nascimento da ciência moderna com a expulsão dos anjos do céu. Pascal, por sua vez, sentia pavor em face do silêncio eterno dos espaços infinitos. O poeta alemão Heine verseja sarcasticamente: "O céu deixemos aos anjos e pardais".

No entanto, a grande revolução vem do sistema capitalista em íntima união com o duplo fenômeno da industrialização e urbanização. Inicia a epopeia da conquista, e também da devastação da natureza por cada vez maiores possibilidades tecnológicas e por exigência de produção e consumo por parte do sistema econômico. Impõe-se uma consciência histórica de dominação e conquista da natureza e dos povos.

A sua origem cultural lança raízes longe. Não faltam críticos à tradição judaico-cristã que a responsabilizam pela fúria destrutiva do homem por conta da leitura fundamentalista e literal da passagem bíblica: "Deus os [homem e mulher] abençoou e lhes disse: 'Sede fecundos e multiplicai-vos, enchei a terra e submetei-a! Dominai sobre os peixes do mar, as aves do céu e todos os animais que se movem pelo chão'. Deus disse: 'Eis que vos dou, sobre toda a terra, todas as plantas que dão semente e todas as árvores que produzem seu fruto com sua semente, para vos servirem de alimento. E a todos os animais da terra, a todas as aves do céu e a todos os animais que se movem pelo chão, eu lhes dou todos os vegetais para alimento'" (Gn 1,28-30). Os dois riscos gigantescos para a humanidade se reduzem ao crescimento demográfico descontrolado e à exploração do planeta terra. Ambos soam literalmente na passagem citada.

A exegese moderna, porém, relê tal passagem à luz do descanso sabático. "No sétimo dia, Deus concluiu toda a obra que tinha feito; e no sétimo dia repousou de toda a obra que fizera. Deus abençoou o sétimo dia e o santificou, pois nesse dia Deus repousou de toda a obra da criação" (Gn 2,2-3). O homem ocidental não soube entender a primazia da gratuidade, do louvor a Deus pela criação sobre a sua exploração. E a volta a tal compreensão abre caminho para nova relação homem e natureza.

Indo mais fundo, um conjunto de fatores culturais impregnou a consciência histórica do homem ocidental da *hybris* conquistadora em todos os campos. Além da tradição judaico-cristã citada antes, somem-se a razão universal grega, o ímpeto conquistador romano, a sacralidade do poder, as hordas bárbaras convertidas, a capacidade analítica e objetivista.

Só recentemente tem crescido uma posição crítica em face da irresponsabilidade desse tipo de consciência por causa dos graves fenômenos do efeito estufa com o consequente aquecimento global, causa de catástrofes gigantescas.

Na base física está a quantidade de emissão de gás carbônico, que se liga estreitamente ao tipo de desenvolvimento em curso. E este depende da cultura consumista, hedonista, materialista, de lucro, que alimenta e é alimentada pelo sistema econômico. Qualquer corte na emissão de gás repercute no modo de vida do homem ocidental. E ele não tem mostrado vontade de mudá-lo. Haja vista a recusa dos EUA de assinarem o Protocolo de Kyoto. Aduzem o argumento de que ele afetaria negativamente a economia americana. Entenda-se por ela o alto nível de consumo e desperdício a que os americanos estão afeitos.

Em termos de nossa reflexão, está em jogo uma concepção do ser humano como senhor absoluto da terra e de seus bens sem limite. Cabe dar um passo novo na consciência histórica do ser humano.

5. Ser humano em harmonia com a natureza

Já não funcionam os critérios da Antiguidade quando predominava a incapacidade de o homem manipular a natureza e reinava um horizonte religioso que o fazia dependente de forças celestes.

Em plena autonomia, o ser humano começa a perceber que tal consciência não significa independência da natureza e muito menos isolamento dominador. Insere a própria autonomia no conjunto do processo evolutivo do cosmo. Entra em jogo a categoria da relação, que provoca verdadeira revolução na consciência do homem moderno e ocidental. Acostumado a arrogante antropocentrismo até as raias do subjetivismo, egolatria e narcisismo, a consciência de um ser relacional rompe com tal horizonte. Isso o faz pensar-se numa teia de outros seres. Muitos existiram antes dele. Ele chega ao banquete da criação como último convidado. Não tem direito de impor todas as regras, mesmo que seja o primeiro e único ente consciente e livre.

A proximidade química com todos os seres materiais, a impressionante semelhança no DNA com o seres vivos e especialmente com os símios, o faz humilde e respeitoso de toda a família cósmica, viva e animal.

A harmonia substitui a dominação. A relação predomina sobre a autonomia. A liberdade implica responsabilidade em relação a todos os seres. Não existem eles, sem mais, em função do ser humano, mas em comunhão com ele.

Revisita-se a obra genial e antecipadora de Teilhard de Chardin, que considerava o ser humano no teatro fantástico do processo evolutivo desde o *big bang* até o raiar da consciência humana. O dado científico acordou-lhe a alma mística cristã. Impactaram-no as afirmações do hino aos Colossenses. "Ele é a imagem do Deus invisível, o primogênito de toda a criação, pois é nele que foram criadas todas as coisas, no céu e na terra, os seres visíveis e os invisíveis, tronos, dominações, principados, potestades; tudo foi criado através dele e para ele. Ele existe antes de todas as coisas e nele todas as coisas têm consistência" (Cl 1,15-17). Essa consistência crística lhe iluminou o processo evolutivo que o viu caminhar em direção ao Ponto Ômega, Cristo e Deus.

A fé cristã, então, em vez de nutrir uma mentalidade devastadora da natureza, carrega germes de harmonia, de beleza, de respeito à natureza, vista nesse caminhar até a ressurreição gloriosa de Cristo. K. Rahner pensa a criação à luz da ressurreição. O cosmo, no seu conjunto, caminha para entrar na plenitude glorificada. O Concílio Vaticano II ensina o mesmo de maneira discreta: "Todos estes valores da dignidade humana, da comunhão fraterna e da liberdade, fruto da natureza e do nosso trabalho, depois de os termos difundido na terra, no Espírito do Senhor e segundo o seu mandamento, voltaremos de novo a encontrá-los, mas então purificados de qualquer mancha, iluminados e transfigurados, quando Cristo entregar ao Pai o reino eterno e universal: 'reino de verdade e de vida, reino de santidade e de graça, reino de justiça, de amor e de paz'. Sobre a terra, o reino já está misteriosamente presente; quando o Senhor vier, atingirá a perfeição".[4]

6. O ser humano histórico em relação com a sociedade

A consciência histórica do ser humano se plasma ao relacionar-se com a sociedade. Ela assumiu diferentes formas históricas. E em cada uma dela, o caráter histórico se manifesta diferentemente.

---

4   Constituição Pastoral *Gaudium et Spes*, n. 39. In: CONCÍLIO VATICANO II. *Compêndio do Vaticano II*.

O ser humano como ser histórico

Assim como a impotência e a fragilidade humana em face da natureza nos levaram a divinizá-la ou a transformá-la em força inexorável, a sociedade vestiu-se também, em certos momentos, de pesado poder sobre nossa consciência. Mais comumente ela se revestiu do poder divino dos reis, dos monarcas, dos faraós, conduzindo as pessoas a acatarem e venerarem seus monarcas.

A Cristandade forjou ritos de consagração de reis. Que fazer diante da sua pessoa sagrada senão nos prostrarmos em atitude de submissão e veneração? A história se escrevia a partir de seus feitos. Embora na realidade concreta ela sempre se tenha construído pela ação de todos, na escrita e na consciência das pessoas não passava de obra dos reis, dos generais, dos poderosos. Em termos filosóficos, não cabe falar de consciência histórica em sentido próprio, mas antes de alienada.

A Revolução Francesa significa no seio da modernidade o momento em que se rompe com tal quadro imaginário religioso, absolutista. Simboliza a passagem do poder para as mãos do povo, ainda que tal fato se consolidará ao longo do tempo. Amplia-se a consciência de que somos nós que construímos a história. Cabe então falar do nascimento da consciência histórica política. Antes da Revolução Francesa, já se configurava a consciência histórica da cultura ocidental moderna com a descoberta da subjetividade. H. Vaz associa-a à dissolução da imagem antiga do mundo, do cosmo natural do homem antigo e à construção da nova imagem do mundo moderno na forma do universo técnico-científico. Tal transformação liberta a subjetividade dos quadros estáticos do cosmo antigo.[5] Nessa direção caminha a autonomia do sujeito, a sua consciência de criador do mundo, da sociedade e da história.

7. O ser humano e o fim da história

A história enquanto ciência não termina. Nem enquanto realidade a ser construída. Mas a consciência histórica eclipsa-se quando lhe faltam as condições de sua existência.

De várias maneiras, a consciência histórica se vê ameaçada ou mesmo catapultada para alturas inacessíveis. A sociedade capitalista, na sua incrível ingenuidade, viu-a terminada, ao perceber-se solitária com a queda do socialismo. Enquanto sistema econômico e político, entendeu-se como fim da história. O socialismo tinha anunciado o início de seu fim, quando implantou o sistema comunista na URSS. Seitas carismáticas fanáticas repetidamente proclamam seu término com o advento de alguma catástrofe derradeira ou a chegada do Messias do final dos tempos. E assim tantos outros anúncios de fim da história.

Nessas situações, o ser humano reage diferentemente. Em face das ameaças apocalípticas do final dos tempos, paralisa-se-lhe qualquer ação. Resta-lhe esperar

---

5   VAZ, *Ontologia e história*, p. 165.

indefeso a sobrevinda calamidade. O socialismo despertara as forças sociais, políticas e revolucionárias para acelerarem o fim da história. A sociedade capitalista neoliberal realiza o fim da história, concentrando a vida na fruição consumista do presente. O passado não interessa. O futuro não se delineia. Só nos cabe usufruir ao máximo o presente, mergulhando-nos no gozo dos bens materiais.

Em todos esses casos, o fim da história brota da consciência explícita da inelutável realidade imposta à liberdade. A visão apocalíptica confessa a impotência humana em face da vinda abrupta do fim. O fim da história anunciado pelo sistema socialista desapareceu do horizonte com seu fracasso. E o sistema capitalista gera a alienação do fim à custa de tremendo vazio de sentido. Ele está a ser vivido por milhões e milhões.

Há uma novidade no ar nesse fim da história. A ilusão se sofistica. Não se trata unicamente da fruição glutônica dos bens de consumo. Contra ela já se reage. No entanto, não se chega a construir uma real consciência histórica de mudança em direção a um futuro a ser criado. E por quê?

A entrada maciça da informática com infinitos tentáculos tem criado nova consciência histórica. Não somos um ser de relações reais. O verdadeiro mundo acontece no virtual. Teceu-se vasta rede de comunicações. O *Google* oferece bilhões de informações. Ele e outros programas põem-nos em contato imediato com todos os tempos e espaços numa simultaneidade inimaginável.

Já não sabemos se acessamos programas ou se eles nos acessam. Criamos tais automatismos eletrônicos que pouco nos distinguimos de um robô. Os dedos teclam com rapidez instintiva, sem atingir o córtex cerebral, botões de celulares, de PCs portáteis nos lugares menos previsíveis. Até aquele lugar, semanticamente definido como privado, é invadido por telefonemas, imagens de DVDs, aparelhos de som. A parafernália eletrônica penetra todos os lugares. Nasce em nós a consciência da onipresença virtual, de modo que estamos num lugar em conexão com todos os outros.

Apenas percebemos a mudança interior. Desaparecem o silêncio, o encontro com nós mesmos, a verdadeira interioridade e privacidade. Tudo nos fica público e sonoro na vida. Falamos, ouvimos e vemos imagens, sons, notícias, comunicações de trabalho, informações, pedidos e exigências de negócio. Sem dar-nos conta, as reais horas de lazer somem no torvelinho barulhento das chamadas eletrônicas. Leva-se no bolso, sob a forma de celular, a agenda e preocupações do trabalho. Alcançam-nos para infinitas solicitações em qualquer lugar. E já não raras pessoas têm vários celulares e mantêm conexão eletrônica simultânea com diferentes destinatários. Os jovens conseguem proezas nesse campo. Levam, ao mesmo tempo, uma conversa no celular, digitam outra no MSN ou similar e ouvem no quarto um aparelho de som a todo volume. Nada parece passado e tudo sem futuro. Anula-se a consciência de história, de sucessão, de memória e de projeto. Só presente.

O ser humano como ser histórico

Essa onipresença implica outros efeitos sobre a consciência das pessoas. Os sujeitos, que comandam, vigiam, interligam, criam sites e fazem circular infinitas informações, perdem o rosto. Quem são? Não sabemos e nem queremos sabê-lo.

Tem-se a impressão de que paira no ar um mundo virtual, sem sujeito, sem causa, quase magicamente produzido. E dele, nele e para ele vivemos. Participamos de sua característica anônima. Comanda-nos sem que tenhamos consciência de quem vêm as ordens, a formulação dos valores, a ideologia, os preceitos, as regras de vida.

Esse mundo dita as normas práticas do dia a dia a serviço da ideologia dominante. A ordem principal soa: Sê feliz, sarado, ativo, competente, eficiente, ligado todo o tempo. E na contra ordem: foge da tristeza, da inércia, do fracasso, da doença, da feiura. E ao lado dos imperativos positivos e negativos, bebemos as receitas. Todas elas falam do presente. E se aludem ao futuro, este não passa de continuação linear do momento atual.

A moda, os códigos de beleza, as revistas do bem aparecer, vestir e maquiar circulam de maneira imperativa. De novo, tudo existe sem sujeito, impessoal. Só uma análise detalhada, inacessível ao público, descobre por trás o jogo sutil do sistema. Lá existem muitos sujeitos a faturar fortunas sobre a alienação geral.

Há algo de original nessa nova consciência. As pessoas pensam que elas escolhem, decidem e atuam. Não atribuem, como a sociedade antiga, as ordens a poderes superiores que acatam. O novo tipo de ser histórico vive a ilusão de construir a história, quando na verdade serve de massa de manobra para interesses de grupos poderosos da cosmética, da farmacêutica, da publicidade. Pensa-se autônomo. Na realidade, porém, as pessoas desistiram de assumir o próprio destino e desposaram o figurino que estampa o símbolo da beleza, da modernidade, da felicidade.

Chega-se ao extremo de sacrificar a saúde e a vida em nome do código de beleza, estipulado pelos concursos de *miss*. Os periódicos noticiam de quando em vez a morte por anorexia de candidatas ao concurso de beleza. A fita métrica paira como câmara de tortura para que o corpo responda aos centímetros programados por não sabemos quem e nem por quê.

8. Conclusão

Depois de tantos séculos de luta, de tanta construção histórica, de tanto processo de conscientização, estamos a chegar ao marasmo da estagnação da história. Só avança a tecnologia que afirma, nutre e sobrevaloriza o presente. Estamos a atingir um patamar de enorme risco da perda da consciência histórica.

Não existem somente nuvens escuras no horizonte. Emerge, no momento, sob vários nomes, a consciência de que a morte da consciência histórica significa a morte da vida no cosmo. Só a tomada de consciência de um crescimento responsável, de um consumo equilibrado, de uma justiça social equitativa com os olhos voltados para o futuro nos salvará a terra. O ser humano de hoje só faz jus à consciência histórica se se engajar de corpo e alma na causa maior da ecologia e da justiça social. Fora daí não há salvação para a vida humana. *Extra ecologiam, nulla salus*!

9. Referências bibliográficas

CONCÍLIO VATICANO II. *Compêndio do Vaticano II*; constituições, decretos, declarações. 8. ed. Petrópolis: Vozes, 1987.

LA ROVERE, Emilio Lèbre. Perspectivas para a mitigação das mudanças climáticas: ações do Brasil e no Mundo. *IV CNPEPI. 3-4*. Brasília: Itamaraty, dezembro 2009.

TOFFLER, Alvin. *O choque do futuro*. Rio de Janeiro: Artenova, 1973.

VAZ, Henrique Cláudio de Lima. *Ontologia e história*; escritos de filosofia VI. São Paulo: Loyola, 2001.

CAPÍTULO III

A teologia como produto social e produtora da sociedade: a relevância da teologia

Benedito Ferraro

1. Pensar o social é pensar Deus e pensar Deus é uma forma de pensar a sociedade

Toda significação, também a teológica, parte sempre de um chão histórico. Pressupõe um nível histórico. Se desvinculada da história, esta significação acaba criando história sem nenhuma vinculação com o fato fundante. Foi assim com os profetas que criticavam a manipulação de Yahweh feita pelos reis, tornando-o um *baal*. A *baalização* de Yahweh retrata sua desarticulação em relação à experiência exodal, quando a eleição divina de Israel se tornou *um problema teológico*.[1] As ideias de Deus estão sempre articuladas com uma realidade social. Gottwald mostra a relação entre a teologia e a situação sócio-histórica: "Uma experiência social radical gerou uma teologia radical, sem a qual não poderia ter tido êxito tão completo como o teve. Se o simbolismo de Yahweh era essencial à emergência de Israel, não se deve passar por alto (como em geral passam os teólogos bíblicos) o fato de que a religião javista foi a praxe e a ideologia de uma comunidade social verdadeira. O foco de todo aquele simbolismo religioso superdesenvolvido eram as relações sociais de um povo".[2]

---

1 "A eleição divina de Israel surgiu como 'um problema teológico' só quando a forma de vida que deu origem à crença cessou de ser preponderante em Israel, ao passo que o próprio Javismo — convenientemente revisado, adaptado e expandido — continuou vivendo como um culto e uma ideologia religiosa sob condições sociais que não mais correspondiam às condições sociais que prevaleciam no Israel mais primitivo" (GOTTWALD, *As tribos de Yahweh*, p. 703).

2 Ibid., p. 701.

Mesmo tendo um valor inestimável, os nomes dados a Deus em toda a Bíblia estão sempre articulados com um determinado contexto sócio-histórico, servindo como sua legitimação ou denúncia: "Revoluções na terra pressupõem revoluções no céu. A revolução no céu anuncia algo sobre a revolução na terra".[3] Os nomes bíblicos são denominações inadequadas para se entender o ser de Deus voltado para o mundo. São denominações do mundo finito e, por isso mesmo, finitas, tentando captar alguma faceta do ser de Deus: "A dialética da teologia e suas fontes nos impelem a examinar estreitamente o contexto social da linguagem teológica. Porque a teologia cristã é discurso humano sobre Deus, ela está sempre relacionada com situações históricas, e assim todas as suas asserções são culturalmente situadas [...]. Embora Deus, assunto da teologia, seja eterno, a teologia em si é, como aqueles que a articulam, limitada pela história e pelo tempo. 'Embora dirijamos nosso pensamento a seres eternos e transcendentes, nosso pensamento não é eterno e transcendente; embora consideremos o universal, a imagem do universal em nossa mente não é uma imagem universal'. É uma imagem finita, limitada pela temporalidade e particularidade de nossa existência. A teologia não é linguagem universal; é linguagem interessada e, assim, é sempre uma reflexão das metas e aspirações de um povo em particular num contexto social definido".[4]

A teologia entra sempre no jogo social e o teólogo(a) acaba assumindo uma posição diante das forças sociais. O teólogo(a) é um agente social que "faz teologia situado em algum lugar social, que faz uso dos meios que a sociedade lhe oferece e que produz conhecimentos e significações que são dotados de existência e destinação sociais determinadas".[5] Toda e qualquer teologia fala sempre de Deus a partir de uma realidade histórica e sofre os mesmos condicionamentos de toda e qualquer religião: "Nenhuma religião opera no vácuo. Toda religião, qualquer religião, o que quer que entendamos por 'religião' é uma realidade situada num contexto humano específico: um espaço geográfico, um momento histórico e um meio ambiente social concretos e determinados. Toda religião, qualquer religião, o que quer que se entenda por 'religião' será sempre, em cada caso concreto, a religião de determinados seres humanos".[6] A religião está sempre relacionada com a vida concreta do ser humano: "A religião não consiste (apenas) de pensamentos, mas é expressão de toda a vida. Ideias religiosas são expressão de experiências religiosas e sociais — e, em todo caso, condicionadas também por fatores não religiosos".[7]

---

3 HINKELAMMERT, *El grito del sujeto*, p. 10.

4 CONE, *O Deus dos oprimidos*, p. 49. Cf. também p. 55: "Os teólogos devem enfrentar a relatividade de seus métodos de pensamento: suas ideias sobre Deus são o reflexo do condicionamento social; seus sonhos e visões são derivados deste mundo. Para aqueles que estão acostumados a falar *ex cathedra* sobre matérias de fé, isso será uma pílula difícil de engolir".

5 BOFF, Clodovis, *Teologia e prática*, p. 282.

6 CONE, *O Deus dos oprimidos*, pp. 73-74.

7 THEISSEN, *A religião dos primeiros cristãos*, p. 12, nota 1.

Ao pensar Deus, o teólogo(a) o faz a partir de um determinado lugar social que retrata também a sua forma de compreender a sociedade e o ser humano, homem e mulher, que aí vive.[8] É interessante, neste sentido, observarmos esta interação nas afirmações teológicas de Paulo VI e Bento XVI, que, inicialmente, parecem ser contraditórias, mas, a partir de um olhar mais crítico, se compreendem como, possivelmente, complementares na medida em que realidade, ser humano e Deus estão sempre interconectados.[9] A primeira afirmação está presente no texto de Medellín: "A Igreja Latino-Americana, reunida na Segunda Conferência Geral de seu Episcopado, concentrou sua atenção sobre o homem deste Continente que vive um momento decisivo de seu processo histórico. Dessa forma não se 'desviou', mas 'se voltou' para o homem, consciente de que 'para conhecer a Deus é necessário conhecer o ser humano".[10] A segunda é tirada do Discurso inaugural da V Conferência Geral do Episcopado Latino-Americano e Caribenho, em Aparecida: "A primeira afirmação fundamental é, pois, a seguinte: Só quem conhece Deus, conhece a realidade e poder responder a ela de modo adequado e realmente humano. A verdade dessa tese é evidente ante o fracasso de todos os sistemas que colocam Deus entre parêntesis".[11]

A fé em Deus, sempre relacionada com o contexto sócio-histórico, nos leva a pensar no ser humano que vive em sociedade. Ela tem a missão de iluminar a mente para encontrar soluções plenamente humanas às necessidades e conflitos que atingem o ser humano em sua vida. Fundamentada na fé, a teologia tem como função primordial traduzir a revelação para que se torne elemento de compreensão e solução dos problemas levantados pela história humana: "Se a essência do evangelho é a libertação dos oprimidos da humilhação sociopolítica para uma nova liberdade em Cristo Jesus (e eu não vejo como alguém pode ler as Escrituras e concluir de outra maneira) e se a teologia cristã é uma explicação do significado desse evangelho para o nosso tempo, não deve a teologia em si ter a libertação como o seu ponto de partida ou correr o risco de ser a melhor conversa fiada e a pior blasfêmia?"[12]

2. As lutas sociais populares e a construção de um modelo social

A ligação fé-vida está na base da caminhada das CEBs, como também nas origens da Teologia da Libertação: "A inserção nas lutas populares pela libertação tem sido — e é — o início de um novo modo de viver, transmitir e celebrar a fé para

---

8   Cf. COX, *A cidade do homem*, pp. 292-293.

9   Cf. SEGUNDO, *Que mundo? Que homem? Que Deus?*, pp. 39-40.

10   CELAM, *A Igreja na atual transformação da América Latina à luz do Concílio*, p. 41.

11   BENTO XVI, *Discurso inaugural*. In: CELAM. *Documento de Aparecida*, p. 272.

12   CONE, *O Deus dos oprimidos*, p. 62.

muitos cristãos da América Latina. Provenham eles das próprias classes populares ou de outros setores sociais, em ambos os casos observa-se — embora com rupturas e por caminhos diferentes — uma consciente e clara identificação com os interesses e combates dos oprimidos do continente. Esse é o fato maior da comunidade cristã da América Latina nos últimos anos. Esse fato tem sido e continua sendo a matriz do esforço de esclarecimento teológico que levou à Teologia da Libertação. Com efeito, a Teologia da Libertação não é compreensível sem relação com essa prática".[13]

a) O compromisso social produz um novo modo de viver, transmitir e celebrar a fé

A partir do engajamento nas lutas pela libertação, percebe-se, na América Latina e no Caribe, uma nova compreensão de Deus. Esta nova compreensão se estabelece a partir das lutas dos povos indígenas, das mulheres, dos negros, dos migrantes, dos excluídos. Diante das mais diferentes situações de opressão, exploração e exclusão, os pobres descobrem que Deus age na história como aquele que dá esperança de vida para quem não tem vida. Retoma-se a apocalíptica, em que a ação de Deus supera toda e qualquer possibilidade histórica.[14] Os crentes compreendem que o futuro a Deus pertence. Diante de toda e qualquer crise, Deus se revela como aquele que ultrapassa todas as impossibilidades históricas. Por mais difícil que seja a situação, Deus aponta sempre para uma saída. Neste sentido, ele se torna o Deus da esperança para quem já não tem esperança. Escolhe os deserdados, os excluídos, exatamente para que não haja exclusão. A partir dos últimos, das vítimas, ele se apresenta como o Deus para todos!

No processo histórico da entrada dos cristãos e cristãs na luta política de libertação dos pobres e excluídos na América Latina e no Caribe, fator gerador da Teologia da Libertação, forjam-se um novo modo de encarar a presença de Deus na história e, consequentemente, um novo papel social de Deus no interior da organização da vida em sociedade. A partir deste engajamento, há um novo modo de praticar a fé, um novo modo de transmitir a fé e um novo modo de celebrar a fé:

a. *Um novo modo de viver a fé*: A Igreja assume os novos desafios do mundo de hoje. Sobretudo a partir do Vaticano II e de Medellín, os cristãos e cristãs, movidos pelo Espírito do Ressuscitado, abrem-se para os problemas do mundo: "As alegrias e esperanças, as tristezas e angústias dos homens e mulheres de hoje, sobretudo dos pobres e de todos os que sofrem, são também as alegrias e as esperanças, as tristezas e angústias dos discípulos de Cristo. Não se encontra nada verdadeiramente humano que não lhes ressoe no coração" (GS, n. 1).

---

13   GUTIÉRREZ, *A força histórica dos pobres*, p. 245.

14   Cf. VV.AA., Apocalíptica: esperança dos pobres.

b. Um novo modo de transmitir a fé: Uma nova leitura da Bíblia a partir do pobre-excluído (classe), a partir da mulher (gênero), a partir das diferentes culturas (etnia) e a partir dos idosos, jovens, crianças (geração). Encontramos também no interior de todo esse processo uma nova forma de fazer teologia (Teologia da Libertação) e uma nova catequese, martirial e realizando a ligação fé-vida.

c. Um novo modo de celebrar a fé: A partir da ligação fé-vida, a liturgia expressa-se a partir das diferentes culturas (inculturação) e celebra as lutas em defesa da vida, com grande respeito pela alteridade.

A partir do compromisso histórico pela libertação, percebe-se, cada vez mais, que a melhor *pregação* sobre Deus é a construção de uma sociedade com relações sociais igualitárias, de colaboração, de partilha, de fraternidade e sororidade à imagem das relações na Trindade. Em outras palavras, é na história que temos acesso ao encontro com Deus e à possibilidade de seu conhecimento: "Quando pensamos numa força, numa profundidade, num ser que transcende tudo, podemos perfeitamente não estar pensando no Deus cristão. Ao contrário, quando nós, ou outros, entregamos a nossa vida e o nosso trabalho para que os homens se respeitem, se unam e se amem, a mola de tudo o que nossa vida criou de solidariedade, de justiça e de amor nos relaciona infalivelmente, de modo consciente ou não, com o Deus cristão".[15] Deste modo, supera-se a compreensão de um Deus reflexo de uma formação social: "Poderíamos dizer que a persistente tendência entre cristãos de rejeitar, na prática, uma noção de Deus encarnado e reduzi-la a um Deus impassível, inacessível, perfeitamente feliz em si mesmo, não é outra coisa senão o antropomorfismo mais evidente: transferir para Deus as características com as quais o indivíduo pensa realizar-se numa sociedade de dominação. E vice-versa, o crescente interesse da Igreja por formas de sociedade onde a construção da pessoa se realize no próprio trabalho social e não numa esfera subtraída a ele, constitui a melhor preparação do cristianismo para aprofundar a teologia de um Deus encarnado, isto é, a de uma pessoa divina que 'trabalhou com mãos humanas, pensou com inteligência humana, agiu com vontade humana, amou com coração humano' (GS, n. 22)".[16]

Assumindo "as alegrias e esperanças, as tristezas e angústias dos homens e mulheres de hoje, sobretudo dos pobres e de todos os que sofrem", a reflexão teológica da libertação não tem medo de aproximar Deus das realidades terrestres e vê-lo atuando em favor da vida dos pobres e excluídos: "O temor de atribuir a Deus coisas 'demasiadamente humanas' infelizmente levou a teologia (mesmo a mais moderna, a da 'morte de Deus') a 'purificar' a noção de Deus despojando-a de todo realismo histórico. Com isso, como muito bem nota Berdiaeff, longe de evitar o antropomorfismo, caía-se nele, pois essa versão 'racional' de Deus não era outra coisa senão um

---

15 SEGUNDO, *Teologia aberta para o leigo adulto*, p. 59.
16 Ibid., p. 73.

transpor ao plano do divino as relações alienadas que temos com as pessoas através das categorias utilitárias e impessoais das funções sociais, políticas, econômicas, jurídicas".[17] Estamos a um passo da idolatria: "A idolatria é possível, mesmo com relação a Deus, e as relações sociais baseadas na dominação que existem entre os homens serviram de exemplo para o estabelecimento (teológico) das relações entre os homens e Deus".[18]

Esta reflexão indica que a teologia deve seguir a orientação antropológica que assume o histórico como base do teológico, na medida em que o histórico proveniente do compromisso humano se encontra encarnado nos conceitos. Esta orientação nos mostra também que é no compromisso histórico que vamos encontrar o verdadeiro rosto de Deus, de tal modo que a profissão de fé na existência de Deus (ortodoxia formal) deve estar relacionada diretamente com a práxis (ortopráxis). Em outras palavras, o falar e o fazer devem estar numa relação circular. Isto mostra o íntimo relacionamento entre o que vivemos e o que professamos, isto é, entre fé e vida. Sem esta circularidade, nossa profissão de fé se torna formal, caindo em contradição e nossa teologia acaba se tornando uma mera instância ideológica da sociedade, como nos alerta Puebla, n. 28: "Vemos, à luz da fé, como um escândalo e uma contradição, com o ser cristão a brecha crescente entre ricos e pobres. O luxo de alguns poucos converte-se em insulto contra a miséria das grandes massas. Isso é contrário ao plano do Criador e à honra que lhe é devida. Nesta angústia e dor, a Igreja discerne uma situação de pecado social, cuja gravidade é tanto maior quanto se dá em países que se dizem católicos e que têm a capacidade de mudar".[19]

b) Construção de um novo projeto social

A *Gaudium et Spes* nos ajuda a compreender a ligação entre a fé e a construção de um novo projeto social, na medida em que, através das diferentes mediações, a teologia tem como função traduzir a revelação para que se torne elemento de soluções para os problemas humanos: "A fé, com efeito, esclarece todas as coisas com luz nova. Manifesta o plano divino sobre a vocação integral do ser humano. E, por isso, orienta a mente para soluções plenamente humanas" (GS, n. 11). Estamos bem próximos do desejo expresso por Jesus no Evangelho de João: "Eu vim para que todos(as) tenham vida e vida em abundância" (Jo 10,10).

A contribuição dos cristãos e cristãs, na construção de um novo projeto social, se dá no engajamento nas lutas do movimento popular, nas lutas específicas dos povos indígenas, dos negros, das mulheres, no movimento sindical, nos partidos políticos,

---

17   Ibid., pp. 118-119.

18   Ibid., p. 119.

19   CELAM, *Documento de Puebla*, n. 28.

no movimento ecológico, nas pastorais sociais, nos conselhos de cidadania. A partir deste compromisso, abre-se uma nova compreensão do mundo (sociedade), do ser humano (antropologia) e de Deus (teologia). Surge uma nova hermenêutica bíblica a partir dos pobres (leitura de classe), a partir das mulheres (gênero), dos povos indígenas e afrodescendentes (etnia), dos velhos, jovens e crianças (geração) e a partir da preservação da natureza (ecológica). Este novo modo de viver a fé vai influenciando a prática eclesial e política dos cristãos e cristãs e abrindo espaço para a esperança em uma nova *aliança* entre o trabalho, a natureza, o respeito pelas mulheres, as culturas (negros, indígenas) e as gerações. Os pobres são vistos como novo sujeito histórico (protagonistas) e também novo sujeito eclesial, buscando modificar as estruturas sociais e eclesiais. Este é o desafio presente na opção pelos pobres.[20] Se de fato assumida, com certeza vai contribuir para a mudança social, pois "existe basicamente uma correspondência entre a nossa concepção do divino e a ordem de sociedade que criamos. Neste sentido, concepções de Deus não são diferentes das realidades sociais; ao contrário, exercem profunda influencia sobre elas".[21]

3. A relevância política da teologia num mundo de muitos deuses

Na América Latina e no Caribe, não partimos da questão sobre a existência ou não existência de Deus. A preocupação primeira da teologia não é o ateísmo, mas a antítese fé-idolatria, pois os ídolos se encontram aninhados no interior de um sistema econômico que, com sua ética individualista e de competição, sua adoração ao lucro, sua crença na virtude das regras do mercado, produziram e produzem muitos sacrifícios humanos: "Domina cada vez mais, em muitos Países americanos, um sistema conhecido como 'neoliberalismo'; sistema este que, apoiado numa concepção economicista do homem, considera o lucro e as leis de mercado como parâmetros absolutos com prejuízo da dignidade e do respeito da pessoa e do povo. Por vezes, este sistema transformou-se numa justificação ideológica de algumas atitudes e modos de agir no campo social e político que provocam a marginalização dos mais fracos. De fato, os pobres são sempre mais numerosos, vítimas de determinadas políticas e estruturas frequentemente injustas".[22] Esta mesma crítica se encontra presente na Conferência de Aparecida, insistindo no processo de exclusão que afeta grande parte da população latino-americana e caribenha: "Já não se trata simplesmente do fenômeno da exploração e opressão, mas de algo novo: a exclusão social. Com ela a pertença à sociedade na qual se vive fica afetada na raiz, pois já não está abaixo, na

---

20   Cf. SEGUNDO, La opción por los pobres como clave hermenéutica para entender el Evangelio, pp. 473-482.

21   WILFRED, O monoteísmo como base ideológica para o autoritarismo e a centralização.

22   JOÃO PAULO II, *Ecclesia in America*, n. 56.

periferia ou sem poder, mas está fora. Os excluídos não são somente 'explorados', mas 'supérfluos' e 'descartáveis'".[23] Sem, de modo algum, querer negar a relação fé-razão, na América Latina, defrontamo-nos com a relação fé-prática social. Como compreender que, num continente de maioria crente, haja tanta miséria, tanta gente passando fome? A questão primeira não é a questão do não crente, mas sim da não pessoa. A teologia tem, pois, um papel crítico a desempenhar neste contexto sócio-histórico para manter sua credibilidade.

4. Teologia e busca de sentido para a vida

Na América Latina e no Caribe, assim como nos demais países pobres do mundo, no momento do nascimento da Teologia da Libertação o fato maior era a opressão das grandes maiorias, de tal modo que a grande contradição se configurava no binômio *opressão-libertação*. Hoje, esta realidade se tornou ainda mais dramática pelo processo de exclusão gerado pelo neoliberalismo ainda hegemônico no mundo. Embora com muitos sinais de esperança, concretizados em muitos países latino-americanos e caribenhos, os povos latino-americanos e caribenhos vivem o *drama da exclusão*. A opção pelos pobres, assumida pela Igreja a partir de Medellín, passa hoje por uma nova exigência na linha da defesa da vida dos excluídos, para que possamos continuar sendo fiéis ao Deus da Vida. Tem validade ainda a afirmação de Elza Tamez: "Cremos que refletir sobre opressão/libertação não significa abordar um tema bíblico a mais: trata-se da medula de todo o contexto histórico onde se desenrola a revelação divina; e só a partir deste centro podemos compreender os significados de fé, graça, amor, paz, pecado e salvação".[24] Mas esta afirmação exige encarar o fato novo, o fato maior dos últimos que é a "estarrecedora lógica da exclusão no mundo de hoje. Partes enormes da população mundial passam ao rol de 'massa sobrante', na perspectiva do crescimento econômico, mito obsessivo que praticamente alijou do debate a questão do desenvolvimento social".[25]

O papel da teologia é traduzir a revelação para que a vida possa ser compreendida na perspectiva da fé no Deus que quer a salvação de todos os seres humanos (Jo 10,10; 1Tm 2,4). Como, pois, dar sentido no meio dos conflitos históricos? Como compreender a exclusão reinante em nosso continente? Como construir um mundo em que não haja exclusão e que o clamor dos pobres seja escutado por Deus (Ex 3,7-10).

Esta tem sido a chave hermenêutica da Teologia da Libertação. Os pobres são *o lugar epistemológico*, isto é, o lugar a partir do qual se pensa o conceito de Deus, Cristo,

---

23 CELAM, *Documento de Aparecida*, n. 65. Cf. também n. 402.

24 TAMEZ, *A Bíblia dos oprimidos*, p. 8.

25 ASSMANN, *Crítica à lógica da exclusão*, p. 5.

A teologia como produto social e produtora da sociedade

ser humano, graça, história. A Teologia da Libertação busca se construir a partir da perspectiva das vítimas.[26] A revelação de Deus se faz sempre em solidariedade com os oprimidos. Na *Missa Campesina Nicaraguense*, o canto do *Kyrie* clama por esta solidariedade: "Cristo, Cristo Jesus, identifica-te conosco. Senhor, Senhor meu Deus, identifica-te conosco. Cristo, Cristo Jesus, solidariza-te não com a classe opressora que oprime e devora a comunidade, mas com o oprimido, com o povo meu sedento de paz".

A pergunta fundamental que surge do chão latino-americano e caribenho ainda continua sendo: "De que maneira falar de um Deus que se revela como amor, numa realidade marcada pela pobreza e pela opressão? Como anunciar o Deus da vida a pessoas que sofrem uma morte prematura e injusta? Como reconhecer o dom gratuito de seu amor e de sua justiça a partir do sofrimento do inocente? Com que palavras dizer aos que não são considerados pessoas que são filhas e filhos de Deus?".[27]

Tal consideração se alarga hoje para outros lugares do mundo, como bem expressa o bispo Desmond Tutu: "A Teologia da Libertação, mais que qualquer outro tipo de teologia, surge do crisol da angústia e dos sofrimentos humanos. Surge porque o povo grita: 'Senhor, até quando? Oh! Deus, mas por quê?'. Toda a Teologia da Libertação provém do esforço por dar sentido ao sofrimento humano quando aqueles que sofrem são vítimas de uma opressão e exploração organizadas, quando são mutilados e tratados como seres inferiores ao que são: pessoas humanas, criadas à imagem do Deus trino, redimidas por um só Salvador, Jesus Cristo, e santificadas pelo Espírito Santo. É esta a origem de toda Teologia da Libertação e, portanto, de toda teologia negra, que é a Teologia da Libertação da África".[28]

A mesma constatação podemos encontrar na Teologia Negra tal como é concebida por J. H. Cone: "A resposta da Teologia Negra à questão da hermenêutica pode ser estabelecida de modo conciso: O princípio hermenêutico para uma exegese das Escrituras é a revelação de Deus em Cristo como o Libertador dos oprimidos da opressão social e para a luta política, em que os pobres reconhecem que sua luta contra a pobreza e a injustiça não é apenas consistente com o evangelho, mas é o próprio evangelho de Jesus Cristo. Jesus Cristo, o Libertador, o ajudador e o curador dos feridos, é o ponto de partida para a exegese válida das Escrituras de uma perspectiva cristã. Qualquer ponto de partida que ignora Deus em Cristo como o Libertador dos oprimidos ou que torna a salvação como libertação secundária não é, *ipso facto*, válido e, por isso, é herético".[29]

---

26 Cf. BOFF, Leonardo, O lugar central das vítimas na Teologia da Libertação, p. 40.

27 GUTIÉRREZ, *Falar de Deus a partir do sofrimento do inocente*, p. 14.

28 TUTU, The theology of liberation in Africa, p. 15.

29 CONE, *O Deus dos oprimidos*, pp. 92-93.

Para ser crível, a teologia é convidada a retomar os pontos fundamentais da tradição bíblica, para conseguir dar sentido à vida de milhões de pessoas que se encontram em situação de opressão e exclusão:

a. A Defesa do Pobre como *matriz geradora da Bíblia e núcleo da fé bíblica* (cf. Ex 3,7-10; Jr 22,16; Pr 14,31; Mt 25,40; 1Cor 1,26-31).

b. A revelação de Deus aos pobres como *âmago do Evangelho* (cf. Mt 11,25-26; Jo 13,1-20).

E se ela não o fizer, quem o fará?

A teologia não deve calar-se diante do processo de exclusão e, profeticamente, deve denunciar a idolatria do mercado e anunciar que a vida, antes de ser agradável, tem que ser possível: "A satisfação das necessidades básicas torna a vida possível; a satisfação dos desejos a torna agradável. Mas para poder ser agradável, antes tem de ser possível".[30]

A prática dos cristãos e cristãs deve se pautar pela opção aos pobres, pois o essencial é salvar a pessoa humana, especialmente a pessoa humana que está sendo excluída, pois Deus clama por meio dos excluídos: "Descobrir nos rostos sofredores dos pobres o rosto do Senhor (Mt 25,31-46) é algo que desafia todos os cristãos a uma profunda conversão pessoal e eclesial".[31] A opção pelos pobres é, em última instância, uma opção teológica. G. Gutiérrez afirma: "O motivo último do compromisso com os pobres e oprimidos não está na análise social que utilizamos, em nossa compaixão ou na experiência direta que possamos ter com a pobreza. Todas essas razões são válidas e desempenham um papel importante no nosso compromisso, porém, como cristãos, este se embasa fundamentalmente no Deus de nossa fé. É uma opção teocêntrica e profética que lança suas raízes na gratuidade do amor de Deus e é exigida por ela".[32] O pobre e o excluído são preferidos não por serem moral ou religiosamente melhores, mas por causa do desumano de sua situação!

No *Documento de Aparecida*, a opção pelos pobres ganha uma conotação cristológica, na medida em que é enraizada na fé em Jesus Cristo: "Nossa fé proclama que 'Jesus Cristo é o rosto humano de Deus e o rosto divino do homem'. Por isso, 'a opção preferencial pelos pobres está implícita na fé cristológica naquele Deus que se fez pobre por nós, para nos enriquecer com sua pobreza'. Essa opção nasce de nossa fé em Jesus Cristo, o Deus feito homem, que se fez nosso irmão (cf. Hb 2,11-12)".[33] A prática dos cristãos(ãs) deve decorrer dessa opção teológica e cristológica. Os cristãos são chamados a transformar esta realidade injusta e, alicerçados na gratuidade de Deus,

---

30   HINKELAMMERT, *Crítica a la razón utópica*, p. 241.

31   CELAM, *Conclusões da IV Conferência do Episcopado Latino-Americano*, n. 178.

32   GUTIÉRREZ, Pobres y opción fundamental, pp. 309-310.

33   CELAM, *Documento de Aparecida*, n. 392.

fazer com que esta opção teológica se torne radicalmente política, ao preservar o humano que está sendo destruído na pessoa dos pobres e excluídos.

5. Conclusão

Toda e qualquer teologia é contextualizada. Toda e qualquer teologia é produzida em uma Igreja situada em uma sociedade determinada. Vivemos na América Latina e no Caribe, em uma sociedade caracterizada pela dominação, exclusão e pelo conflito de interesses opostos. A teologia, feita neste contexto, tem sempre uma destinação política: ora as ideias teológicas reforçam a dominação e a exclusão, ora fortalecem as lutas de libertação.[34] A Teologia da Libertação ousou e ousa se posicionar neste conflito a partir dos pobres, das vítimas. Deste modo, mesmo sofrendo críticas no interior da instituição eclesial e perseguições no âmbito da sociedade, trabalha com certa *autonomia relativa*, contribuindo para a mudança social. A teologia produzida a partir da perspectiva dos pobres e excluídos tem reforçado as lutas que buscam transformar a sociedade. Deste modo, a teologia pode ser compreendida como um produto social, mas, ao mesmo tempo, ela é produtora da sociedade. Ela articula em seu seio a realidade e sentido da vida, evangelização e libertação: "Entre evangelização e promoção humana — desenvolvimento, libertação — existem de fato laços profundos: laços de ordem antropológica, dado que a pessoa humana que há de ser evangelizada não é um ser abstrato, mas é sim um ser condicionado pelo conjunto dos problemas sociais e econômicos; laços de ordem teológica, porque não se pode nunca dissociar o plano da Criação do plano da Redenção, um e outro a abrangerem as situações bem concretas da injustiça que há de ser combatida e da justiça a ser restaurada; laços daquela ordem eminentemente evangélica, qual é a ordem da caridade: como se poderia, realmente, proclamar o mandamento novo sem promover na justiça e na paz o verdadeiro e autêntico progresso humano? […]. É impossível aceitar 'que a obra da evangelização possa ou deva negligenciar os problemas extremamente graves, agitados sobremaneira hoje em dia, pelo que se refere à justiça, à libertação, ao desenvolvimento e à paz no mundo. Se isso porventura ocorresse, seria ignorar a doutrina do Evangelho sobre o amor para com o próximo que sofre ou se encontra em necessidade'".[35]

A relevância da teologia é demonstrada na ação que ela gera.[36] Não se faz a teologia que se quer, mas aquela que se pode, pois no fazer teológico há uma estrutura objetiva das relações sociais que independem da vontade do teólogo e teóloga. Além disso, há limites impostos pela própria instituição eclesial. Nesta interação,

---

34 Cf. MADURO, *Apontamentos epistemológicos para uma história da teologia na América Latina*, p. 17.

35 PAULO VI, *Evangelii Nuntiandi*, n. 31.

36 Cf. GUTIÉRREZ, *A força histórica dos pobres*, pp. 286-287.

a teologia sofre as influências do contexto sócio-histórico, mas também pode influenciar a mudança deste contexto e se estrutura em sua pertinência[37] (autonomia) e relevância[38] (dependência), sensibilidade (dimensão da profecia e da ética) e análise[39] (explicação racional articulada com o histórico, o sociológico, o axiológico, o tático e o estratégico). É com estes limites e pressupostos que se produz a reflexão teológica. Na medida em que se articula com os pobres, busca sempre apontar para a *novidade* que pode acontecer na história, na certeza de que o ser humano busca sempre transcender-se. O ser humano busca uma realidade para além da presente situação. Isto indica que a utopia parece fazer parte da condição humana. Negar a utopia é negar a própria condição humana.[40] Porém, a realização deste desejo de ultrapassar nunca se dá de forma plena no interior da história. Por isso o ser humano "no seio da condição humana deve vislumbrar a esperança do impossível, encarnando-a em um mundo que continua condicionado pela morte. Contudo, como não se pode derivar a condição humana das leis das ciências empíricas, nunca se sabe *a priori* se uma meta atual vai além dos limites do possível e, portanto, da condição humana. Embora se conheça a morte como raiz da condição humana, não se conhece necessariamente onde se encontra a cada passo da ação humana o limite imposto por essa condição humana. No agir é que se descobre a condição humana. Andando é que se faz caminho (*se hace camino al andar...*)".[41] É com base nesta esperança que podemos compreender a busca da *terra sem males*, de *um outro mundo possível* como o horizonte da história. Nunca totalmente alcançado, mas sempre desafiando a criatividade, a inventividade e a perspicácia humanas. É uma utopia não factível na história, mas que continua sustentando a esperança contra toda esperança de que o *novo* acontece! Esta é uma das funções da teologia, se olhada a partir da opção pelos pobres.

6. Referências bibliográficas

ASSMANN, Hugo. *Crítica à lógica da exclusão*. São Paulo: Paulus, 1994.

BENTO XVI. Discurso inaugural. In: CELAM. *Documento de Aparecida*; texto conclusivo da V Conferência do Episcopado Latino-Americano e do Caribe. São Paulo: CNBB/Paulus/Paulinas, 2007.

BOFF, Clodovis. *Teologia e prática*; teologia do político e suas mediações. Petrópolis: Vozes, 1978.

---

37 Cf. BOFF, Clodovis, *Teologia e prática*, p. 310.

38 Cf. ibid., pp. 311-314.

39 Cf. ibid., pp. 310-318.

40 Cf. HINKELAMMERT, O cativeiro da utopia, p. 816.

41 Ibid., p. 817.

BOFF, Leonardo. O lugar central das vítimas na Teologia da Libertação. In: ASSMANN, Hugo (org.). *René Girard com teólogos da libertação*. Petrópolis: Vozes, 1991.

_____. *Nova era*; a civilização planetária. São Paulo: Ática, 1994.

CASAS, Bartolomeu de las. *O paraíso perdido*; brevíssima relação da destruição das Índias. Porto Alegre: LPM, 1985.

CELAM (CONSELHO EPISCOPAL LATINO-AMERICANO). *A Igreja na atual transformação da América Latina à luz do Concílio*; conclusões de Medellín. Petrópolis: Vozes, 1977.

_____. *Documento de Puebla*. São Paulo: Loyola, 1979.

_____. *Conclusões da IV Conferência do Episcopado Latino-Americano*. São Paulo: Paulinas, 1992.

_____. *Documento de Aparecida*; texto conclusivo da V Conferência do Episcopado Latino-Americano e do Caribe. São Paulo: CNBB/Paulus/Paulinas, 2007.

CONE, James H. *O Deus dos oprimidos*. São Paulo: Paulinas, 1985.

COX, Harvey. *A cidade do homem*. Rio de Janeiro: Paz e Terra, 1968.

DUQUOC, Christian. *A teologia no exílio*; o desafio da sobrevivência da teologia na cultura contemporânea. Petrópolis: Vozes, 2006.

GOTTWALD, Norman K. *As tribos de Yahweh*; uma sociologia da religião de Israel liberto 1250-1050 a.C. São Paulo: Paulinas, 1986.

GUTIÉRREZ, Gustavo. *Falar de Deus a partir do sofrimento do inocente*. Petrópolis: Vozes, 1987.

_____. *A força histórica dos pobres*. Petrópolis: Vozes, 1981.

_____. Pobres y opción fundamental. In: ELLACURÍA, Ignacio; SOBRINO, Jon (orgs.). *Mysterium Liberationis*; conceptos fundamentales de la Teología de la Liberación. San Salvador, UCA Editores, 1991. t. 1, pp. 309-310.

HINKELAMMERT, Franz. J. *El grito del sujeto*; del teatro-mundo del evangelio de Juan al perro-mundo de la globalización. San José de Costa Rica: DEI, 1998.

_____. O cativeiro da utopia: as utopias conservadores do capitalismo atual, o neoliberalismo e o espaço para alternativas. *REB*, 216, dez/1994, Petrópolis: Vozes.

_____. *Crítica a la razón utópica*. San José de Costa Rica: DEI, 1984.

JOÃO PAULO II. *Ecclesia in America*; Exortação Apostólica Pós-sinodal do Santo Padre João Paulo II. São Paulo: Paulus, 1999.

MADURO, Otto. Apontamentos epistemológicos para uma história da teologia na América Latina. In: DUSSEL, Enrique et alii. *História da teologia na América Latina*. São Paulo: Paulinas, 1981.

_____. *Mapas para a festa*; reflexões latino-americanas sobre a crise de conhecimento. Petrópolis: Vozes, 1994.

PAULO VI. *Evangelii Nuntiandi*. In: *Documentos de Paulo VI*. São Paulo: Paulus, 1997.

SEGUNDO, Juan Luis. La opción por los pobres como clave hermenéutica para entender el Evangelio. *Sal Terrae* 6, junio/1986, tomo 74, pp. 473-482.

_____. *Que mundo? Que homem? Que Deus?*; aproximações entre ciência, filosofia e teologia. São Paulo: Paulinas, 1995.

_____. *Teologia aberta para o leigo adulto*; v. 3. A nossa ideia de Deus. São Paulo: Loyola, 1977.

SOTER (org.). *Religião, ciência e tecnologia*. São Paulo: Soter/Paulinas, 2009.

TAMEZ, Elza. *A Bíblia dos oprimidos*. São Paulo: Paulinas, 1980.

THEISSEN, Gerth. *A religião dos primeiros cristãos*; uma teoria do cristianismo primitivo. São Paulo: Paulinas, 2009.

TUTU, Desmond. The theology of liberation in Africa. In: APPIAH-KUBI, Kofi; TORRES, Sergio. *African theology en route*. Maryknoll, NY: Orbis Books, 1979.

VV.AA. Apocalíptica: esperança dos pobres. *RIBLA* 7, Petrópolis: Vozes, 1990.

WILFRED, F. O monoteísmo como base ideológica para o autoritarismo e a centralização. Disponível em: www.ihu.org.br, acessado em 19/10/2009.

CAPÍTULO IV

Teologia cristã e modernidade: confrontos e aproximações

Wagner Lopes Sanchez

1. Introdução

Este texto tem por objetivo apresentar e problematizar as relações entre a teologia cristã e a modernidade, considerando o olhar da própria teologia sobre essas relações.

Teologia cristã e modernidade viveram, desde a origem desta, momentos de tensão e de resistências mútuas, mas também momentos de aproximação — e até de reconciliação — que nem sempre são destacados ou são esquecidos quando se procura estudar a relação do cristianismo e da teologia cristã nos tempos modernos.

Entre as várias possibilidades existentes para tratar o tema, escolhemos uma abordagem histórico-processual. Por isso, o fio condutor do texto é a história da teologia. Entendemos que no percurso histórico é bastante útil examinar o caminho tortuoso que teologia cristã e modernidade viveram.

O texto está organizado em três partes. A primeira traz uma reflexão sobre o fenômeno da modernidade considerando-o como ruptura e derretimento dos sólidos da sociedade medieval. Na segunda parte procuramos apresentar o cristianismo medieval a partir de duas noções: hegemonia e continuidade. A terceira parte apresenta uma teologia incomodada e perplexa que se vê tensionada entre a continuidade e a ruptura com o modelo medieval. Tanto o catolicismo como o protestantismo viveram — e ainda vivem — tensionados por essa polaridade.

2. A modernidade como ruptura e como derretimento dos sólidos

Se pudéssemos escolher uma palavra que melhor sintetizasse o que representou (e ainda representa) a modernidade para a sociedade ocidental, essa palavra seria ruptura. A modernidade instaurou um conjunto de mudanças profundas na Europa, que se consolidaram a partir do século XVII, que pode ser definido como um longo processo de rupturas constantes e profundas que atingiram tanto a estrutura social como a cultura em geral.

Harvey, na obra *A condição pós-moderna*, desenvolve a ideia de ruptura como sendo uma marca da modernidade. Para esse autor, a modernidade é um processo de ruptura com todas as formas de organização pré-modernas. Mais precisamente, a modernidade "não apenas envolve implacável ruptura com todas e quaisquer condições históricas precedentes como é caracterizada por um interminável processo de rupturas e fragmentações internas inerentes".[1]

Foram diversas as condições históricas precedentes que foram afetadas pelo movimento de ruptura generalizada impulsionada pela modernidade: a estrutura social presente na sociedade feudal fundada nas relações sociais de servidão; a estrutura política descentralizada baseada no poder dos senhores feudais e no casamento entre a religião e o Estado, que ficou conhecido como Cristandade; a estrutura econômica feudal baseada no feudo como eixo central da atividade econômica; a estrutura religiosa dominante no catolicismo medieval fundado na tradição e na concepção sagrada da hierarquia religiosa; a cultura medieval configurada pelo pensamento da escolástica que permeava todas as atividades culturais.

A metáfora que talvez represente melhor esse movimento de ruptura generalizada é a do redemoinho. A mentalidade moderna, como um redemoinho, destrói acelerada e profundamente tudo o que encontra pela frente e leva à criação de novas estruturas sociais, econômicas, políticas, religiosas e culturais. Este redemoinho da modernidade não só destrói, mas traz consigo novos cenários baseados em novas estruturas que romperam com a imobilidade, com a tradição e com a perenidade; agora os cenários estão marcados pela mobilidade, pela novidade e pelo transitório.

O processo de revolução desencadeado pela modernidade atingiu, portanto, todas as esferas da sociedade medieval. Se de um lado havia um modelo de sociedade que se estava deteriorando e provocando, gradativamente, a decadência de todos aqueles que usufruíam daquele *status quo* — a aristocracia feudal —, de outro, vemos um novo modelo de sociedade que estava sendo construído — a sociedade capitalista — e um grupo social que lentamente vai conquistando hegemonia na esfera social — a burguesia. O desenvolvimento da modernidade converge, portanto, com um determinado projeto social, o projeto burguês.

Se antes a homogeneidade e a hegemonia eram sinais da perenidade, com o advento da modernidade acontece a instauração da heterogeneidade e do pluralismo nos diversos âmbitos da vida social. A heterogeneidade e o pluralismo, na modernidade,

---

1 HARVEY, *A condição pós-moderna*, p. 22.

serão sinais do transitório. O clima criado pela modernidade foi o da indefinição, da insegurança, das fronteiras tênues, dos valores que se redefinem constantemente. É um clima de crise que atinge todas as instâncias da vida social. A modernidade aprofunda a crise a que estava submetida a sociedade feudal mas ela também instaura a crise como lógica constante da dinâmica social. A sociedade moderna será uma sociedade em crise constante.

A sociedade medieval era a sociedade dos sólidos em contraposição à sociedade moderna que passa a ser a sociedade dos fluídos e dos líquidos. As metáforas usadas por Bauman para falar da sociedade medieval e da sociedade moderna são bastante ilustrativas e interessantes para o nosso estudo. As perguntas desse autor são bastante pertinentes para a compreensão da modernidade como um grande processo de transformação: "Mas a modernidade não foi um processo de 'liquefação' desde o começo? Não foi o 'derretimento dos sólidos' seu maior passatempo e principal realização? Em outras palavras, a modernidade não foi 'fluida' desde a sua concepção?".[2]

A modernidade foi um intenso processo de derretimento das diversas estruturas que dão sustentação à vida social, mas sobretudo das estruturas de pensamento que contribuíam para organização da vida. Aliás, como o próprio Bauman recorda, ao chegar, a modernidade já encontrou os sólidos da sociedade medieval em processo de desintegração: "Os tempos modernos encontraram os sólidos pré-modernos em estado avançado de desintegração".[3] Não foi a modernidade que inaugurou esse processo. O processo de desintegração da sociedade medieval já estava em andamento em virtude do próprio esgotamento daquele tipo de organização social. Se não fosse esse processo de desintegração, o derretimento trazido pela modernidade teria encontrado mais dificuldade e teria sido mais prolongado. O redemoinho da modernidade encontrou um território já em processo de devastação.

Para esse autor,

> os primeiros sólidos a derreter e os primeiros sagrados a profanar eram as lealdades tradicionais, os direitos costumeiros e as obrigações que atavam pés e mãos, impediam os movimentos e restringiam as iniciativas. Para poder construir seriamente uma nova ordem (verdadeiramente sólida!) era necessário primeiro livrar-se do entulho com que a velha ordem sobrecarregava os construtores.[4]

Os sólidos que antes tinham um caráter sacralizado e absoluto agora são profanados e historicizados; se antes, em virtude desse caráter, não podiam ser destruídos e substituídos, agora são considerados como passíveis de mudança e resultados do processo histórico.

---

2   BAUMAN, *Modernidade líquida*, p. 9.

3   Ibid., p. 10.

4   Ibid., p. 10.

Mas a modernidade não cria uma sociedade sem sólidos e só de líquidos. A modernidade destrói os antigos sólidos, derretendo-os, mas também cria novos sólidos.

Pela reflexão realizada até aqui, é possível perceber que no conjunto da sociedade medieval há uma esfera que vai ser afetada nas suas entranhas. Essa esfera será a religiosa por duas razões fundamentais. Em primeiro lugar, essa esfera era legitimadora da ordem social medieval; todas as estruturas presentes na sociedade medieval dependiam do discurso religioso para a sua sustentação ideológica. Em segundo lugar, essa esfera era considerada sagrada porque fundada no próprio Deus que, segundo a concepção medieval, estava na origem da Igreja Católica.

Por isso, é possível dizer que a solidez medieval que foi a mais afetada pela modernidade foi justamente a da estrutura religiosa não só porque contra ela foram dirigidas as críticas mais contundes dos modernos mas porque tinha um lugar nevrálgico em toda a sociedade medieval.

A estrutura eclesiástica e o discurso religioso, inclusive o discurso teológico, não sairão impunes desse processo e serão submetidos a uma revisão profunda que terá no movimento de reforma o seu ápice. O mais importante, no entanto, surge uma nova compreensão das relações da religião com a sociedade e com a pessoa humana. A modernidade redefine o papel e o lugar da religião no conjunto das relações sociais.

Esse será o grande desafio a ser enfrentado pela teologia cristã na época moderna: conviver com o novo papel e o novo lugar da religião na sociedade. E isso não será feito com muita tranquilidade.

3. O cristianismo medieval: entre a hegemonia e a continuidade

O cristianismo europeu medieval era um cristianismo centrado na hegemonia e na continuidade. Tanto no seu aspecto institucional como também no seu aspecto vivencial, a hegemonia e a continuidade eram constantes, já que a tradição exercia um papel central na constituição do imaginário do cristianismo.

A hegemonia dava ao cristianismo uma perspectiva de religião dominante e que procurava se firmar como religião absoluta, embora convivesse com expressões religiosas minoritárias sobretudo no âmbito da religião popular. E muitas dessas expressões religiosas acabaram se anexando ao cristianismo como religião hegemônica. Por outro lado, o cristianismo, ao tornar-se matriz ideológica do feudalismo, assumiu o papel de religião que fornecia o arcabouço simbólico que as estruturas sociais feudais necessitavam para consolidarem-se como hegemônicas. Aqui, temos um movimento de mão dupla: o cristianismo torna-se religião hegemônica favorecida pelas condições sociais existentes e, ao mesmo tempo, alimenta as estruturas sociais que precisavam dele para se reproduzirem.

A continuidade dava ao cristianismo uma perspectiva de religião permanente desde o início da expansão da mensagem cristã, de aversão às mudanças, de homogeneidade interna. Sob a aparência de um cristianismo contínuo e homogêneo estava presente um cristianismo diverso, complexo, construído como resultado da incorporação de elementos religiosos muito variados ao longo do tempo.

Subjacente — ou paralelo — à hegemonia e à continuidade, encontramos um cristianismo vivido e constituído por pessoas que buscavam no mesmo significado para as suas existências e sentido para continuarem vivendo numa sociedade fundada em lealdades tradicionais.

Ao mesmo tempo que encontramos no cristianismo medieval uma instituição religiosa — a Igreja — presente em diversos espaços sociais, encontramos a mesma distante dos lugares onde a vida pulsava. Se o cristianismo com a sua maleabilidade e com o seu sincretismo se fazia presente na vida dos cristãos comuns, a instituição religiosa era ausente e só se fazia presente na sua expressão sacramentalizadora. Havia um descolamento da Igreja não só das bases da sociedade, mas também da vida que perpassava a existência cotidiana.

Esse cristianismo pré-moderno, que se apresentava como um edifício compacto e sólido, tinha aprisionado nos seus alicerces as insatisfações e desejos aos quais não conseguia atender e muito menos sufocar. O cristianismo da instituição religiosa era um cristianismo da nobreza, das elites, que procurava apresentar a imagem que esses grupos refletiam em seu estilo de vida: imobilidade, permanência, constância. Mas o cristianismo vivido nas bases da sociedade com seus vínculos, com seus acordos, com suas sobrevivências, com suas buscas de legitimidades no cotidiano, não tinha expressão oficial no conjunto da sociedade.

O cristianismo da instituição eclesiástica era o cristianismo dos sacramentos, da prática penitencial e da devoção aos santos, e repercutia nos registros simbólicos adotados pelos pobres para dar significado ao emaranhado da vida. Os sacramentos, as penitências e a devoção aos santos eram relidos à luz das lutas pela vida nos limites da existência cotidiana de opressão e subordinação.

Esse era o cristianismo pré-moderno, acomodado e adaptado, mas muitas vezes rebelde e capaz de formular movimentos de contra-hegemonia, de contestação ao *status quo* social e religioso. Os diversos movimentos de contestação religiosa que na Idade Média ganharam expressão sob designação oficial de heresias eram, na verdade, tentativas heterodoxas de afirmação de uma visão de mundo e de expressões vivenciais que não podiam ser visibilizadas na sociedade medieval.

No bojo da mudança cultural desencadeada pela modernidade, esse cristianismo pré-moderno encontra dificuldades profundas para continuar se afirmando; agora são novas estruturas sociais, novos cenários, novos sujeitos e novas inquietações que exigem do cristianismo novas respostas. Mas o cristianismo pré-moderno não tem novas respostas; ele não é capaz de enfrentar os novos desafios e procura responder a essas novas provocações com as mesmas respostas do paradigma da Cristandade.

Os limites do cristianismo pré-moderno é prenúncio das dificuldades de sua permanência no conjunto das novas condições sociais, que aos poucos vão sendo construídas no interior da modernidade, como uma realidade totalizante.

4. Uma teologia incomodada: entre a continuidade e a ruptura

Há uma relação dialética entre teologia e religião. Ao mesmo tempo que a teologia expressa o que há de mais profundo no universo religioso, na medida em que se caracteriza como um discurso que nasce do chão da religião, ela também influencia a religião elaborando modelos teóricos de compreensão da fé religiosa, do universo religioso, da vida e da história. A teologia é criação da religião e, por isso, reflete esta última, mas é também (re)criadora da religião na medida em que permanentemente está a influenciá-la e configurá-la. Por isso, é possível reconhecer um vínculo orgânico entre teologia e religião.

Por outro lado, como as pessoas presentes no universo religioso atuam também no âmbito mais geral da sociedade, a teologia reflete igualmente as condições sociais presentes numa determinada sociedade e num determinado momento histórico. Consequentemente, espelha tanto a realidade propriamente religiosa como também a realidade social. O estudo da teologia tem que levar em conta esse dado, ou seja, tem que levar em conta as condições de sua produção. O teólogo, ao produzir teologia, precisa ter a consciência de que sua atividade tem vínculos orgânicos com a religião, à qual ele está vinculado, e com a sociedade na qual vive.

Há que ressaltar, no entanto, que a teologia não é apenas reflexo, espelho, mas também é projeção de um modelo de religião e de sociedade. Em certo sentido, a teologia está sempre a pensar o futuro como reprodução do presente ou como alternativa ao modelo de religião e de sociedade.

Esses pressupostos são importantes para compreendermos as relações entre teologia cristã e modernidade.

Na modernidade encontramos o cristianismo europeu dividido em decorrência dos diversos movimentos de reforma e da reação da Igreja Católica a esses movimentos. Independentemente da intenção dos líderes da reforma, os desdobramentos da reforma protestante inauguraram no interior do cristianismo europeu a diversidade tanto do ponto de vista teológico como do ponto de vista da organização das Igrejas cristãs e da prática religiosa.

A forma como o cristianismo, agora dividido, vai reagir à modernidade dependerá das diversas tradições presentes no mesmo. A reação não será homogênea. De modo geral, podemos perceber duas grandes posições teológicas: do lado católico, uma posição de rejeição à modernidade que só vai ser modificada por ocasião do Concílio Vaticano II, realizado de 1962 a 1965; do lado protestante, encontramos desde uma atitude de diálogo com as principais teses da modernidade até posições de rejeição das mesmas dando origem, no século XIX, ao fundamentalismo.

a) A teologia católica

Do lado do catolicismo vamos encontrar, nos tempos modernos, um cristianismo perplexo e abalado com a perda de fiéis e de influência tanto na esfera política como social. A perplexidade que toma conta do catolicismo vai levá-lo a reagir energicamente contra a modernidade.

A teologia católica no seu conjunto e no âmbito oficial será uma teologia incomodada. Diante das principais reivindicações da modernidade, a teologia católica vai refletir as dificuldades da Igreja Católica para conviver com as mudanças modernas.

O documento eclesial que melhor sintetizou a reação da Igreja Católica à modernidade foi a Encíclica *Quanta Cura*, de Pio IX (1846-1878), publicada no ano de 1864. No seu primeiro parágrafo, esse documento expressa muito bem a visão da Igreja Católica que predominou até então:

> Nossos predecessores resistiram com apostólica firmeza às malvadas tramas dos ímpios, que [...] procuraram demolir os fundamentos da religião católica e da sociedade civil, destruir todo tipo de virtude e justiça, corromper as mentes e os corações de todos, desencaminhando os incautos e especialmente a inexperiente juventude da reta disciplina dos costumes [...] e, enfim, surripiando-a do seio da Igreja Católica.[5]

Chama a nossa atenção a forma como Pio IX se refere às mudanças trazidas pela modernidade como sendo "malvadas tramas dos ímpios". Com essa afirmação, ele expressa muito bem a mentalidade dominante na elite católica da época: as mudanças trazidas pela modernidade eram vistas como negativas.

Anexa à Encíclica *Quanta Cura* foi acrescentada com o título de *Syllabus* uma relação de oitenta proposições que reunia as condenações de erros da modernidade que Pio IX tinha feito em vários documentos. As condenações iam desde o racionalismo até o liberalismo, passando pelo socialismo, pelas sociedades secretas, pelas sociedades bíblicas, pela sociedade civil, pela ética natural e por outras.

O *Sillabus* foi uma espécie de ícone da chamada luta antimodernista desencadeada pelos setores mais conservadores da Igreja Católica.

---

5   PIO IX, *Quanta Cura*, p. 249.

Há um acontecimento, que se deu ao longo do século XIX, e que pode ser apresentado como um acontecimento-símbolo dessa perda de hegemonia pela Igreja Católica. Esse acontecimento foi a perda gradativa dos territórios pontifícios vinculada ao processo de unificação da Itália. Basicamente, esses dois processos — perda dos territórios pontifícios e unificação da Itália — estavam relacionados com o novo papel reservado à Igreja na sociedade moderna.

A convocação do Concílio Vaticano I (de 8/12/1869 a 20/10/1870), iniciado justamente no ano em que estava sendo concluído o processo de unificação da Itália, ainda refletia aquelas posições de reação da Igreja Católica à modernidade:

> No presente, todos conhecem a terrível instabilidade vivida pela Igreja e quantos males afligem a sociedade civil. Pelos hostis inimigos de Deus e dos homens, a Igreja Católica e salutar doutrina, o venerando poder e autoridade suprema desta apostólica sede é combatida e conculcada, todas as coisas santas são desprezadas, os bens eclesiásticos são dilapidados.[6]

Apesar da brevidade do Concílio Vaticano I, que teve suas atividades interrompidas em 20 de outubro de 1870, foram aprovadas duas constituições: *Dei Filius* e *Pastor Aeternus*. A primeira tratava da fé católica e a segunda tratava do primado e da infalibilidade papal. Foi justamente esta segunda constituição que estabeleceu um dogma, o da infalibilidade papal, que ficou para a história como a principal medida do Concílio Vaticano I.

A compreensão do dogma da infalibilidade papal deve ser feita a partir do contexto histórico-eclesial vivido pela Igreja Católica. O dogma foi uma medida de autoafirmação da autoridade central da Igreja Católica no interior da instituição e diante da sociedade europeia, num momento delicado em que a Igreja Católica perde os territórios pontifícios e vê diminuída a sua autoridade.[7]

Ainda no âmbito da teologia produzida pelo papado, é importante ressaltar a publicação em 15/5/1991 da Encíclica *Rerum Novarum*, publicada pelo papa Leão XIII (1878-1903), sobre a condição de vida dos operários. Era uma primeira tentativa de a autoridade pontifícia posicionar-se diante das condições de vida decorrentes da Revolução Industrial. Embora essa encíclica ainda estivesse marcada pelo discurso contra a modernidade, ela significou um avanço, pois inaugurou a preocupação da Igreja Católica com a questão social e deu início à Doutrina Social da Igreja.

Em linhas gerais, o paradigma que orientava a ação da Igreja Católica no período de Cristandade entendia a Igreja como uma realidade muito maior que o mundo.

---

6   PIO IX, *Aeterni Patris*, p. 287.

7   A posição teológica que vai ser construída ao longo das lutas da Igreja Católica contra as principais teses da modernidade ficou conhecida como integrismo. O integrismo católico corresponde ao fundamentalismo no interior do protestantismo.

Nesse paradigma ela tinha a função de produzir a ideologia necessária para a manutenção do modelo de sociedade feudal considerada, pela Cristandade, como um modelo de sociedade perfeita. O mundo, nesse modelo, não tinha autonomia, mas dependia da visão de mundo e normatização fornecida pela religião.

A modernidade vem justamente negar esse paradigma e propor um modelo de autonomia das realidades terrestres. Mais do que isso, a modernidade negará a importância da religião como matriz ideológica para orientação da sociedade. Na modernidade, dá-se o que ficou conhecido como "privatização da religião". A religião torna-se assunto da esfera privada e perde o seu papel de referência social.

Do ponto de vista da Igreja Católica, a afirmação moderna da autonomia das realidades terrestres tinha três consequências: a negação da religião como esfera reguladora da vida; a demolição do alicerce que fundamentava a relação Igreja-Estado; o esvaziamento do papel da instituição religiosa que, durante quase mil e duzentos anos, teve uma função de destaque no âmbito da sociedade europeia. Em suma, a Igreja Católica perde seu papel hegemônico que foi construído secularmente.

Agora, os tempos não eram mais de hegemonia e de continuidade, como vimos na segunda parte deste artigo, mas de rupturas constantes inclusive no interior do campo religioso. A reforma protestante foi o grande exemplo disso que levou tanto à perda de espaços no âmbito do poder político, como também à perda de fiéis. Os diversos movimentos de reforma desencadeados na Europa estabeleceram alianças com os Estados diminuindo a influência da Igreja Católica. A contrarreforma foi um projeto de reação à reforma protestante por que a Igreja Católica percebeu a ameaça que esta representava.

De fato, excluindo-se a sua visão negativa sobre a modernidade, a Igreja Católica tinha uma compreensão que correspondia muito bem à dinâmica desencadeada nos tempos modernos: à religião e, consequentemente, à Igreja Católica cabia agora um papel secundário na organização da sociedade. As mudanças trazidas pela modernidade redefiniram o lugar e o papel da religião enquanto tal.

Mas essa visão negativa da modernidade encontrava resistências no interior da Igreja Católica. Por isso, no final do século XIX, surge um movimento, na contramão da teologia oficial, que procurava incorporar as ideias modernas e promover o diálogo da teologia católica com a modernidade. Esse movimento ficou conhecido como "modernismo" e se originou em terras italianas e francesas. Fundamentalmente, o modernismo representou um movimento que procurava adaptar a Igreja Católica ao mundo moderno.

Esse movimento era um sinal de que, dentro do catolicismo, a posição oficial de combate militante às ideias modernas não era consensual. Devido à repercussão desse movimento, a hierarquia da Igreja Católica reage com rigor. Livros de autores desse movimento foram colocados no *Index Librorum Prohibitorum*, que reunia obras que se opunham ou poderiam representar uma ameaça à doutrina católica.

Em 1908, dois importantes autores desse movimento — George Tyrrell e Alfred Loisy — foram excomungados. Professores de seminários e faculdades de teologia são expurgados por aderirem às ideias modernistas. Em 1910 um juramento antimodernista é imposto aos que exercem a docência e a pesquisa.

Apesar de toda a reação da hierarquia da Igreja Católica contra o movimento modernista, este vai deixar raízes importantes na instituição. Ele preparou o terreno para a elaboração de outro paradigma na teologia católica que rompeu com o paradigma escolástico.

Nas primeiras décadas do século XX começa a se desenvolver um outro paradigma no interior da teologia católica. A partir de então são os teólogos que tomam a dianteira no processo de renovação da teologia católica. A grande mudança se dá em torno do deslocamento de uma teologia que se colocava na defensiva, em relação à modernidade, para uma teologia de eixo antropológico e que, por isso, reivindicava o diálogo com os novos tempos. Acontece aquilo que pode ser identificado como sendo a reviravolta antropológica. Ao contrário da teologia clássica, que orientou a luta da teologia católica contra o modernismo, e que partia do dogma para lançar um olhar sobre o mundo e sobre a pessoa humana, a teologia que nasce da reviravolta antropológica é uma teologia distante da controvérsia modernista e que se propunha a fazer a leitura da fé cristã no seu contexto eclesial e histórico abrindo-se para os desafios apresentados pelos novos tempos.

Cabe lembrar o nome de Teilhard de Chardin (1881-1955), jesuíta francês, que no âmbito das relações da teologia com a ciência moderna trará um contributo importante para a teologia católica e mostrará as possibilidades de diálogo entre a teologia e a ciência. Seu grande esforço será mostrar ao mundo científico que não há incompatibilidade entre a fé cristã e a ciência. Sua obra buscará elaborar uma visão cósmica que concilie a abordagem da fé cristã com a da ciência.

Resultado desse processo de mudanças no interior da teologia católica — e de outras na própria prática pastoral –, o Concílio Vaticano II (1962-1965) será o momento em que a Igreja Católica, na sua oficialidade, resolve colocar-se numa posição de diálogo com as principais reivindicações da modernidade. O Vaticano II representou o momento de reconciliação da Igreja Católica com a modernidade. É importante realçar, no entanto, que o Vaticano II foi, na verdade, "preparado" com muita antecedência, tanto por teólogos como por setores do clero e dos leigos que ensaiavam, havia muito, a renovação da teologia católica e da prática pastoral da Igreja Católica.

O Vaticano II quis ser um grande movimento de renovação da Igreja Católica em diálogo com as principais reivindicações da modernidade. Um autor chegou a denominar o Vaticano II como uma grande "virada copernicana" que afetou diversos âmbitos da Igreja Católica: a teologia, a eclesiologia, a liturgia, a pastoral etc.

b) A teologia protestante

É importante destacar que a Revolução Francesa, que foi considerada pela Igreja Católica como uma grande ameaça à religião e ao catolicismo, nunca foi objeto de temores e de condenação: "A Revolução Francesa nunca foi objeto de temores e de reprovações dos protestantes, e a história do protestantismo dito liberal é a continuidade: correntes sucessivas, todas portadoras de um projeto de modernização ou de 'revisão' da teologia cristã".[8]

Antes de tudo, é preciso ressaltar que a reforma protestante se deu no conjunto de mudanças culturais que estavam em curso no continente europeu e que atingiram desde a economia até a religião. A modernidade necessitava de um modelo religioso que fosse adequado às suas reivindicações. A reforma protestante vai, de certa forma, oferecer esse modelo. Por isso, podemos afirmar que o protestantismo será a religião moderna por excelência.

No âmbito político, os diversos movimentos de reforma desencadeados na Europa vão ter um papel importante na formação do Estado moderno. Em muitos lugares as Igrejas protestantes eram vistas como alicerce da sociedade, pois "eram elas que possibilitavam lei e ordem".[9] De certa forma, essas Igrejas contribuíram para a modernização do Estado europeu.

Um outro aspecto precisa ser ressaltado: o desenvolvimento dessas Igrejas estará vinculado ao processo de secularização tanto da cultura como do próprio Estado, uma das marcas do Estado moderno. Como Weber assinalou, a reforma protestante teve um papel importante no processo de secularização, pois propunha a eliminação de toda forma de magia da experiência religiosa ao contrário da religião medieval que tinha como uma de suas características a magia. Com a eliminação da magia, a reforma protestante contribuiu com o desenvolvimento da dessacralização da realidade que está na raiz da secularização.

É possível perceber que essas são implicações práticas da reforma protestante e que vão afetar tanto o âmbito da política como o da cultura. São convergências entre o protestantismo e as ideias modernas. Além dessas, no âmbito da teologia encontraremos outras convergências que vão caracterizar o protestantismo como religião que desencadeou um diálogo que trouxe consequências decisivas tanto para o movimento protestante como também para a próxima modernidade.

A própria ideia defendida por Lutero de que qualquer batizado pode interpretar a Sagrada Escritura, para se contrapor à afirmação católica de que somente a autoridade

---

8   LACOSTE, *Dicionário crítico de teologia*, p. 1020.

9   DREHER, *A Igreja latino-americana no contexto mundial*, p. 88.

eclesiástica é a verdadeira fonte de interpretação, é um exemplo disso. Uma das reivindicações da modernidade é que o sujeito é fonte de decisão e de interpretação.

A espiritualidade de Lutero (e também dos demais reformadores) vai valorizar muito a figura do sujeito religioso como fundamental no processo de vivência da fé cristã. A própria concepção luterana que relativizava o papel da instituição religiosa na salvação vai fortalecer o sujeito, ao contrário da doutrina católica que afirmava o papel sacramental — e portanto, fundamental — da Igreja para a salvação. Essa concepção luterana acabou sendo adotada por todos os movimentos de reforma.

Essas ênfases da teologia luterana eram uma tentativa de amenizar a ênfase católica na instituição eclesiástica como fonte de referência para a vida do cristão. A teologia luterana, e dos demais reformadores, incorporou o sujeito burguês no universo religioso com as suas demandas e com sua visão de mundo próprias do seu lugar social.

No caso da teologia calvinista, será dada uma contribuição para o comportamento econômico do capitalismo. Essa contribuição fornecerá ao capitalismo um referencial ético, fundado no cristianismo, que estará em sintonia com as demandas da nova sociedade.

Nos primeiros tempos da reforma protestante, havia duas grandes preocupações. Uma primeira era o debate com o catolicismo. O protestantismo surge como negação do catolicismo e vai assumir uma posição de combate a essa religião. Uma segunda preocupação, ligada à primeira, era a necessidade de fundamentar as novas posições teológicas no cenário da sociedade europeia. Essa preocupação vai estar vinculada à expansão do protestantismo. Do ponto de vista sociológico, tratava-se de construir legitimidade no campo religioso e possibilitar o crescimento das fronteiras protestantes.

No século XVIII desenvolve-se no interior do protestantismo um movimento religioso denominado Reavivamento, que teve início na Inglaterra e nos EUA e que se estendeu a outros países europeus. Na verdade, esse movimento era um conjunto de iniciativas que tinha, entre outras características comuns, as seguintes: reação à Ilustração e à chamada religião da razão; experiência de um novo nascimento; ênfase na atividade social e na expansão da fé cristã.

Fundamentalmente, o Reavivamento era uma reação à disseminação do racionalismo entre os teólogos, para muitos dos quais a religião cristã resumia-se a um sistema de moralidade. Para os defensores desse movimento, o cristianismo havia perdido o seu ardor e se tornado frio e distante da vida dos cristãos. Para eles, tratava-se de recuperar a dimensão vivencial do cristianismo enfatizando a experiência pessoal da graça.

Uma característica que chama a atenção no Reavivamento era o rompimento das fronteiras denominacionais, já que este atingiu quase todas as Igrejas evangélicas.

No caso da Inglaterra, o movimento metodista foi o auge do Reavivamento. John Wesley foi a liderança mais importante do Reavivamento na Inglaterra. Em sua pregação, Wesley insistia no chamado a um discipulado pessoal de Jesus Cristo, entendido como resultado da conversão pessoal. De suas atividades surge o movimento metodista no interior da Igreja Anglicana e que mais tarde, depois de sua morte, dá origem à Igreja Metodista.

Embora o Reavivamento fosse uma reação a algumas das teses da modernidade, sobretudo aquelas que se referiam ao racionalismo, esse movimento assumia, dentro da tradição da Reforma, a ênfase no sujeito como eixo central da experiência religiosa.

É, no entanto, no século XIX que surgirão tentativas de teólogos protestantes de estabelecer um diálogo com as principais ideias da modernidade.

Dreher observa que, "para entender a teologia protestante do século XIX, é necessário perceber que a mesma é filha da Ilustração, dos impulsos de Schleiermacher e do Reavivamento".[10] Não podemos esquecer a importância do filósofo alemão Immanuel Kant (1724-1804) para a teologia liberal protestante. Certamente, foi ele um dos grandes inspiradores dessa teologia.

Friedrich Daniel Ernst Schleiermacher (1768-1834), de tradição calvinista, foi pastor, professor universitário e é considerado por alguns como sendo o pai da teologia protestante moderna. Schleiermacher foi um intelectual que levou muito a sério as críticas do Iluminismo à religião e ao cristianismo. Para ele, a palavra-chave para entender a experiência religiosa é o sentimento de dependência humana. Segundo esse teólogo, a experiência religiosa não está vinculada à abstração intelectual, a um conjunto de afirmações racionais, ou mesmo a certas experiências emocionais, mas está fundada na percepção intrínseca que a pessoa humana tem de sua dependência. E essa dependência é o mesmo que estar em relação constante com Deus. A própria definição que ele dá de fé está relacionada com a ideia de dependência: fé é a convicção dessa dependência absoluta.

A teologia de Schleiermacher é uma tentativa de dialogar com algumas das teses da modernidade, sobretudo aquelas que se referiam à ênfase na liberdade, na autonomia do ser humano e no saber científico. Esse teólogo assume esses elementos da modernidade como positivos e procura fazer uma leitura do cristianismo levando em conta essas teses:

> Schleiermacher vê a novidade da época moderna no desenvolvimento das ciências da natureza, que chegam a constituir uma "cosmologia global", e representam um novo desafio para a teologia, pois fornecem argumentos mais "científicos" à crítica da religião. Em vez de se retrair diante das ciências, a teologia deveria esforçar-se de alcançar o nível da modernidade científica, pela elaboração de uma "doutrina da fé" que não entre em choque com as ciências naturais e históricas.[11]

---

10 Ibid., p. 151.

11 HIGUET, Teologia e modernidade: introdução geral ao tema, p. 18.

Em resumo, pode-se dizer que Schleiermacher é um autor que faz um grande esforço de reconciliação e de diálogo com a modernidade.

Mas é a teologia liberal que de forma mais consistente enfrentará o desafio de dialogar com a modernidade. Ela será o resultado de um protestantismo liberal que assumirá o desafio de modernizar a teologia cristã, como vimos anteriormente. Se a teologia católica oficial significava uma reação ao pensamento moderno para manter a continuidade do passado, a teologia protestante liberal será um esforço para romper com o passado e expressar a continuidade com o pensamento moderno.

Três autores devem ser destacados na teologia liberal: Albrecht Ritschl (1822-1889); Adolf von Harnack (1851-1930) e Ernst Troeltsch (1865-1923).

Ritschl procurou elaborar uma síntese entre a fé cristã histórica e a ciência moderna, sobretudo na área bíblica. Para ele, os principais temas da teologia clássica e as expressões dos credos e das confissões são aparências que encobrem a mensagem evangélica, que deve ser o principal objeto da teologia.

A grande preocupação de Harnack era tornar o cristianismo como religião plausível para o mundo moderno. Para ele, o cristianismo resume-se "à paternidade de Deus, à fraternidade do gênero humano e ao valor infinito da alma humana".[12] Ele propunha um cristianismo não dogmático e livre dos acréscimos produzidos ao longo do cristianismo. Os dogmas presentes no cristianismo, segundo Harnack, foram o resultado da leitura dos evangelhos feita a partir da cultura grega. O papel da teologia, nessa direção, deve ser eliminar do cristianismo tudo aquilo que lhe foi acrescentado.

O pensamento de Troeltsch valorizava a historicidade. Para ele, tudo deve ser visto no contexto histórico e por isso vai aplicar o método histórico ao estudo da Bíblia e da teologia. Foi ele quem mais refletiu sobre a relação entre fé e história, e suas pesquisas se debruçaram sobre temas que continuam sendo fundamentais para o estudo da religião e do cristianismo: "Relação entre cristianismo e cultura moderna, entre revelação e história, entre liberdade pessoal e condicionamentos sociais".[13]

É preciso assinalar que o grande impacto da teologia liberal foram os estudos bíblicos nos quais essa corrente teológica propunha a aplicação dos métodos históricos à própria Bíblia. O objetivo era tirar da Bíblia todo aspecto sacral e mítico que a tradição cristã conferiu a esse livro.

A teologia liberal, no entanto, também encontrou reação no interior do protestantismo. No seio do protestantismo norte-americano, surge uma corrente de pensamento que rejeitou as principais teses da teologia liberal. Essa corrente de pensamento é o fundamentalismo, que influiu decisivamente no protestantismo. A mais

---

12   Ibid., p. 154.

13   Ibid., p. 155.

importante característica desse movimento será a importância dada ao texto sagrado. Segundo o fundamentalismo, o texto bíblico deve ser lido na sua materialidade sem a necessidade de levar em conta o contexto histórico e cultural em que ele se originou. Os dados da ciência são aceitos à medida que não questionam os da religião. Mais do que isso, para a posição fundamentalista os dados religiosos sobrepõem-se aos científicos, como é o caso da teoria criacionista.

Em pleno século XXI o fundamentalismo está presente em Igrejas e movimentos religiosos transconfessionais.

5. Considerações finais: confrontos e aproximações

Como vimos, a convivência entre a teologia cristã e a modernidade foi construída em movimentos de confronto e de aproximação.

A modernidade, enquanto conjunto de mudanças culturais, foi apropriada pela nova forma de organização social — o capitalismo — que se consolidou a partir do século XVI. O estudo da modernidade tem que levar em conta esse fato. No entanto, é preciso distinguir entre aquilo que na modernidade foi apropriado e redimensionado pelo capitalismo e os elementos que se desenvolveram independentemente do capitalismo.

A modernidade trouxe contribuições importantes para a sociedade ocidental e, por que não dizer, também para o campo religioso. Valores como a autonomia da pessoa humana, a separação entre religião e Estado, a liberdade religiosa e os direitos humanos são importantes e não podem ser desprezados quando queremos entender as relações entre cristianismo e modernidade e, consequentemente, entre teologia cristã e modernidade. E o próprio cristianismo, de maneira geral, reconheceu a importância desses valores e, frequentemente, afirma que eles são necessários para a própria sobrevivência das religiões.

A modernidade levou o cristianismo ao reconhecimento da diversidade, à aceitação da ciência moderna, a um novo olhar sobre a realidade social e ao engajamento dos cristãos nas lutas sociais:

a. o cristianismo teve de reconhecer-se como um sujeito religioso coletivo que tem que conviver com um campo religioso fundado na diversidade e que não admite hegemonias. Muito além da tolerância, o cristianismo, hoje, é desafiado a reconhecer a legitimidade das diversas religiões como manifestações de um Deus que se revela na diversidade;

b. a ciência moderna foi aceita pelo cristianismo como um conhecimento autônomo e relevante, e que se destina a compreender os mecanismos de funcionamento da realidade. Um sinal disso foi a própria utilização da ciência na exegese. A teologia reconhece a importância dos instrumentos científicos para a compreensão dos textos bíblicos;

c. o cristianismo foi levado a olhar a realidade social como uma realidade a ser considerada nas suas contradições e na sua complexidade e, portanto, como objeto de indignação ética, e

d. os leigos cristãos começaram a participar ativamente da construção da sociedade e das lutas políticas como sujeitos históricos.

Em síntese, a teologia cristã descobriu os limites e a incapacidade do paradigma pré-moderno e, ao dialogar com a modernidade, procurou dar respostas às exigências acima sem renunciar ao cerne da mensagem cristã.

As intuições da teologia liberal — tanto no âmbito do protestantismo como no âmbito do catolicismo —, embora estivessem vinculadas ao pensamento liberal e à ideia moderna de progresso, obrigaram o cristianismo a se repensar tanto nas suas relações no seu interior e com as demais religiões, como também nas suas relações com a realidade social. A crítica à teologia liberal não pode deixar de reconhecer a sua importância para a teologia cristã em geral. Ela foi uma tentativa de responder aos desafios colocados pela modernidade.

Como vimos na primeira parte deste texto, a modernidade trouxe rupturas e destruição de sólidos, inclusive no campo religioso. A modernidade não destruiu a religião, mas a levou a construir novos sólidos e a ter um novo papel.

Até hoje o cristianismo e a teologia cristã sentem-se incomodados. Falando da contemporaneidade, Duquoc, um teólogo católico francês, chegou a escrever que o cristianismo foi marginalizado e excluído do debate.

Como consequência, a teologia não conseguiu impor-se como saber relevante no contexto cultural da modernidade:

> Se a teologia aberta à modernidade travou uma luta corajosa, desejando ser fiel ao Evangelho, e isso apesar da inércia da teologia tradicional e das reticências das autoridades, ela não conseguiu impor-se culturalmente, mas permaneceu marginal, assim como o Evangelho ao qual tentou dar novamente voz pública e original.[14]

6. Referências bibliográficas

BAUMAN, Zigmunt. *Modernidade líquida*. Rio de Janeiro: Jorge Zahar, 2001.
DOCUMENTOS DA IGREJA. *Documentos de Gregório XVI e de Pio IX*. São Paulo: Paulus, 1999.

---

14 DUQUOC, *A teologia no exílio*, p. 49.

DREHER, Martin. *A Igreja latino-americana no contexto mundial.* São Leopoldo: Sinodal, 1999.

DUQUOC, Christian, *A teologia no exílio*; o desafio da sobrevivência da teologia na cultura contemporânea. Petrópolis: Vozes, 2006.

HARVEY, David. *A condição pós-moderna*; uma pesquisa sobre as origens da mudança cultural. 7. ed. São Paulo: Loyola, 1992.

HIGUET, Etiene A. Teologia e modernidade: introdução geral ao tema. In: HIGUET, Etiene A. (org.). *Teologia e modernidade.* São Paulo: Fonte Editorial, 2005.

LACOSTE, Jean-Yves. *Dicionário crítico de teologia.* São Paulo: Loyola/Paulinas, 2004.

PARTE II

As dimensões da sociedade a partir da teologia

SOCIEDADE

CAPÍTULO V

Justiça social e direitos humanos, uma luta antiga: em memória do profeta Amós

Jaldemir Vitório

1. Introdução

A militância pela justiça social e pelos direitos humanos tornou-se a bandeira de uma multidão de cidadãos, movidos pelo ideal de igualdade de todos os seres humanos e o desejo de construir uma sociedade sem excluídos. Certa mentalidade que considera a religião como "ópio do povo" tende a desacreditar as instituições religiosas — as Igrejas e grupos a elas ligados —, considerando-as inaptas para levar adiante essa bandeira. Alguns pensadores críticos da fé e da religião institucionalizada têm feito da luta pela justiça e pelos direitos humanos uma forma de religião secular. As religiões tradicionais são substituídas por formas laicas de vivência da transcendência nos limites da história, sem nenhuma referência a Deus e às instituições que o representam. A "divinização do humano" e a "humanização do divino" provoca o abandono dos "dogmas tradicionais em favor de uma conversão à ideologia dos direitos humanos".[1]

Embora nem sempre as Igrejas tenham sido exemplos de respeito à justiça e aos direitos humanos, seria desconhecimento da história não reconhecer o papel desempenhado pela fé e pela religião, em se tratando de defendê-los e garanti-los bem, como sua luta pela justiça.[2] O equívoco das visões distorcidas, que miram apenas os erros históricos das Igrejas, pode descambar na injustiça.

---

1   Cf. FERRY, *L'homme-Dieu ou le sens de la vie*, pp. 61-64.

2   Cf. CNBB, *Direito de gente, assunto de fé*.

A postura em relação à justiça social e aos direitos humanos, por parte das Igrejas e de seus membros, dependerá da imagem do Deus que serve de pano de fundo tanto para a reflexão teórica quanto para a prática. A imagem do Deus tirano, castigador e insensível em relação aos seres humanos levará, quem a cultua, à tirania, opressão e insensibilidade aos semelhantes, ou, na direção contrária, à submissão, conformação e resignação. A falta de respeito aos direitos fundamentais será, facilmente, detectável, embora um discurso piedoso e falsamente fiel queira encobrir a crueza dos fatos. Entretanto, pensar Deus na condição de libertador, solidário com os seres humanos, de modo especial, os empobrecidos e marginalizados, adversário dos soberbos poderosos, com toda a certeza, resultará na luta em favor dos injustiçados e oprimidos, por corresponder aos anseios de Deus. Quando determinada instituição religiosa vai na contramão desses direitos, seguramente não cultua o Deus da tradição judaico-cristã. Nesta, a imagem fundamental de Deus é a que o apresenta como libertador dos israelitas da opressão dos egípcios, tirando-os da terra da escravidão e conduzindo-os à terra da fraternidade. O Deus da Bíblia é o Deus da justiça.

Este texto, na perspectiva da reflexão sobre "teologia e sociedade", centra-se no profeta Amós, figura bíblica reconhecida por causa de sua luta pela defesa dos direitos dos pobres e dos massacrados pela tirania de um sistema político e econômico, com o beneplácito da estrutura religiosa. Não foi o primeiro a se lançar nesta luta desigual. Antes dele, o profeta Elias se tornara defensor implacável dos oprimidos. O episódio da vinha da Nabot, objeto da ganância do rei Acab de Israel, descrito no capítulo 21 do Primeiro Livro dos Reis, é um testemunho inequívoco.[3] Aliás, a preocupação com o direito e a justiça já estava presente em códigos legais do Antigo Oriente Médio.[4] Qualquer profeta de Israel poderia ser tomado como referência para este estudo. A escolha do profeta Amós se deve à defesa intransigente dos pobres de seu tempo, movido pela fé, mesmo sem aceitar que o título de profeta lhe fosse atribuído. "Não sou profeta nem discípulo de profeta! Sou vaqueiro e cultivo sicômoros. Foi o Senhor Deus que me tirou de detrás do rebanho e me ordenou: 'Vai profetizar contra Israel, o meu povo!'" (Am 7,14). Entretanto, foi um dos mais antigos profetas de Israel cuja pregação foi conservada por escrito. Seu testemunho serve de referencial para quem, hoje, empunha a mesma bandeira empunhada por ele.

O profetismo não é apanágio da tradição judaico-cristã. Os antecedentes da profecia bíblica já foram devidamente identificados e estudados.[5] O fenômeno profético no reino de Mari, situado às margens do rio Eufrates, florescente no terceiro milênio a.C., é especialmente importante para o estudo comparativo entre o profetismo

---

3 Cf. VITÓRIO, Monarquia e profetismo: duas instituições em conflito — 1Rs 21,1-19 — a vinha de Nabot, pp. 84-95.

4 Cf. EPSZTEIN, *A justiça social no Antigo Oriente Médio e o povo da Bíblia*.

5 Cf. SICRE, *Profetismo em Israel*, pp. 203-230.

bíblico e o extrabíblico. Independentemente da fé professada, Deus continua, ao longo dos tempos, a se servir de seres humanos para comunicar sua palavra, cujo conteúdo poderá ser a defesa da justiça e dos direitos humanos.

2. Um camponês de olhos abertos

Amós viveu no século VIII a.C., tendo nascido num lugarejo chamado Técoa, próximo de Belém de Judá. Tinha dupla profissão: era pastor-vaqueiro e cultivador de sicômoros, uma espécie de figueira. Uma das profissões exigia estar em contínuo movimento, com a possibilidade de contatos e conhecimento da realidade. A outra aproximava-o da situação dos camponeses, vítimas da exploração. A condição social de Amós é discutida. Há quem o considere um rico proprietário de rebanhos e de terra e quem o tenha na conta de empregado a serviço de proprietários de terras e de gado.[6]

Qualquer que fosse a condição socioeconômica, o traço característico de Amós foi o senso crítico diante dos fatos, lidos e interpretados à luz da fé. Sua visão contrastava com a da liderança política e religiosa. Era tempo de paz e bem-estar. Com o declínio do império assírio, os reinos vassalos conquistaram certa independência. A suspensão do pagamento do tributo de vassalagem possibilitou-lhes alavancar as economias locais. O rei de Israel — Jeroboão II — soube tirar partido da situação. O longo reinado de 40 anos (786-746 a.C.) foi um tempo de grande prosperidade, em que os ricos foram os principais beneficiados. A riqueza era interpretada como sinal da bênção divina. A ideologia religiosa via como beneplácito de Deus os sinais externos de poder econômico, tido como fruto da fidelidade aos preceitos divinos. A infidelidade, pelo contrário, trazia consigo a desgraça. A lógica da doutrina da retribuição era de fácil compreensão e aceitação.

O profeta se insurgiu contra esta forma fácil de atribuir a Deus o sucesso econômico, sem lhe questionar os fundamentos. O senso crítico e de justiça, fundado na fé, tornou-o sensível ao descompasso entre o querer de Deus e a realidade socioeconômica. A fé abriu-lhe os olhos!

3. Não dá para calar

Amós lançou-se impávido na tarefa de desmascarar os desmandos de seu tempo, sem se preocupar com o preço a ser pago. Colocando-se em rota de colisão com as lideranças, os beneficiários de sua pregação serão as vítimas do sistema injusto, implantado com o beneplácito da religião. "A culpabilidade em relação a Deus determina-se de acordo com a conduta manifestada em relação aos pobres. Que estes pobres

---

6   Cf. SCHWANTES, *"A terra não pode suportar suas palavras" (Am 7,10)*, pp. 49-53.

pertençam a Israel ou a outros povos, pouco importa, sua causa identifica-se com a de Deus".[7] O foco das denúncias é certeiro. Insurge-se contra os que "vendem o justo por dinheiro e o indigente, por um par de sandálias; esmagam a cabeça dos fracos no pó da terra e tornam a vida dos oprimidos impossível; o filho e o pai que procuram a mesma mulher" (Am 2,6-7). E, mais, os que usam as capas tomadas em penhor para servir de tapete para se prostrarem na casa de Deus ou fazem festas nos santuários com o vinho recebido como pagamento de juros abusivos (Am 2,8). As mulheres grã-finas da capital foram, também, visadas por ele. Eram insensíveis à exploração dos fracos e à opressão dos indigentes. Importava-lhes somente festejar e gozar a vida (Am 4,1-2). Os homens não escaparam, pois viviam na mais total insensibilidade em relação aos pobres. "Ai dos que se deitam em camas de marfim ou se esparramam em cima dos sofás, comendo cordeiros do rebanho, vitelos cevados em estábulos. Deliram ao som da harpa, inventam como Davi instrumentos musicais, bebem canecões de vinho e usam os mais caros perfumes, indiferentes ao sofrimento de José" (Am 6,4-6). Os líderes religiosos foram denunciados. Os santuários transformaram-se em lugar de pecado, pois, aí, o direito era transformado em amargura e a justiça, pisoteada (Am 5,1-7). Palavras fortes contra o culto foram colocadas na própria boca de Deus: "Sou contra, detesto vossas festas, não sinto o menor prazer nas vossas celebrações! Quando me fazeis subir a fumaça dos sacrifícios, não aceito vossas oferendas, nem olho para os sacrifícios de carne gorda. Afasta de mim a algazarra de teus cânticos, a música de teus instrumentos nem quero ouvir" (Am 5,21-23).

O profeta tinha especial sensibilidade em relação ao funcionamento dos tribunais, que se reuniam nas portas das cidades. A corrupção da justiça aconteceu em detrimento dos pobres e indefesos. Os juízes tornaram-se "exploradores dos inocentes, cobradores de suborno" e enganadores dos pobres no tribunal, oprimindo o pequeno e extorquindo-lhe a porcentagem do trigo (Am 5,11-12). Os comerciantes foram visados pelas invectivas do profeta. Importa ter presente tratar-se de comerciantes religiosos, que guardavam com escrúpulo os preceitos da religião, como era o caso do repouso sabático. O descanso religioso era respeitado com a ânsia de que terminasse logo para poderem voltar ao comércio lucrativo à custa de fraudes. "Escutai, os que esmagais o pobre, que excluís os humilhados do país! Que dizeis: 'Quando vai passar a festa da lua nova para negociarmos a mercadoria? Quando vai passar o sábado para expormos o trigo, diminuir as medidas, aumentar o peso, utilizar balanças mentirosas, comprar o fraco por dinheiro, o indigente por um par de sandálias, para negociarmos até o farelo do trigo'" (Am 8,4-6).

As denúncias do profeta foram além dos limites do seu povo. O olhar agudo detectou o abuso contra a dignidade humana cometido pelos povos vizinhos, que não compartilhavam a fé de Israel. Bastava haver desrespeito aos seres humanos

---

7   Cf. VESCO, *Amos de Teqoa, défenseur de l'homme*, pp. 493-494.

para chocá-lo e não permiti-lo calar-se. Denunciou a perversidade do exército de Damasco que esmagou os habitantes de Galaad com debulhadoras de ferro (Am 1,3). O crime da liderança de Gaza consistiu em deportar populações inteiras para vendê-las como escravas ao povo de Edom (Am 1,6). Crime semelhante cometeu a liderança de Tiro, esquecendo-se da "aliança de irmãos" selada com Edom (Am 1,9). Edom foi denunciado por ter perseguido com a espada outro povo que o considerava como irmão, sem usar de clemência, antes guardando para sempre a ira e conservando o furor eternamente (Am 1,11). O crime dos líderes de Amon foi, igualmente, monstruoso. Não tiveram escrúpulos de abrir as entranhas das mulheres grávidas, na guerra para conquistar Galaad (Am 1,13). A liderança de Moab cometeu uma falta grave para a mentalidade da época ao queimar os ossos do rei de Edom até calciná-los, faltando ao respeito para com os despojos mortais (Am 2,1).

O olhar do profeta perscrutou todos os meandros da realidade para, aí, detectar os abusos cometidos aos seres humanos, de maneira especial, os empobrecidos e oprimidos, vítimas da injustiça.[8] Nem as "sagradas" instituições religiosas escaparam. Elas acobertavam injustiças e seus representantes estavam a serviço da maldade.

4. Luta pela justiça em nome da fé

A batalha de Amós contra a injustiça e seus agentes lançava raízes na fé do profeta, baseada "no conceito ético de Deus".[9] Esta lhe possibilitou fazer uma "radiografia" da realidade, olhando para além das aparências e das exterioridades. A fé do povo da Bíblia nasce de uma experiência histórica de libertação da opressão egípcia, na qual se percebe a intervenção divina. Um povo fraco e humilhado, estando a ponto de ser eliminado pelas imposições sempre mais perversas dos opressores, vê-se livre das mãos dos carrascos e a caminho de uma terra onde poderá viver a experiência da fraternidade. Um desdobramento importante dessa consciência histórico-teológica será a compreensão das exigências éticas dela decorrente. O Deus libertador exige do povo estabelecer relações interpessoais fundadas na misericórdia no trato mútuo, no respeito ao direito, de forma a surgir uma sociedade radicada na justiça. O profeta Miqueias, da mesma estirpe de Amós, sintetizou bem o ideal de vida prospectado para uma pessoa de fé. "Já te foi indicado, ó homem, o que é bom, o que o Senhor exige de ti. É só praticar o direito, amar a misericórdia e caminhar humildemente com teu Deus" (Mq 6,8). A menor incongruência entre a realidade sócio-política--econômica-religiosa e o projeto de Deus era, incontinenti, percebida e denunciada. "O elevado conceito ético está diretamente relacionado com o transcendente, isto é, com Javé, o Deus de Israel."[10] Por isto, nada de contemporizações ou justificações!

---

8   Cf. SILVA, *Amos*, pp. 37-49.

9   Cf. SICRE, *A justiça social nos profetas*, p. 211.

10   Cf. REIMER, *Sobre a ética nos profetas bíblicos*, p. 32.

Amós resume a experiência do impulso para denunciar as injustiças com uma metáfora. "Ruge o leão, quem não fica com medo? Se o Senhor Deus fala, quem é que não será seu profeta?" (Am 3,8). Quem tem fé verdadeira, alicerçada na imagem do Deus libertador, jamais se confrontará com o aviltamento do irmão e ficará calado. A injustiça desencadeia nele uma espécie de compulsão para denunciar. Este pode ser um critério para julgar, hoje, a compatibilidade da fé de um indivíduo com a proposta da Bíblia, num momento em que se recorre muito a ela nas pregações das Igrejas. Quem proclama ter fé e é sensível em relação ao semelhante cuja dignidade é conspurcada e se coloca ao lado dele para defendê-lo e ajudá-lo a conquistar seus direitos, realmente tem uma fé compatível com a proposta bíblica. Pelo contrário, quem pouco se importa com o semelhante desrespeitado ou se limita ao palavreado vazio feito de boas intenções, sem ações concretas, embora referindo à Bíblia para justificar sua fé, está muito longe do que é o projeto de Deus para quem lhe é fiel, pois as "leis" bíblicas estão carregadas de senso de humanismo.

A narração do chamado de Amós para se fazer profeta mostra-o, inteiramente, disponível para seguir os apelos de Deus, com as muitas rupturas decorrentes. Quando instado pelo sacerdote-chefe do santuário de Betel, onde o rei cumpria as obrigações religiosas, a profetizar em outras partes, pois anunciava um terrível castigo para o rei (morte violenta) e para o povo (deportação), Amós recusa a se submeter à imposição dele. Antes, obedeceu à voz interior e se entregou à perigosa missão de proclamar castigos num pequeno lugarejo, aonde o rei vinha periodicamente para prestar culto a Deus. Como o rei insistia numa política equivocada, cujo efeito era o empobrecimento das camadas baixas da população e o enriquecimento das camadas altas, logo, era o responsável pelo desrespeito aos direitos dos mais pobres, o profeta não hesitou em denunciá-lo, mesmo correndo risco de vida. Sustentava-o a consciência de ser enviado de Deus. Por isto, ninguém foi capaz de calar-lhe a boca, nem mesmo a autoridade religiosa máxima. Se os representantes do sistema pretendem "proibir os profetas de profetizar" (Am 2,12), Deus os manda falar. Os profetas verdadeiros são exemplares na obediência a Deus, em contexto de opressão para que se calem.

As denúncias de Amós chocavam quem era visado por elas por parecerem ir na contramão dos fatos. A prosperidade e a riqueza eram sinais incontestáveis da benevolência divina. As belas construções, a situação econômica florescente, as conquistas militares e muito mais não davam margem para dúvidas. Ninguém, em são juízo, evocaria castigo divino. O profeta, contudo, pouco se importa com o que possam pensar dele e se insurge contra a tradição religiosa ao questionar os fundamentos da prosperidade e do bem-estar e perceber serem fruto da injustiça e da opressão contra os mais pobres. Tal riqueza jamais poderia ser atribuída à bênção divina. Antes, será merecedora dos castigos que o profeta prenuncia.

5. Direito e justiça: um anseio

As palavras de Amós, antevendo os rumos da história, não camuflam o futuro. Para ele, "a falta de justiça e equidade é um assunto gravíssimo porque Israel fora eleito e libertado para ser um modelo de justiça e equidade entre os povos" (3,1-2).[11] Como as lideranças não se importaram com as exigências éticas da fé no Deus de Israel, o exército será desbaratado (Am 2,14-16). Quem acumulou riqueza à custa de extorsão e exploração sofrerá o cerco do inimigo e verá seus palácios saqueados (Am 3,11). Os palácios, os santuários, as casas de inverno e as de verão serão destruídos por encobertar injustiças (Am 3,14-15). Os inimigos haveriam de promover uma matança generalizada, deixando para trás rastros de dor e sofrimento (Am 5,16-17). O fim se prenuncia sombrio! "Farei o sol se esconder ao meio-dia, farei anoitecer já de manhã; mudarei vossas festas em funerais, vossos cânticos em gemidos. A todos vestirei com roupas de luto e, no lugar da cabeleira, cabeça rapada. Farei que seja como o luto pelo filho único, e, seu fim, como um dia de amargura" (Am 8,9-10).

Entretanto, o profeta indica a maneira de reverter a situação. Trata-se, em última análise, de articular as relações sociais a partir das exigências éticas da fé. As práticas cultuais estão fora de cogitação. Com facilidade podem ser manipuladas e distorcer a imagem de Deus, a ponto de fazê-lo conivente com a injustiça. "A utopia profética é a esperança que Deus pode mudar o coração do homem e a sociedade se os homens se deixam mudar: 'Buscai-me e vivereis'" (5,4).[12] Entretanto, trata-se de buscar o Deus verdadeiro, e não o deus adaptado aos interesses humanos.

Os imperativos do profeta são inequívocos. "Procurai por mim e havereis de viver" (Am 5,4) comporta um apelo à conversão. O caminho trilhado pelas lideranças não corresponde àquele querido por Deus. E só pode levar à morte, como se percebe nas denúncias do profeta. Procurar Deus como caminho de vida comporta uma decidida opção por respeitar a dignidade do ser humano, mormente, de quem não tem como fazer valer seus direitos.

"Odiai o mal, amai o bem, fazei vencer no tribunal o que é justo" (Am 5,15) aponta para a necessidade de os tribunais se pautarem pelo direito. Esta seria a forma de banir as sentenças tendenciosas em favor dos ricos e poderosos e a venalidade dos juízes. A sociedade querida por Deus está inviabilizada quando os juízes corrompidos olvidam o direito, cujo autor, na concepção da época, era o próprio Deus. A ligação entre fé e justiça, teologia e julgamentos equânimes, respeito aos empobrecidos e reverência a Deus é imprescindível na tradição bíblica. Rompê-la significa colocar-se na contramão de Deus. Para mantê-la é mister estar em sintonia com Deus.

---

11   Cf. NARDONI, *Los que buscan la justicia*, p. 111.

12   Cf. BONORA, *Amos: difensore del diritto e della giustizia*, p. 89.

"Quero apenas ver o direito brotar como fonte, e correr a justiça qual regato que não seca" (Am 5,24) expressa o desejo de Deus no confronto com a banalidade do culto, feito de celebrações magníficas, com muita festa, muito canto, muita música e uma bela liturgia, porém, com uma grande deficiência: tudo era exterioridade, incapaz de criar sensibilidade para com os maltratados pelo sistema. Cantos e festas não agradam a Deus e, sim, a conduta pautada pelo querer divino, que se expressa no respeito à dignidade de cada pessoa, sem exceção. Liturgias magníficas não têm o beneplácito divino, quando são incapazes de comprometer as pessoas de fé com a luta pela justiça.

"O ideal moral de Amós, suas referências para qualificar a conduta do ser humano encontram-se em perfeita consonância com os pressupostos dos sábios de Israel."[13] É como se tivesse que superar os esquemas religiosos ligados aos santuários e ir buscar nas raízes da sabedoria os elementos para compreender os desígnios divinos para a humanidade. O profeta alinha-se com os sábios e não com as classes sacerdotais e os representantes da religião.

A imagem de Deus subjacente à visão de futuro do profeta é facilmente perceptível. Trata-se de um Deus atento à história humana, preocupado com o que aí acontece com os empobrecidos. Exige de seus adoradores uma conduta ética, cujas pautas são o direito, a misericórdia e a justiça. O culto não é a melhor forma de se relacionar com ele, quando encoberta a maldade praticada contra os indefesos. Está atento ao modo de proceder das lideranças do país, pois elas, em primeiro lugar, estão obrigadas a construir a sociedade querida por Deus, cujo principal indicador é o respeito à dignidade do ser humano. Em linguagem atual, o respeito aos direitos humanos.[14] O Deus de Amós tem sob o seu olhar os povos de toda a terra, não apenas o povo eleito, Israel. Por conseguinte, ordena ao profeta Amós denunciar o desvio de conduta de outros povos, embora não se incluam no número de seus adoradores.

6. Nos passos do profeta, ontem e hoje

A pregação de Amós, de fato, seguiu a trilha aberta pelo grande profeta Elias, na sua luta sem descanso, no combate contra a idolatria produtora de injustiças. Por sua vez, a voz de Amós continuou a ecoar na história nas vozes de tantos profetas. Um deles, bem conhecido, foi o profeta Jesus Cristo. Movido pelo ideal de Reino de Deus, colocou-se ao lado dos empobrecidos e marginalizados, visando reconstruir-lhes a dignidade e apresentar-lhes um ideal de vida calcado na fraternidade e na partilha. A multidão de santos e santas e de cristãos cujos nomes não são lembrados, ao longo dos tempos – entregando-se ao exercício da caridade em favor dos doentes, das crianças, dos escravos, dos índios, dos migrantes, das vítimas das guerras e de

---

13   Cf. VESCO, Amos de Teqoa, défenseur de l'homme, p. 305.

14   Cf. AMSLER, *Amos et les droits de l'homme.*

tantos outros seres humanos feridos na sua dignidade –, pode ser perfeitamente considerada defensora dos direitos fundamentais da pessoa humana. "A prioridade da obrigação e a dimensão de gratuidade, com a volta preferente ao outro e ao débil, deveriam ser as duas contribuições mais típicas dos cristãos no tema dos direitos humanos."[15]

A recente história da Igreja no Brasil defronta-nos com cristãos e cristãs defensores denodados da justiça e dos direitos humanos. Figuras como Dom Helder Câmara, Dom Paulo Evaristo Arns, Dom Pedro Casaldáliga, Dom Luciano Mendes de Almeida, Ir. Dorothy Stang, Dra. Zilda Arns, Pastor James Wright são alguns dos muitos nomes que poderiam ser elencados.

Todos se entregaram à luta pela defesa da dignidade humana movidos pela fé. Uma fé fundada na mesma imagem do Deus dos profetas do passado, de modo especial, o Deus do profeta Jesus. O culto prestado ao Deus da Bíblia, necessariamente, gera uma espiritualidade profética, expressa como luta pela defesa do ser humano, qualquer que seja. Ao nos depararmos com alguém que proclama ter fé, mas é insensível à questão da justiça e dos direitos humanos, urge questionar a imagem de Deus que lhe dá suporte. A autêntica fé bíblica não se presta para ser "ópio do povo". Antes, estará sempre a serviço do Deus libertador, sensível aos clamores de seu povo escravizado no Egito. Um serviço ao Reino de Deus, consolidado na história pela ação do profeta Jesus Cristo.

7. Conclusão

O viés profético estabelece uma estreita ligação entre "teologia e sociedade". A experiência da fé exige do profeta compromisso social, como desdobramento ético do compromisso com Deus. E, mais, oferece-lhe as mediações para julgar a realidade, na perspectiva do direito, da justiça e da misericórdia. Qualquer descompasso da sociedade com o projeto de Deus é imediatamente percebido. E devidamente denunciado!

Um critério importante para reconhecer o verdadeiro profeta consiste em detectar-lhe a preocupação com os empobrecidos e marginalizados, somada ao esforço para criar uma sociedade sem opressão e exploração. Ele será um defensor denodado da justiça social e dos direitos humanos, sem se importar com o preço a ser pago, nos passos do Profeta Jesus.

8. Referências bibliográficas

AMSLER, Samuel. Amos et les droits de l'homme. In: DORÉ, Joseph et alii (eds.). *De la Tôrah au Messie*; mélanges Henri Cazelles. Paris: Desclée, 1981. pp. 181-187.

---

15 Cf. GONZÁLEZ FAUS, *Derechos humanos, deberes míos*, p. 27.

BONORA, Antonio, Amos: difensore del diritto e della giustizia. In: VV.AA. *Testimonium Christi*; scritti in onore di Jacques Dupont. Brescia: Paideia, 1985. pp. 69-90.

CNBB. *Direito de gente, assunto de fé*; para todos os que acreditam na defesa dos direitos humanos. São Paulo: Paulinas, 1997.

EPSZTEIN, Léon, *A justiça social no Antigo Oriente Médio e o povo da Bíblia*. São Paulo: Paulinas, 1990.

FERRY, Luc. *L'homme-Dieu ou le sens de la vie*. Paris: Grasset, 1996.

GONZÁLEZ FAUS, José Ignácio, *Derechos humanos, deberes míos*; pensamiento débil, caridad fuerte. Maliaño: Sal Terrae, 1997.

NARDONI, Enrique. *Los que buscan la justicia*; un estudio de la justicia en el mundo bíblico. Estella (Navarra): Editorial Verbo Divino, 1997.

REIMER, Haroldo. Sobre a ética nos profetas bíblicos. *Estudos bíblicos* 77, Petrópolis: Vozes, 2003, pp. 29-38.

SCHWANTES, Milton. *"A terra não pode suportar suas palavras" (Am 7,10)*; reflexão e estudo sobre Amós. São Paulo: Paulinas, 2004.

SICRE, José Luís. *A justiça social nos profetas*. São Paulo: Paulinas, 1990.

_____. *Profetismo em Israel*; o profeta; os profetas; a mensagem. Petrópolis: Vozes, 1996.

SILVA, Aldina da. *Amos*; un prophète "politiquement incorrect". Montreal: Médiaspaul, 1997.

VESCO, Jean-Luc. Amos de Teqoa, défenseur de l'homme. *Revue Biblique* 87, 1980, pp. 481-513.

VITÓRIO, Jaldemir. Monarquia e profetismo: duas instituições em conflito — 1Rs 21,1-29 — A vinha de Nabot. *Estudos Bíblicos* 88, Petrópolis: Vozes, 2005, pp. 84-95.

CAPÍTULO VI

A busca de uma sociedade justa na Doutrina Social da Igreja Católica

Luiz Eduardo W. Wanderley

1. Introdução

No campo das ciências sociais, minha área de atuação, os termos *sociedade* e *justa* têm sido foco de múltiplos e complexos entendimentos, com orientações quer convergentes quer divergentes, dependendo das abordagens teóricas e mesmo políticas. Não cabe nos limites deste texto contemplar essa imensa variedade. Busco apenas situar alguns pontos básicos elaborados por autores com certa ressonância de suas concepções teóricas nas últimas décadas para, em seguida, apresentar seus vínculos com a Doutrina Social; fixando-me ademais na Igreja Católica.

2. A sociedade justa

Diversas abordagens, desde tempos remotos, têm analisado as imensas dificuldades de conceituar o significado de uma *sociedade justa*, pelos aportes distintos e quase sempre moldados nas causas e nos problemas que ela suscita, e, em contraposição, sintonizados com alguns sinais de projetos e experiências concretas que trouxeram subsídios fecundos para a sua consecução.

Numa perspectiva analítica, com traços mais clássicos e contemporâneos, as sociedades foram apreciadas como um conjunto de relacionamentos que conectam os indivíduos, individuais e coletivos, os cidadãos de um determinado Estado-Nação, as instituições legais e políticas, os projetos societários vigentes ou desejados, e as estratégias de manutenção ou transformação. Dentre os quadros apontados, surgiram as sociedades pré-modernas: de caçadores-coletores, pastoris, agrárias, urbanas em constituição, tidas como civilizações tradicionais. Posteriormente, nas sociedades modernas, foram desenvolvidas: as industriais, urbanas, que ficaram conhecidas como Primeiro Mundo — países desenvolvidos sob configuração capitalista; Segundo Mundo — países industrializados sob governos comunistas; Terceiro Mundo — países subdesenvolvidos, em desenvolvimento, e mais proximamente emergentes. Em certos casos, veio à luz a noção de Quarto Mundo, países fragmentados, em extrema pobreza, impossibilitados de se desenvolverem nos padrões estabelecidos. Além das mudanças constantes ocorridas e em curso, é de se ressaltar os fenômenos de conquistas de um povo por outro, de Estados por outros: impérios, colonização, dependência.

Como é sabido, para expor duas correntes conhecidas, as sociedades foram percebidas ora como sistemas e subsistemas de integração social, de busca da ordem, ora como sociedades organizadas em modos de produção, conflitivas. Se o próprio caráter nacional foi (e segue sendo em alguns países) motivo de embates, tensões, disputas de maior ou menor alcance, a configuração assumida pelo Estado moderno propiciou meios para o seu fortalecimento: soberania, três Poderes, direito, cultura, políticas públicas, dentre os essenciais.

Fixando-se nas últimas décadas nas quais as sociedades em geral foram impactadas pela chamada *globalização*, é nesse contexto que várias mudanças de peso foram se estabelecendo: integração da economia mundial, desenvolvimento de novas tecnologias de informação e comunicação (autores falam de "revolução informacional"), Guerra Fria e colapso da União Soviética, irrupção de mecanismos internacionais e regionais de integração e governo, atuação das corporações transnacionais. Essas mudanças conduziram à *globalização neoliberal ou hegemônica*, cujas medidas centrais constam do acertado no Consenso de Washington, e cujos efeitos abarcam: perda de soberania dos Estados; privatização das políticas sociais; predomínio do capital financeiro; impactos crescentes motivados pela presença de empresas multinacionais e das agências multilaterais (Banco Mundial, Fundo Monetário Internacional, Organização Mundial do Comércio; força do G8 e das posições econômicas e políticas tomadas por esses atores (com destaque para as repercussões advindas no Fórum Econômico de Davos); alterações na divisão social do trabalho com resultados perversos (desemprego estrutural, eliminação ou limites rígidos aos direitos sociais conquistados em longos períodos, exclusão social, pobreza para imensos contingentes populacionais, desigualdades regionais e sociais etc.).

Considerando as consequências negativas da globalização hegemônica, outro recorte forte para as sociedades no mundo está no acento de *risco*. Para além dos riscos históricos enfrentados pela humanidade, eles adquiriram outra natureza com os *riscos produzidos*, o que levou a estudiosos sugerirem a ideia de *sociedade de risco global*. Ela caracteriza ameaças vindas das mudanças climáticas mundiais, cujas causas precisas são ainda pouco determinadas: os riscos ambientais (redução da camada de ozônio, tsunamis, terremotos, poluição, gases estufa, secas, inundações, ciclones etc.). De outra parte, temos os riscos à saúde, derivados de pesticidas e herbicidas químicos (os agrotóxicos), de hormônios e antibióticos, alimentos geneticamente modificados etc. E há analistas que agregam mais elementos que afetam todas as sociedades e setores sociais: insegurança no trabalho, identidades inconclusas, rompimentos em paradigmas tradicionais sobre a família, o casamento, a qualificação educacional, e assim por diante.

No *plano do justo* é que a globalização traz questões exacerbadas, tais como a concentração da riqueza, da renda, do consumo e dos recursos humanos e materiais num limitado núcleo de países, a defesa do livre-comércio como um ganho mundial, as disparidades entre os ricos e os pobres, a OMC como fonte de opções para combate à pobreza. O Mercado é visto como um Deus, e a Sociedade do Mercado como a solução de todos os males. Como alguns trabalhos neste livro trarão comentários e dados sobre a realidade atual, me dispenso de fazê-lo.

A *noção de justiça* cobre um amplo espectro de interpretações. Noções correlatas, às vezes encaradas como sinônimos, se centram na equidade, virtuoso, legítimo, virtude de dar a cada um o que é seu, faculdade de julgar segundo o direito e melhor consciência, órgãos que aplicam a justiça do trabalho (*Novo Dicionário Aurélio*). Nessa linha, para expor tópicos afins, cito autores contemplados no dicionário Le Petit Robert (*Dictionnaire alphabétique & analogique de la langue française*, por Paul Robert). "A justiça é o respeito da dignidade humana" (Proudhon). "A pura justiça não é caritativa, a grande justiça não é justa" (Duham). "A justiça dos homens (intervém) sempre muito tarde: ela reprime ou tira o brilho dos atos" (Bernanos). "Cansado de ter sempre razão e jamais justiça" (Rousseau). "Uma justiça digna desse nome, não paga, não comprada [...] vem do povo e para o povo" (Michelet).

Numa análise mais elaborada,[16] Fraser traz contribuições a partir do paradigma Keynesiano-Westfaliano, predominante durante longo período, fixado mais no "o que" significa a justiça social e "para quem". E ela complementa com o "como". Seus argumentos centrais giram em torno de uma interpretação democrático-radical "do princípio do igual valor moral; a justiça requer que todos participem como pares da vida social".[17] Para alcançar o desiderato da *participação paritária*, em trabalhos anteriores ela aponta obstáculos institucionalizados impeditivos de ela ser concretizada: ora por estruturas econômicas que negam às pessoas os recursos indispensáveis para a sua interação com as demais na condição de pares; e ora por serem coibidas por hierarquias institucionalizadas de valoração cultural, que negam a elas o *status* necessário (o que as conduz à desigualdade de *status* ou falso reconhecimento). Os primeiros obstáculos dependem da estrutura de classes da sociedade, correspondente à *dimensão econômica*; os segundos se colocam na ordem de *status*, correspondente à *dimensão cultural*. Se as duas problematizam a distribuição e o reconhecimento, têm também vínculos políticos relacionados ao poder, e demandam a decisão do

---

16   FRASER, Reenquadrando a justiça em um mundo globalizado.

17   Ibid., p. 17.

Estado. Mas ela sugere uma explícita *terceira dimensão* da justiça, contemplada pelo *político*, formulada numa outra perspectiva.

Nessa terceira dimensão, o *político* diz respeito "à natureza da jurisdição do Estado e das regras de decisão pelas quais ele estrutura as disputas sociais"[18] — que fornece o campo das lutas pela distribuição e reconhecimento. Pelo critério do pertencimento social, a dimensão política especifica quem está incluído ou excluído, como conjunto dos que são titulares de uma justa distribuição e reconhecimento recíproco. Pelo critério das regras de decisão, ela comporta os procedimentos de apresentação e resolução das disputas, quer na dimensão econômica quer na cultural: "Ela revela não apenas quem pode fazer reivindicações por redistribuição e reconhecimento, mas também como tais reivindicações devem ser introduzidas no debate e julgadas".[19] Defendendo uma teoria pós-Westfaliana da justiça democrática, centrada na paridade participativa, a autora acentua a temática da representação e os modos de combate às injustiças. No que denomina de enquadramento pós-Westfaliano, além dos meios utilizados no paradigma anterior, surgem novas arenas democráticas de cunho transnacional (em virtude da globalização); um exemplo advém do Fórum Social Mundial, no qual se criou uma esfera pública transnacional em que todos possam participar como pares, criando novas instituições. O mau enquadramento, ou a falsa representação, são representados pelas elites transnacionais e Estados que negam voz a muitos que são afetados no processo e impedem a criação das arenas democráticas, que permitam avaliar e contemplar as reivindicações das maiorias excluídas do espaço político. Na atual conjuntura, "as lutas por justiça em um mundo globalizado não podem alcançar êxito se não caminharem juntamente com as lutas por democracia metapolítica" (o que requer uma representação verdadeira).[20]

Numa outra perspectiva que busca uma concepção coerente de justiça social, John Rawls[21] toma por base a teoria tradicional do contrato social, representada por Locke, Rousseau e Kant. Ele inicia a sua argumentação caracterizando uma sociedade bem ordenada como aquela que "é concebida para promover o bem dos seus membros e que é regulada de forma efetiva por uma concepção pública de justiça. Assim, é uma sociedade na qual todos aceitam os mesmos princípios da justiça, sabendo que os outros também os aceitam, e as instituições sociais básicas satisfazem esses princípios".[22] Ciente de que as pessoas numa sociedade são marcadas tanto pela identidade de interesses, a busca de cooperação para atingi-las, quanto pelo conflito, pois os indivíduos não são indiferentes à forma como os benefícios são

---

18   Ibid., p. 19.

19   Ibid., p. 19.

20   Ibid., p. 34.

21   RAWLS, *Uma teoria da justiça*.

22   Ibid., p. 346.

distribuídos. Em sua visão, uma sociedade justa deve assegurar como definitiva a igualdade de liberdades e direitos entre os cidadãos. Para ele, dizer se as coisas são justas ou injustas envolve leis, instituições e sistemas sociais, além de ações individuais e coletivas que incluem decisões, juízos e imputações. Do mesmo modo se pode qualificar como justas ou injustas as atitudes e as inclinações de pessoas, bem como elas próprias. No entanto, fixando na *justiça social*, Rawls explicita que "o objeto primário da justiça é a estrutura básica da sociedade, ou, mais exatamente, a forma pela qual as instituições sociais mais importantes distribuem os direitos e deveres fundamentais e determinam a divisão dos benefícios da cooperação em sociedade. Por instituições mais importantes entendo a constituição política, bem como as principais estruturas econômicas e sociais. Assim, a proteção jurídica da liberdade de pensamento e da consciência, da concorrência do mercado, da propriedade privada dos meios de produção e da família monogâmica, são exemplos de instituições desse tipo".[23] Dadas as diferentes concepções de sociedade, surgem as diversas concepções da justiça.

Revisitando a noção clássica de contrato social, o autor sustenta que a teoria da justiça como equidade se inicia com a escolha dos primeiros princípios que definem uma concepção de justiça, "a qual determinará todas as críticas das instituições e as respectivas possibilidades de reforma ulteriores".[24] Em tese, a compreensão desses princípios mostra que eles são incondicionais. Para ilustrar, ele utiliza um texto de Locke, que tem proximidade com o objeto de estudo desse artigo que escrevo: "Tradicionalmente, o teste mais evidente para esta condição é a ideia de que o justo é aquilo que está de acordo com a vontade de Deus. Mas, de fato, esta doutrina é normalmente apoiada por um argumento extraído de princípios gerais. Locke, por exemplo, defendeu que o princípio fundamental da moral é o seguinte: se uma pessoa é criada (no sentido teológico) por outra, essa pessoa tem o dever de se conformar com os preceitos que lhe foram fixados pelo seu criador. Este princípio é perfeitamente geral e, no contexto da visão que Locke tem do mundo, ele permite distinguir Deus como autoridade moral legítima. A condição de generalidade não é violada, embora à primeira vista pareça verificar-se".[25]

Na sequência, o autor estabelece um conjunto de condições para esses princípios, que, além da *generalidade*, devem ser de *aplicação universal*, garantir a *publicidade*, pois "as partes partem do pressuposto de que escolhem princípios para uma concepção pública da justiça".[26] Ademais, devem impor uma *relação de ordem* às pretensões em conflito, reconhecendo as dificuldades de exprimir o que seja essa relação de

---

23   Ibid., p. 30.

24   Ibid., p. 34.

25   Ibid., p. 117.

26   Ibid., p. 118.

ordem, pois os princípios necessitam arbitrar um ajustamento das pretensões concorrentes, já que se deve buscá-la de forma independente da posição social e da sua capacidade para coagir e intimar. Por fim, a condição última é o caráter definitivo dos princípios, "as partes devem considerar o sistema de princípios como a instância suprema da razão prática".[27]

Sintetizando esse conjunto, Rawls escreve que "as condições relativas às concepções do justo resumem-se da seguinte forma: uma concepção do justo é um conjunto de princípios, gerais na sua formulação e de aplicação universal, que deve ser publicamente reconhecida como instância suprema nas questões de ordenação das exigências conflituais de sujeitos morais. Os princípios da justiça são identificados pelo seu papel especial e pelo objeto ao qual se aplicam".[28]

Dados sobre a *injustiça social*, derivados do modelo econômico vigente, são amplamente conhecidos, e me abstenho de expô-los. Na grade do mosaico que a conceitua, é relevante comentar a *injustiça ecológica*, ligada à anterior, que afeta todos os países pela devastação da natureza e pelo aquecimento global. Na publicação "O terremoto populacional", Fred Pierce comenta "os 500 milhões dos mais ricos (7% da população mundial) respondem por 50% das emissões de gases produtores de aquecimento, enquanto 50% dos países mais pobres (3,4 bilhões da população) são responsáveis por apenas 7% das emissões".[29] Além dos relatos de defensores do desenvolvimento sustentável, que se tornou um ícone mundial e que levanta discussões intermináveis e raras medidas concretas para assumi-lo efetivamente (a reunião de Copenhague, fevereiro de 2010, é exemplar), sabe-se que somente soluções técnicas são insuficientes, pois a realidade exige mudanças profundas em estilos de vida e hábitos de consumo. "Precisamos da solidariedade universal, da responsabilidade coletiva e do cuidado por tudo o que vive e existe (não somos os únicos a viver neste planeta nem a usar a biosfera). É fundamental a consciência da interdependência entre todos e da unidade entre terra e humanidade".[30]

3. Doutrina Social

Aquilatando os impactos dessas noções, visando ao social em sentido amplo, ao político e ao econômico, na perspectiva da Doutrina Social (DS), elaborei comentários sobre visões de cunho mais histórico e atual (incorporando as reflexões da

---

27 Ibid., p. 119.

28 Ibid., p. 120.

29 PEARCE, Consumption Dwarfs Population As Main Environmental Threat. Disponível em: <http://www.bea-conbroadside.com/broadside/2009/05/fred-pearce-consumption-dwarfs-population-as-main-environmental-threat.html>. Acesso em: 13 mar. 2010.

30 BOFF, *Justiça social — Justiça ecológica*. ALAI, América Latina en Movimiento. Disponível em: <http://alainet.org/active/36843&lang=es>. Acesso em: 8 mar. 2010.

reunião de Aparecida) em trabalhos distintos.[31] Para não ser repetitivo, retomo aqui uns poucos dados neles elaborados, e novos ângulos numa visão mais abrangente. As afirmações utilizadas constam do documento *Compêndio da Doutrina Social da Igreja*, do Pontifício Conselho "Justiça e Paz" (São Paulo: Paulinas, 2005), no qual estão arrolados os ensinamentos básicos desde sua origem histórica, com base na *Rerum Novarum*, que se tornou a "carta magna" da atividade cristã no campo social. Empregando a configuração desse *Compêndio*, serão indicados os textos tendo por referência a numeração empregada no próprio documento.

Em termos amplos, a DS encontra o seu fundamento essencial na Revelação bíblica e na Tradição da Igreja.

O Magistério social evoca o respeito às formas clássicas de justiça: comutativa, distributiva e legal. Sobrepujando a justiça geral, a justiça social adquiriu maior relevo: "A justiça social, exigência conexa com a questão social, que hoje se manifesta em uma dimensão mundial, diz respeito aos aspectos sociais, políticos e econômicos e, sobretudo, à dimensão estrutural dos problemas e das respectivas soluções" (201).[32] Ela tem de valorizar a pessoa, sua dignidade e seus direitos, vencendo a tendência de recorrer exclusivamente aos critérios da utilidade e do ter. Daí a busca da solidariedade e do amor.

Para iniciar, a visão de uma sociedade justa só pode ser realizada no respeito pela dignidade da pessoa humana; em consequência, o fim último da sociedade é ordenado por ela, e a pessoa não pode ser instrumentalizada para projetos de qualquer natureza, impostos por quaisquer autoridades. Ela tem um caráter transcendente e sua plenitude se encontra em Deus e em seu projeto salvífico (132 e 133). Para conseguir a integração entre pessoa e sociedade, no item Sociabilidade Humana, é afirmado que a pessoa é constitutivamente um ser social: "Uma sociedade é um conjunto de pessoas ligadas de maneira orgânica por um princípio de unidade que ultrapassa cada uma delas. Assembleia ao mesmo tempo visível e espiritual, uma sociedade que perdura no tempo, ela recolhe o passado e prepara o futuro" (149). Agrega-se que a DS cumpre uma função de *anúncio* do que ela tem de próprio — uma visão global do homem e da humanidade, nos níveis teórico e prático; e que ela comporta um dever de *denúncia*, contra o pecado de injustiça e violência, o que assume o juízo e a defesa dos direitos ignorados e violados, particularmente dos pobres, dos pequenos, dos fracos. E quanto mais as injustiças e violências se ampliam, elas dão lugar a questões sociais que acenam para uma resposta de justiça social, visando ao humanismo total, à libertação de tudo aquilo que oprime o homem (81 e 82). A DS implica as responsabilidades concernentes à construção, à organização e ao funcionamento da sociedade

---

31   WANDERLEY, Notas sobre a Doutrina Social da Igreja Católica e o Vaticano II, na perspectiva sociopolítica.

32   Todos os números citados a partir de agora, salvo outra indicação, são do *Compêndio da Doutrina Social da Igreja*.

— obrigações de cunho econômico, político, administrativo, ou seja, aquelas de natureza secular que pertencem aos *fiéis leigos* e não aos religiosos e aos sacerdotes. Nessa esfera, são bastante conhecidas, no tempo e no espaço, em diversas regiões do globo, as disputas, tensões e penalizações dos padres e religiosos envolvidos diretamente na política, disputando cargos, ocupando funções governamentais etc.

Tendo presente as polêmicas seculares que circundam as relações dessa Doutrina com as *ciências humanas e sociais*, é relevante frisar o reconhecimento de que as ciências sociais fornecem uma contribuição significativa à DS. Abrindo-se para um diálogo interdisciplinar, de um lado, é afirmado que a abertura atenta e constante às ciências faz com que a DS adquira competência, concretude e atualidade, e de outro lado, as ciências devem colher as perspectivas de significado, de valor e de empenhamento que a DS desvela (78). E mais, constitui um direito seu evangelizar o social, isto é, "fazer ressoar a palavra libertadora do Evangelho no complexo mundo da produção, do trabalho, do empresariado, das finanças, do comércio, da política, do direito, da cultura, das comunicações sociais, em que vive o homem" (70).

Com acento na noção de *sociabilidade*, para a Doutrina ela não engendra, de modo automático, a comunhão das pessoas, o dom de si, pois o homem, em virtude do egoísmo e da soberba, traz em si germes de insociabilidade, de fechamento individualista e de opressão ao outro. Ela, também, não é uniforme, e assume múltiplas expressões, tanto que o bem comum é dependente do pluralismo social. Numa linha conhecida, a socialização exige, "a fim de favorecer a participação do maior número na vida social [...] encorajar a criação de associações e instituições de livre escolha, 'com fins econômicos, culturais, sociais, esportivos, recreativos, profissionais, políticos, tanto no âmbito interno das comunidades políticas como no plano mundial'" (151).

Um tema, que se traduz numa concepção particular sobre o *bem comum*, e sobre a natureza do *Estado*, se vincula ao entendimento dos *direitos humanos*. Reafirmando reflexões de diversos documentos, afirma-se que esses direitos são universais, invioláveis e inalienáveis. *Universais* porque estão presentes em todos os seres humanos, sem exceção alguma de tempo, de lugar e de sujeitos. *Invioláveis* enquanto "inerentes à pessoa humana e à sua dignidade" e porque "seria vão proclamar os direitos, se simultaneamente não se envidassem todos os esforços a fim de que seja devidamente assegurado o seu respeito por parte de todos, em toda parte e em relação a quem quer que seja". *Inalienáveis* enquanto ninguém pode legitimamente privar destes direitos um seu semelhante, seja ele quem for, porque isso significaria violentar a sua natureza (153).

Todos são responsáveis pelo bem comum e urge que se busque o bem do outro como se fosse o próprio. É expressivo um ensinamento de Pio XI: "Deve-se procurar que a repartição dos bens criados seja pautada pelas normas do bem comum e da justiça social. Hoje, porém, à vista do clamoroso contraste entre o pequeno número dos ultrarricos e a multidão inumerável dos pobres, não há homem prudente que não reconheça os gravíssimos inconvenientes da atual repartição da riqueza" (comentário atualíssimo, relembrando que foi publicado em 1931, na *Quadragésimo Anno*, n. 167). Nesse quadro, argumenta-se que não só as pessoas têm a responsabilidade de persegui-lo, mas também o *Estado*, tendo em vista que o bem comum é a razão de ser da autoridade política. O Estado deve garantir coesão, unidade e organização à sociedade civil de que é expressão. Para garanti-lo, o governo de cada país necessita harmonizar os diversos interesses setoriais, com justiça. Ao falar em bem comum da sociedade, não se pode olvidar que ele só tem valor se referido à consecução dos fins últimos da pessoa e ao bem comum universal de toda a criação; ou seja, se ele tem uma dimensão histórica, é indispensável assegurar a dimensão transcendente, pois a Páscoa de Jesus oferece pleno significado à realização do verdadeiro bem comum da humanidade. Em outros textos, é visível a existência de enormes obstáculos para atingir essa plenitude, dentro e fora da instituição eclesial.

Complementa esses ensinamentos a noção de que os bens têm uma destinação universal; o uso comum dos bens é o "primeiro princípio de toda a ordem ético-social" (*Laborem Exercens*) e "princípio típico da doutrina social cristã" (*Sollicitudo Rei Socialis*). Nesse sentido, todos os direitos, como os de propriedade e de livre-comércio, estão subordinados à destinação universal dos bens, considerada como um direito natural. "A destinação universal dos bens comporta, portanto, um esforço comum que mira obter para toda pessoa e para todos os povos as condições necessárias ao desenvolvimento integral, de modo que todos possam contribuir para a promoção de um mundo mais humano" (175). Ora, analisando a situação atual dos povos integrantes de inúmeros países, regiões, onde se entrelaçam a pobreza absoluta e relativa, as desigualdades sociais, a exclusão social crescente, fica patente o reinado de injustiças gritantes, de como essas noções da DS são ignoradas e vilipendiadas. O que fazer?

A esse propósito, para que se cumpra a destinação universal dos bens, é preciso afirmar, com toda a sua força, a *opção preferencial pelos pobres*. No entanto, tomada essa opção, além de continuar praticando obras de misericórdia corporais e espirituais, deve-se atentar, baseada na caridade, para a dimensão social e política das questões referentes a todas as formas de pobreza. "Mais que cumprir uma obra de misericórdia, saldamos um débito de justiça" (184).

Um tópico polêmico, interpretado quase sempre sem a compreensão necessária, inclusive nos meios acadêmicos, diz respeito à conceituação de *caridade* e *amor*, fundamentos dessa DS. Usualmente, a caridade, como amor ao próximo, é vista criticamente por diversos setores sociais, como formas de assistencialismo, atendimento individual a toda espécie de carências, obras sociais (hospitais, pastorais, asilos etc.), obras de misericórdia, olvidando as questões políticas e sociais amplas que incidem sobre as sociedades. Nas reflexões postas no *Compêndio* citado, está dito que a *caridade pressupõe e transcende a justiça*, e essa última deve ser completada pela caridade. Nenhuma legislação, nenhum sistema de regras ou de pactos conseguirá persuadir homens e povos a viver na unidade, na fraternidade e na paz, nenhuma argumentação poderá superar o apelo da caridade (207). "A experiência do passado e do nosso tempo demonstra que a justiça, por si só, não basta e que pode até levar à negação e ao aniquilamento de si própria, se não se permitir *aquela força mais profunda, que é o amor,* plasmar a vida humana nas suas várias dimensões" (206).

A posição assumida vai além de restituir o homem a si próprio, inspiradora da ação individual, mas necessariamente significa *caridade social e política.* Já que o próximo a ser amado se apresenta *em sociedade,* "amá-lo no plano social significa, de acordo com as situações, valer-se das mediações sociais para melhorar sua vida ou remover os fatores sociais que causam a sua indigência" (208). O reconhecimento de que a caridade evoca o critério supremo e universal de toda a ética social pode ser atestado nesse trecho: os valores da verdade, da justiça, do amor e da liberdade nascem e se desenvolvem no manancial interior da caridade: a convivência humana é ordenada, fecunda de bens e condizente com a dignidade do homem quando se funda na verdade; realiza-se segundo a justiça, ou seja, no respeito efetivo pelos direitos e no leal cumprimento dos respectivos deveres; é realizada na liberdade que condiz com a dignidade dos homens, levados pela sua própria natureza racional a assumir a responsabilidade pelo próprio agir; é vivificada pelo amor, que faz sentir como próprias as carências e as exigências alheias e torna sempre mais intensas a comunhão dos valores espirituais e a solicitude pelas necessidades materiais (205).

A caridade, social e política, não se esgota nas relações entre as pessoas e se desdobra nas redes de relações nas quais elas se inserem, conduzindo ao empenho para organizar e estruturar a sociedade de modo a evitar que o próximo permaneça na miséria, situação que cresce em todas as regiões transformando-se numa questão social mundial. Daí a necessidade de construir a "civilização do amor", estendida a todo o gênero humano. Se só a caridade pode transformar completamente o homem, para alcançar uma sociedade mais humana, o amor deve se inserir em todas as dimensões da vida social, deve se tornar a norma constante e suprema do agir. Por isso, as recomendações, em inúmeros textos, de viver plenamente a solidariedade, pois ela assegura o bem comum, o desenvolvimento integral das pessoas.

Brevemente, trazendo o ensino social para a realidade latino-americana, constata-se que a compreensão e aplicação desses ensinamentos pelos episcopados, locais, nacionais e regionais, passa por crivos distintos, dependentes das leituras, elaborações, contextos de inserção da Igreja Católica nas sociedades nacionais. Numa leitura que teve por foco a questão social e a pobreza, foram expostas elaborações episcopais na América Latina.[33] Com destaque para as Conclusões de Puebla (com base na publicação *Ensino Social da Igreja*, de Antoncich e Sans), os bispos constatam a

---

33   BELFIORE WANDERLEY; WANDERLEY, O social e a pobreza: visões e caminhos.

distância entre ricos e pobres, originada pela "apropriação, por uma minoria privilegiada de grande parte da riqueza, assim como dos benefícios criados pela ciência e pela cultura"; e, por consequência, temos "a pobreza de uma grande maioria, com a consciência de sua exclusão e do bloqueio de suas crescentes aspirações de justiça e participação" (1208). Correlacionando pecado e justiça, os bispos afirmam que o pecado é a raiz da injustiça (1258), que atinge o plano pessoal e o estrutural presente no subdesenvolvimento e na situação de injustiça, é a *injustiça institucionalizada*: pois a injustiça é resultante de situações e estruturas econômicas, sociais, políticas, está incrustada nos modelos de desenvolvimento que requerem dos segmentos mais pobres um custo social desumano. Numa expressão: há um "conflito estrutural grave: a crescente riqueza de uns poucos corre paralela com a crescente miséria das massas" (1209). Nesse sentido, para alcançar uma sociedade justa, a missão da Igreja é buscar uma sociedade nova por meio dos homens novos transformados pela Graça. "Esta realidade exige, portanto, conversão pessoal e transformações profundas das estruturas" (*Documento de Puebla*, n. 30).

Sobre a *opção preferencial pelos pobres*, tema candente da atuação de setores organizados, no passado e no presente, é importante registrar, no continente latino--americano, as Conclusões das Conferências do Episcopado Latino-Americano, em Medellín e em Puebla, nas quais essa opção ficou explícita; e nas Conferências em Santo Domingo e Aparecida, nas quais, apesar de referendadas, houve dissensões e menor afirmação. Em Puebla, no subitem "Pobreza da Igreja", a afirmação é forte: "Devemos tornar mais aguda a consciência do dever de solidariedade para com os pobres. Esta solidariedade significará fazer nossos seus problemas e lutas e saber falar por eles. Isto se concretizará na denúncia da injustiça e opressão, na luta contra a intolerável situação em que se encontram frequentes vezes o pobre e na disposição de dialogar com os grupos responsáveis por esta situação a fim de fazê-los compreender suas obrigações" (*Documento de Medellín*, n. 148).

4. Conclusão

Para encerrar, mesmo reconhecendo a presença ativa, numa linha transformadora, de segmentos expressivos das comunidades eclesiais em geral, com acento nas pastorais sociais, nas CEBs, na formação política, nos engajamentos governamentais e da sociedade civil, entre outras atividades; e constatando avanços nas próprias elaborações presentes nos documentos (muitas das quais foram fruto dessa participação); não se podem ignorar enormes dificuldades entre o discurso e a prática. Libanio[34] afirmou, tendo em vista as conclusões de Puebla: "Quanto ao diagnóstico da realidade social, a crítica fundamental consistiu na falta de

---

34   LIBANIO, Introdução, p. 56.

racionalidade interpretativa, reduzindo-se antes ao aspecto descritivo. Aparece claro o conjunto escandaloso da situação de injustiça reinante no continente, mas não se avança nada numa explicação de suas causas, tanto históricas como estruturais".[35] Avaliação que pode ser estendida para outros documentos, sobretudo nos textos colocados no *Compêndio*. Considerando o Povo de Deus em sua amplitude, nas várias regiões do globo terrestre, quase sempre os efeitos da DS são chocantes e negativos. Exemplificando, é necessário avaliar criticamente o cotidiano e as posições político-ideológicas tomadas pelos que se dizem católicos e que atuam não raro citando excertos da DS, muitos dos quais pertencem às elites, aos estratos superiores, aos representantes da classe dominante, aos setores das classes médias, que defendem e são atores dessa realidade de injustiças e pobreza gritantes. Em grandes parcelas deles, a visão de mundo e as ações que exercem se distanciam das concepções de sociedade e de justiça social que aqui foram explicitadas, com as quais se conflitam radicalmente. Retomando ideias de Puebla, os comentários são evidentes: grupos de leigos "não assumiram suficientemente a dimensão social de seu compromisso [...] por se aferrarem a seus interesses econômicos e de poder" (824). "Muitos deram mostras duma fé pouco vigorosa para vencer seus egoísmos, seu individualismo e apego às riquezas, agindo injustamente e lesando a unidade da sociedade e da própria Igreja" (966). Em outros termos, essas situações de injustiça e de pobreza extrema no continente "são um sinal acusador de que a fé não teve a força necessária para penetrar os critérios e as decisões dos setores responsáveis da liderança ideológica e da organização da convivência social e econômica de nossos povos" (437).

Em termos concretos, é preciso avaliar com seriedade a vida eclesial, institucional e praticamente. No caso específico do ensino nas instituições católicas, a dinâmica interna, os processos decisórios, os mecanismos administrativos e financeiros, os conteúdos curriculares em quaisquer níveis merecem atenção aprofundada, pois nelas, com exceções fecundas, a formação tem conduzido para essa realidade abissal e contraditória.

5. Referências bibliográficas

ANTONCICH, Ricardo; SANS, José Miguel M. *Ensino social da Igreja*; trabalho, capitalismo, socialismo, discernimento, insurreição e a não violência. Petrópolis: Vozes, 1986.

BELFIORE WANDERLEY, Mariangela; WANDERLEY, Luiz Eduardo W. O social e a pobreza: visões e caminhos. *Religião e Cultura* VI, 12, São Paulo: EDUC, Paulinas, jul./dez. 2007.

---

35   Ibid., p. 74.

CELAM. *Conclusões das Conferências do Episcopado Latino-americano*. (Medellín, Petrópolis: Vozes, 1973; Puebla, São Paulo: Loyola, 1979; Santo Domingo, São Paulo: Paulinas, 1992; Aparecida, São Paulo: mimeo, 2007).

FRASER, Nancy. Reenquadrando a justiça em um mundo globalizado. *Lua Nova* 77, São Paulo: Cedec, 2009.

LIBANIO, João Batista. Introdução. In: *III Conferência Geral do Episcopado Latino-americano*; texto oficial da CNBB. São Paulo: Loyola, 1979.

PONTIFÍCIO CONSELHO "JUSTIÇA E PAZ". *Compêndio da Doutrina Social da Igreja*. São Paulo: Paulinas, 2005.

RAWLS, John. *Uma teoria da justiça*. Lisboa: Editorial Presença, 1993.

WALZER, Michael. *Spheres of justice*; a defense of pluralism and equality. New York: Basic Books, 1983.

_____. *Sphères de justice*; une défense du pluralisme et de légalité. Paris: Éditions du Seuil, 1997.

WANDERLEY, Luiz Eduardo W. Notas sobre a Doutrina Social da Igreja Católica e o Vaticano II, na perspectiva sociopolítica. In: PASSOS, João Décio; SOARES, Afonso M. Ligorio (orgs.). *Doutrina Social e universidade*; o cristianismo desafiado a construir cidadania. São Paulo: Paulinas/EDUC, 2007.

_____. A questão social no contexto da globalização. Enigmas do Social. In: BÓGUS, Lúcia, BELFIORE WANDERLEY, Mariangela, YAZBEK, Maria Carmelita (orgs.). *Desigualdade e a questão social*. 3. ed. revista e ampliada. São Paulo: EDUC, 2009.

POLÍTICA

CAPÍTULO VII

Liberdade e engajamento social

Edelcio Ottaviani

1. Introdução

Por meio deste capítulo, procuraremos desenvolver uma reflexão em que a teologia e a filosofia política se unem para tornar visíveis diferentes modos de exercer a liberdade em meio a práticas sociais de dominação. Ao visitar determinados autores, célebres por suas concepções a respeito da liberdade, notaremos que existem, ao menos, duas linhas de pensamento predominantes a respeito do assunto: a primeira, que concebe o ser humano como sendo essencialmente livre — isto é, como um sujeito dado, portador de livre-arbítrio —, e a segunda, que o concebe como um ser em constituição, ou seja, uma subjetividade cuja conquista efetiva da liberdade, interna e externamente falando, depende de uma série de condições.

Nossa perspectiva, ao analisar o binômio liberdade-engajamento social em diálogo com a teologia, permite lançar mão de um instrumental de análise mais próprio da racionalidade filosófica, numa linha de pensamento que encontra sua inspiração em Michel Foucault. Por meio dele, estabeleceremos contrapontos com Santo Agostinho, Maquiavel, Engels, Marx e com a recente Teologia da Libertação. Nosso intuito é, pois, o de suscitar uma reflexão que amplie o campo de visibilidade do exercício da liberdade em meio aos diversos saberes. Para tanto, resistiremos à tentação de estabelecer-lhe uma definição *a priori*, alinhando-nos ao que disse Gilles Deleuze, no rastro de Foucault:

> Pensar é, primeiramente, ver e falar, mas com a condição de que o olho não permaneça nas coisas e se eleve até as "visibilidades", e de que a linguagem não fique nas palavras ou frases e se eleve até os enunciados. É o pensamento como arquivo. Além disso, pensar é poder, isto é, estender relações de força, com a condição de compreender que as relações de força não se reduzem à violência, mas constituem ações sobre ações, ou seja, atos, tais como "incitar, induzir, desviar, facilitar ou

"dificultar, ampliar ou limitar, tornar mais ou menos provável. É o pensamento como estratégia".[1]

2. Perspectiva essencialista

Sendo um dos maiores teólogos da fase inicial do cristianismo, Agostinho de Hipona, mais conhecido como Santo Agostinho, refletiu filosoficamente sobre a liberdade ao tentar responder teologicamente ao problema da origem do mal. No primeiro capítulo do *De libero arbitrio* — em que o autor sistematiza um possível diálogo que tivera com seus amigos em Roma, representados pelo personagem denominado Evódio —, Agostinho parte do princípio bíblico de que Deus, por sua bondade, não pode ser responsável por nenhum mal moral. No entanto, ele é levado por seu interlocutor a encontrar uma explicação ao fato de Deus nos ter dado a livre escolha e consequentemente a capacidade de pecar.

A Evódio, Agostinho responde o seguinte: a vontade é um bem, do qual o homem pode certamente abusar, mas é ela, no entanto, que faz a dignidade do ser humano. Quem não desejaria possuir as mãos sob o pretexto de que estas servem, por vezes, para cometer crimes? Ora, isto é ainda mais verdadeiro em relação ao livre-arbítrio: se podemos viver moralmente estando privados do uso de nossos braços, não poderíamos jamais aceder à dignidade da vida moral sem o livre-arbítrio.[2] No entanto, é preciso diferenciá-lo do que vem a ser liberdade. Esta é entendida como o poder de fazer aquilo que escolhemos fazer, ao passo que, por livre-arbítrio, devemos entender o poder de escolher.

Esta concepção, predominante no Ocidente da Patrística até o Renascimento, ao menos até Maquiavel, o levou também a pensar duas noções-chave que permitem distinguir os dois termos, a saber: a escolha e a vontade. Para Santo Agostinho, assim como o será posteriormente para Descartes, quem diz "livre-arbítrio" não diz necessariamente liberdade. Desta afirmação, decorrem tanto implicações éticas quanto nocionais. No que diz respeito às primeiras (implicações éticas), podemos dizer que onde há liberdade há sempre o livre-arbítrio, mas onde se encontra o livre--arbítrio nem sempre encontramos a liberdade (pode-se perder a liberdade por ter feito uma má escolha). Quanto às segundas (implicações nocionais), podemos dizer que Agostinho provoca um deslocamento da antiga noção estoica de liberdade, ligada ao julgamento em meio às atividades humanas, e passa a associá-la à vontade do sujeito. Por meio deste deslocamento, o bispo de Hipona faz recair sobre os ombros do agente toda a responsabilidade da perda da liberdade em sentido pleno. Assim,

---

1 DELEUZE, *Conversações*, pp. 119-120.

2 Cf. SANTO AGOSTINHO, *De libero arbitrio*, livre II, XVIII, 48, p. 204.

para Agostinho, o "eu" tem uma dimensão essencial voltada para a liberdade, pois possui desde sua origem o poder de escolha (livre-arbítrio).

Na obra *Cidade de Deus*, ele escreve: "O homem bom, mesmo se ele é escravo, ele é livre, mas o malvado, mesmo se ele reina, é escravo, e não de um único homem, mas, o que é mais pesado, de vários senhores à proporção de seus vícios" (*Cidade de Deus*, 4, 3). Para Agostinho, a escravidão do pecado é ainda maior que a escravidão de um senhor humano, uma vez que se pode pedir para ser vendido e, consequentemente, mudar de senhor, mas quem poderá libertar-se de uma consciência culpada? Não há lugar onde se possa ir, uma vez que a consciência culpada não pode distanciar-se de seu sujeito.

Como resposta à questão de como se libertar das más inclinações às quais se pode voltar o livre-arbítrio, Agostinho alude tanto ao exercício da vontade como à graça de Deus, que é invocada por meio da oração, a exemplo do que diz Jesus ao dirigir-se ao Pai: "Não nos deixes cair em tentação". Contra Pelágio, ele indaga: se está em nosso poder não sermos convencidos pela tentação, por que Jesus exortara seus discípulos a rezarem para não entrar nela (Mt 26,41) ou não ser submetido por ela?

Apesar de refinada em sua distinção do livre-arbítrio, enquanto poder de escolha, e da liberdade, enquanto poder de fazer aquilo que escolhemos fazer, a concepção agostiniana de liberdade acabou por ver diminuída sua influência na filosofia moderna, a começar por Maquiavel, ainda que continue a exercer grande influência no pensamento cristão. Destarte, trata-se de pensar as condições reais do exercício da liberdade, do constituir-se livre, não em referência a um mundo supraterrestre, mas em relação a esta terra; trata-se mais especificamente do modo como constituir-se livre em sua própria terra, em meio a seu campo de ação.

3. Perspectiva política

Lançando mão de um gênero muito em voga de sua época, os *specula principis*, ou seja, os "espelhos do príncipe", Maquiavel parece ser o primeiro escritor e filósofo a fazer desse gênero não um tratado moral, esboçando a imagem idealizada do que deveria ser um bom príncipe, mas um tratado dos elementos dos quais o príncipe deveria lançar mão para manter-se no poder. Não se trata, como ele mesmo diz, de prescrever regras, mas de aumentar o campo de visão daquele que deseja governar e manter-se no governo. Seus conceitos de *virtù* e *fortuna* diferem do que comumente se pensava sobre as virtudes e sobre a providência na arte de governar. Mal interpretado nos séculos que o sucederam e estigmatizado pelo moto "os fins justificam os meios", Maquiavel, no entanto, foi muito apreciado, em sua época, por dar preciosos conselhos ao príncipe, em meio às forças políticas e econômicas de seu tempo que tendiam a desestabilizá-lo. O príncipe é um verdadeiro tratado de como manter o governo da cidade nas condições reais e não ideais. Endereçado a Lorenzo de Médici, neto de Lorenzo, o Magnífico, filho de Cosme e neto de Piero, esta célebre obra acabou tratando, de forma indireta, do exercício da liberdade.

Ao discorrer sobre o modo de governar as cidades ou os principados que, anteriormente à sua ocupação, viviam no respeito às próprias leis, Maquiavel declara que

> aquele que advém senhor de uma cidade acostumada a viver em liberdade e que dela não faz ruínas pode esperar que ela o arruíne, porquanto esta, em suas rebeliões, terá sempre a ampará-la a palavra "liberdade" e os seus antigos costumes, os quais nem a longa duração dos tempos, nem quaisquer benfeitorias jamais a farão esquecer.[3]

Maquiavel alega tratar desse e de outros assuntos por meio de uma aguçada observação dos "episódios modernos" e da leitura dos "antigos episódios" e por uma longa meditação no curso de vários anos. No capítulo XII de *O Príncipe*, Maquiavel alude às sólidas bases que um governo deve instaurar para manter-se por longo tempo no poder: as leis e os exércitos (contemporaneamente, poderíamos dizer, as leis e a polícia). Apesar de louvar a necessidade de boas leis, Maquiavel dizia que elas, por si só, de nada adiantariam caso não houvesse um meio de fazê-las respeitadas. Eis o porquê dos exércitos e, consequentemente, da polícia. Ao príncipe, então, cabe lançar mão das forças de um exército próprio ou de exércitos mercenários e auxiliares.

No entanto, deve-se ter em mente que estes últimos são inúteis e perigosos, uma vez que, mesmo a serviço de outro governo, eles só são bons para si mesmos. Caso o príncipe, que a eles recorreu, vier a perder a guerra, será consumido por eles na derrota e, se vier a vencer, tornar-se-á seu prisioneiro e não terá autonomia para governar. Em relação aos exércitos mercenários, Maquiavel lembra ao príncipe que este será, em tempo de paz, por eles espoliado e que, em tempos de guerra, espoliado pelos próprios inimigos. É preciso lembrar que as forças mercenárias não anseiam e não veem outro interesse em tomar parte dos conflitos, a não ser por uma boa paga, porém jamais suficiente para que queiram morrer pelo príncipe.[4]

Para reforçar tal observação, Maquiavel lança mão de um exemplo que lhe é contemporâneo: o Papa Júlio II. Este, para tomar de assalto Ferrara, apelou para os exércitos de Fernando de Aragão, colocando-se de forma insensata nas mãos do governante espanhol. Sua insensatez só não lhe causou grande dano porque lhe veio ao encontro a *fortuna*: tendo sido derrotadas as forças auxiliares, surgiram os suíços que expulsaram os vencedores da batalha e liberaram Júlio II de ficar à mercê dos espanhóis, "uma vez que conquistara a vitória com os soldados de outra milícia".[5]

---

3   MACHIAVEL, *O príncipe*, cap. V, p. 22.

4   Ibid., cap. XII, p. 58.

5   Ibid., cap. XIII, p. 64.

Neste caso, o papa contou com a sorte (*fortuna*) que, no entanto, é marcada pela instabilidade. Mais vale contar com sua própria habilidade (*virtù*), com seus próprios exércitos, do que com os caprichos da *fortuna*.

Por este raciocínio, aplicado a um caso específico, podemos dizer que Maquiavel foi o primeiro a indicar, sistematicamente, que não se é efetivamente livre nem mesmo pelo fato de ser príncipe ou rei. A manutenção da liberdade, no exercício do poder, é fruto de uma luta constante, em meio a qual o príncipe virtuoso mensura constantemente os campos de força e os meios de neutralizar ou de potencializar os núcleos de poder, estando, porém, à mercê dos caprichos da *fortuna*. Segundo ele, embora sejamos portadores do livre-arbítrio, quando o desenvolvemos na arte de bem deliberar, ele só tem poder sobre a metade de nossas ações. É preciso estar sempre atento aos assaltos da *fortuna*, que "manifesta seu poder onde não há forças (*virtù*) organizadas que lhe resistam; ela, que volve seu furor aos locais onde sabe que não foram construídos nem diques, nem barragens para refreá-la".[6]

O mesmo poderia se dizer em relação à liberdade dos cidadãos. Ela é algo a ser perseverantemente conquistado ou preservado. Fazer-se livre é fruto de uma habilidade constante em tornar-se resistente às forças de dominação. A liberdade se constitui por meio das resistências ativas dos governados que não querem ser oprimidos. A compreensão das estratégias e dos meios a serem aplicados para a salvaguarda da liberdade, das composições e dos afastamentos necessários de uma ou outra facção de poder é fruto de uma insistente reflexão. A utilização de um meio e a recusa de outro depende, de certa forma, dos indicativos da ciência política, assim como realizou Maquiavel, mas não só. O mestre florentino sabia muito bem que, para o exercício da liberdade, dependemos também da boa deliberação para entender e saber contornar os caprichos da *fortuna*, e de abraçar, com determinação, a ocasião quando ela se apresentar.

Concluindo, o sujeito capaz de deliberar só se efetiva em ato; só se efetiva em meio às relações de força. Não é algo dado, pressuposto. Para Maquiavel, no entanto, seu caráter virtuoso pode ser aperfeiçoado à medida que se inclinar a seguir os conselhos que ele, por sua prática política, soube sistematizar.

4. Perspectiva histórica

Na mesma linha de Maquiavel, ao pensarem estratégias e meios de a classe proletária alcançar a posse dos meios de produção, sua socialização e a conquista efetiva de sua liberdade, parecem estar Engels e Marx. O *Manifesto comunista* esboça os princípios de uma teoria política que teve por primeiro objetivo emancipar o proletariado de uma situação econômica e política opressiva nas diferentes nações.

---

6   Ibid., cap. XXV, p. 121.

Seus autores procuraram desenvolver, sistemática e cientificamente, uma análise do modo de produção burguês e a consequente aglomeração das populações, bem como a centralização dos meios de produção e a concentração da propriedade em poucas mãos.[7] Neste manifesto — elaborado a pedido da Liga dos Comunistas, reunida no Congresso de 1847, em Londres, com vistas a oferecer ao partido um programa teórico e prático detalhado —, Engels e Marx apresentam o objetivo imediato dos comunistas e de todos os demais partidos proletários: "A constituição dos proletários em classe, a derrubada da supremacia burguesa e a conquista do poder político pelo proletariado".[8] Eles aludem à condição do capitalista, que não ocupa somente uma posição pessoal, mas uma posição social na produção, uma vez que o capital é um produto coletivo, e propõem, no lugar da liberdade da produção burguesa, compreendida enquanto liberdade de comércio, liberdade de comprar e vender, a abolição da propriedade privada. Abolição que não retira de ninguém "o poder de apropriar-se de sua parte dos produtos sociais, mas apenas suprime o poder de escravizar o trabalho de outrem por meio dessa apropriação".[9]

Na *Ideologia alemã*, em seu propósito de esclarecer os intelectuais de sua época sobre os princípios e as estratégias do materialismo dialético, Marx e Engels apontam para a tendência comum aos filósofos de interpretar o mundo de diferentes maneiras, sem efetivamente transformá-lo.[10]

Em sua crítica ao humanismo materialista, os autores analisam a redução antropológica operada por Feuerbach e concluem que ela não resolveu o problema a que se propôs: fazer com que a consciência do homem se liberte da alienação operada pela religião: "Pode-se distinguir os homens dos animais pela consciência, pela religião e pelo que se queira. Mas eles começam mesmo a se distinguir dos animais tão logo começam a produzir seus meios de vida, passo este que é condicionado pela sua organização física".[11]

Segundo Marx e Engels, para superar a alienação religiosa, não basta denunciá-la. Antes, é necessário mudar as condições de vida que permitem as ilusões religiosas, produto da humanidade sofredora e oprimida, e obrigam a buscar consolo no universo imaginário da fé. Para eles, o modo como os homens produzem seus meios de vida (e suas representações religiosas) depende, em primeiro lugar, da natureza, na qual encontram o que deverão produzir. Porém, eles não são determinados somente pelo que ela oferece. Sua constituição se dá também pelo modo "como produzem" o que por ela é oferecido. Isto é, os homens exprimem o que são não somente

---

7   Cf. MARX; ENGELS, *O manifesto comunista*, p. 14.

8   Ibid., capítulo: Proletários e comunistas, p. 26.

9   Ibid., p. 30.

10   MARX; ENGELS, *A ideologia alemã*, p. 534.

11   Ibid., p. 87.

Liberdade e engajamento social

por aquilo que extraem da natureza, mas também pela forma como trabalham os elementos naturais: "Como exteriorizam a sua vida, assim são eles".[12]

Neste contexto, é preciso analisar as individualidades. Numa perspectiva radicalmente contrária à de Hegel, Engels e Marx não partem daquilo que os homens dizem, imaginam ou representam sobre as coisas, ou daquilo que pensam, imaginam ou representam sobre si mesmos (ser humano possuidor do livre-arbítrio, por exemplo), mas partem daquilo que os homens realmente são, de sua vida real, de seu modo de produção do mundo e de si mesmos. Segundo eles,

> não é a consciência que determina a vida, mas a vida que determina a consciência. No primeiro modo de considerar as coisas, parte-se da consciência como do indivíduo vivo; no segundo, que corresponde à vida real, parte-se dos próprios indivíduos reais, vivos, e se considera a consciência apenas como *sua* consciência.[13]

Assim, o "eu", do qual se fala que é livre ou não, não é mais um pressuposto genérico e isolado numa fixação fantástica, desconectado da vida real, mas o "eu" considerado em seu processo de desenvolvimento real, empiricamente observável, sobre o qual vão sendo impressas as condições econômicas, sociais e políticas da existência. O que existe não é o ser humano ideal, livre e racional, o *cogito* pensante cartesiano, cujas estruturas se encontram universalmente presentes em cada homem ou mulher, mas o ser humano determinado em sua obstinação a pensar ou não modos de vida e produção em que sua liberdade não seja uma quimera, uma reles ilusão. O que faz alguém ser livre é o esforço constante de sua vontade, pessoal e intransferível, em emancipar-se das forças políticas e econômicas, ou até mesmo religiosas, que o mantêm em estado concreto de servidão. Para Marx e Engels, essa libertação não vem senão pela consciência de classe de seus agentes e pela luta conjunta e articulada do proletariado das diferentes nações.

Faz-se necessário, no entanto, precisar que a liberdade pressupõe a libertação, mas não se resume a ela. A liberdade é um exercício ativo na invenção de modos de vida individuais ou coletivos, em meio às circunstâncias e regras facultativas e mutáveis. Esta é uma consideração mais refinada de liberdade, desenvolvida por pensadores contemporâneos em meio aos quais ressaltamos Michel Foucault. É o que veremos a seguir.

5. Perspectiva genealógica

Embora reflita e se engaje politicamente em meio às lutas contra práticas de dominação, como foi o caso de sua atuação no GIP (Grupo de Informação sobre as

---

12   Ibid.

13   Ibid., p. 94.

Prisões), a prática política de Foucault se distingue daquela de Engels e Marx, da concepção que têm do sujeito,[14] como também de suas concepções teóricas sobre o lugar do poder, dos meios de resistências e de libertação em relação às práticas de dominação. Um texto particular, por meio do qual podemos entrever os pontos, as convergências e divergências existentes nessas perspectivas, é a entrevista de Michel Foucault realizada por Gilles Deleuze para a revista *L'Arc*, em 4 de março de 1972, intitulada "Os intelectuais e o poder".[15]

No que diz respeito às convergências, pelo que foi visto até aqui, poderíamos dizer que, primeiramente, para Deleuze, assim como para Foucault e os filósofos alemães em questão, não se deve falar mais em representação teórica da liberdade. O que existe é a ação que liberta, isto é, teorias e práticas que libertam. Em segundo lugar, que o sujeito livre não se configura como algo dado, mas é a resultante de seu processo de libertação. A questão do livre-arbítrio da vontade não pode ser apresentada como um dado *a priori* da condição humana, como o queria Agostinho, mas constitui-se efetivamente em meio a uma série de variantes dizendo respeito a situações concretas que inibem o poder de escolha (alienação) ou mesmo introduzem a vontade num jogo fetichista que impede o exercício efetivo da liberdade.[16]

Porém, será por meio das divergências existentes entre essas duas correntes de pensamento, que buscam a emancipação da ideia burguesa de liberdade, que poderemos entender, com maior propriedade, a relação entre o exercício da liberdade e o engajamento social.

Uma primeira divergência diz respeito ao papel do intelectual em meio às lutas sociais. Se, para Marx e Engels, o papel do intelectual é o de esclarecer as massas sobre questões como alienação, mais valia, fetiche das mercadorias e, consequentemente, de formar uma consciência de classe, dizendo a verdade àqueles que ainda não a viam e em nome daqueles que não podiam dizê-la, para Foucault, esse papel foi transformado. Segundo ele, os intelectuais descobriram no final dos anos sessenta que

> as massas não necessitam deles para saber; elas sabem perfeitamente, claramente, muito melhor do que eles; e elas o dizem muitíssimo bem. Mas existe um sistema de poder que barra, interdita, invalida esse discurso e esse saber [...]. [O papel

---

14 Foucault afirma que o marxismo não superou um defeito grave: o de supor que "as condições econômicas, sociais e políticas da existência não fazem mais do que depositar-se ou imprimir-se neste sujeito definitivamente dado" (FOUCAULT, *As verdades e as formas jurídicas*, p. 8).

15 Trabalharemos com duas traduções: a de Roberto Machado, na *Microfísica do poder,* e de Vera Lucia Avellar Ribeiro, em *Ditos e escritos IV*. Citaremos uma ou outra cada vez que uma delas for mais condizente com o texto original.

16 Sobre o fetiche da vontade, o modo capitalista introduzido pela sociedade de consumo faz com que o proletário, ou o jovem massacrado da periferia, deseje o que ela lhe apresenta como *status* a ponto de matar um membro de sua própria classe para alcançá-lo. O objeto desejado passa a ser a finalidade, e a vida humana um meio para conquistá-lo.

do intelectual] não é mais o de se posicionar "um pouco à frente e um pouco ao lado" para dizer a verdade muda de todos; é antes o de lutar contra as formas de poder ali onde ele é, ao mesmo tempo, o objeto e o instrumento disso: na ordem do saber, da "verdade", da "consciência", do discurso.[17]

Trata-se não mais de uma luta pela "tomada de consciência", mas da destruição progressiva dos dispositivos de poder que se exercem sobre os corpos individuais e sobre a gestão da vida coletiva da massa populacional. Trata-se de não falar pelos outros ou de conscientizá-los, situando-se adiante, mas de colocar-se ao lado das lutas resistentes à opressão dos dispositivos de poder que criam assujeitamentos.

Uma segunda divergência tem a ver com a noção de teoria, elaborada pelo intelectual específico. Ela não tem a pretensão de dar a compreender sistematicamente a realidade em sua totalidade — como tentaram fazer os teóricos da modernidade, os chamados intelectuais universais –, mas de mapear as relações de forças que estão em seu campo de ação. A teoria formulada pelo intelectual específico diverge das tentativas de totalizações do real, próprias ao intelectual universal aos moldes de Engels e Marx. Ela cria um campo de visibilidade, não mais que isso. Não lhe cabe dizer o que os verdadeiros agentes, os protagonistas das práticas libertárias, devem fazer. Um intelectual que pretende esclarecer as consciências, imprimindo-lhes uma nova leitura da realidade, não faz mais do que sujeitar aqueles que pretende libertar. Não contribuem para a constituição de uma subjetividade realmente livre. A teoria proposta pelo intelectual específico não é uma ideologia, mas uma genealogia. Ela "simplesmente" indica onde estão e como atuam os dispositivos de dominação e as possíveis formas de resistir a eles. Qual a melhor estratégia a ser empregada para combatê-los, isso não lhes cabe dizer. A decisão dos meios para fugir da dominação deve pertencer a cada categoria em questão. Como diz Foucault, quando foi dada voz aos prisioneiros, percebeu-se que eles também tinham uma teoria da prisão, da penalidade, da justiça. Da mesma forma Gilles Deleuze: "Se as crianças conseguissem que seus protestos, ou simplesmente suas questões, fossem ouvidos (*arrivaient à faire entendre*) em uma escola maternal, isso seria o bastante para explodir o conjunto do sistema de ensino".[18]

Uma terceira divergência se situa na noção das instâncias de poder. Para Foucault, as teorias de Marx e Engels nos fizeram saber o que era a exploração, mas não o que é o poder. A teoria do Estado não esgota o campo de exercício e de funcionamento do poder. Sabe-se, com certa precisão, quem explora, mas não se sabe como se exerce o poder. Os governantes certamente não são aqueles que detêm o poder, pois este se exerce nas instâncias inferiores que seus braços não podem alcançar. Segundo

---

17 FOUCAULT, *Ditos e escritos*, p. 39.

18 Ibid., p. 72.

Foucault, não devemos perguntar o que é o poder, ou quem exerce o poder, mas sim como e com quais efeitos se exerce o poder. O poder é sempre uma relação móvel que atravessa, produz, incita... No início dos anos setenta, Foucault já aludia ao fato de que o exercício da polícia, seja ela militar ou administrativa, não estaria somente a cargo do governo: "Todos os tipos de categorias profissionais serão convidados a exercer funções policiais cada vez mais precisas: professores, psiquiatras, todos os gêneros de educadores etc.".[19]

Onde há ações de uns sobre as ações de outros há poder. Este se exerce numa relação múltipla e ninguém é propriamente seu titular. Ele é exercido numa certa direção, com uns de um lado e outros do outro. Cada luta se desenvolve em torno de um foco particular de poder (um pequeno chefe, um guarda, um diretor de prisão, um padre, um pastor, um juiz, um responsável sindical, um redator chefe de um jornal). Designar os focos de poder, denunciá-los, falar deles publicamente é uma primeira inversão de poder, é um primeiro passo para outras lutas contra o poder. Como diz Foucault, "se discursos como, por exemplo, o dos detentos ou o dos médicos de prisões são lutas, é porque eles confiscam, ao menos por um instante, o poder de falar da prisão, ocupado, hoje em dia, unicamente pela administração e seus compadres reformadores".[20]

Da mesma forma se dá o exercício da liberdade. Cada luta desencadeada contra formas abusivas de exercício de poder faz de seus agentes protagonistas do processo revolucionário, ali onde se encontram e a partir de sua atividade. Serve-se à causa da revolução proletária, quando se luta, em termos precisos, ali onde a opressão se exerce sobre eles.[21]

Na terceira fase de seu pensamento, aquele em que ele se volta a uma análise genealógica da ética, Foucault aponta para a necessidade de resistência e luta não somente em relação a práticas abusivas de poder de cunho externo. Há de se lutar também contra aquilo que em nós, internamente, aspira ao abuso de poder. No final da entrevista, Foucault alude à relação entre desejo e poder. Para ele, analisar mais profundamente a natureza dos investimentos de desejo sobre um corpo social seria a única forma de explicar "por que partidos ou sindicatos, que teriam ou deveriam ter investimentos revolucionários em nome dos interesses de classe, podem ter investimentos reformistas ou perfeitamente reacionários ao nível do desejo", como o constatou Gilles Deleuze.[22] Parece ser essa a razão que fez Foucault, nos cursos dos anos oitenta, voltar-se às práticas de si tão próprias da filosofia clássica, com o objetivo de buscar não o que está recalcado, reprimido — como causa do aparecimento desses

---

19   Ibid., p. 43.

20   Ibid., p. 44.

21   Ibid., p. 46.

22   Ibid., p. 45.

Liberdade e engajamento social

desejos, que traem os ideais mais nobres da causa revolucionária —, mas o de encontrar elementos que possibilitem uma verdadeira prática de si. Na "hermenêutica do sujeito", tomando como ponto de partida a análise do diálogo *Alcebíades*, de Platão, Foucault vê em Sócrates o mestre que chama a atenção do discípulo, chamado a governar uma cidade, sobre o cuidado que ele deve ter de si, ocupando-se de forma cuidadosa da parte mais nobre que conduz seus atos, isto é, a alma (responsável pela animação do seu corpo e do seu agir). Segundo ele, Sócrates é o mestre por excelência, pois ele tem cuidado para ver se seu discípulo está cuidando verdadeiramente de si, de suas práticas em função do bem governar; afinal, quem não tem governo de si, exercendo a mestria sobre seus desejos e inclinações, não estará apto a governar os outros. Sócrates se ocupa da parte "mais nobre" de Alcebíades, enquanto agente de comando sobre si (corpo e alma em sua totalidade) em prol da justiça (objeto da arte de bem governar).

Com isso, Foucault pretende demonstrar a complexidade de fatores inerentes às relações de poder e às práticas libertárias, que revelam o grau de liberdade a ser conquistado pelo sujeito cuidadoso de si. Afinal, aquele que é chamado a agir em prol de sua liberdade e a de seus pares também é chamado ao governo de si. Estes estudos sobre o governo de si e o governo dos outros se estenderão até 1984, ano de sua morte. Nestes cursos, Foucault sai em busca de respostas ao problema dos poderes que sujeitam, dominam e minimizam a potencialidade da condição humana e de formas mais propositivas de resistência, fazendo de nossa vida uma obra de arte.[23]

6. Perspectiva teológica

Para o teólogo cristão, falar de liberdade a partir de sua fé na Palavra de Deus significa tomá-la como referencial por excelência a iluminar o modo humano de viver. Alinhados aos judeus, os cristãos acolhem a palavra divina como luz a iluminar os seus pés: "Pois o mandamento é uma lâmpada, e a Torah é luz", diz o Livro dos Provérbios (Pr 6,23). Ao recitar este texto, os fiéis, e de forma particular o teólogo, dão seu assentimento à palavra revelada como um referencial essencial para sua conduta nesse mundo em que são lançados a viver com os outros. Mas não de qualquer forma!

---

23   Deleuze fala a respeito dessa guinada no pensamento de Foucault: "É uma homenagem mais nietzschiana do que heideggeriana, e sobretudo é uma visão muito clara e original dos gregos: os gregos inventaram, em política (e em outros campos), a relação de poder entre homens livres: homens livres que governam homens livres. Por conseguinte, não basta que a força se exerça sobre as outras forças, ou sofra o efeito de outras forças; também é preciso que ela se exerça sobre si mesma: será digno de governar os outros aquele que adquiriu domínio de si. Curvando sobre si a força, colocando a força numa relação consigo mesma, os gregos inventaram a subjetivação. Não é mais o domínio das regras codificadas do saber (relação entre as formas), nem o das regras coercitivas do poder (relação de forças com outras forças), são regras de algum modo facultativas (relação a si): o melhor será aquele que exercer o poder sobre si mesmo. Os gregos inventaram o modo de existência estético" (DELEUZE, *Conversações*, pp. 140-141).

No que diz respeito ao anúncio que Jesus faz do Reino de Deus, ele é precedido de uma palavra exortativa de arrependimento e de conversão (em grego, *metánoia*). Há uma exigência de transformação de vida, condizente com o reinado de Deus. Recorrendo às categorias de Foucault, poderíamos dizer que, na mensagem do Cristo, há preliminarmente a exigência do governo de si ao anunciar e exercer o governo dos outros. No Evangelho de Marcos, o anúncio do Reino de Deus, por Jesus, é precedido do trecho (perícope) em que ele vence as tentações do deserto, expressando uma prática do governo de si (Mc 1,12). Em Mateus, a passagem das tentações do deserto antecede tanto o anúncio do Reino, quanto a formação do discipulado (Mt 4,1-11), e da mesma forma em Lucas, antecedendo a proclamação do ano da graça do Senhor e o cumprimento das Escrituras (Lc 4,1-13.13-22).

Mestria de si, anúncio do Reino de Deus e de sua maneira de governar, transformações das estruturas injustas e opressivas, recusa das práticas de dominação e sujeição, discipulado com vistas à libertação, elementos da prática anunciada por Jesus, contrastam fortemente com as críticas que os pensadores modernos dirigiram ao cristianismo e, de certa forma, às religiões em geral. Como vimos, Marx e Engels, no rastro de Feuerbach, procuraram demonstrar que religião não é somente alienação (*allienum* — transferência de poder a um outro), como dizia este, mas também ópio do povo, mitigando as dores cotidianas da exploração capitalista. Para eles, Feuerbach acabou por fazer da religião um objeto de estudo, de compreensão da essência humana, ao dar-lhe uma atenção que por si ela não merece. Trata-se de voltar os esforços para outros objetos de estudo, pois uma vez negadas as contradições históricas, caem por terra as formulações religiosas, já que elas não passam de projeção, de uma vontade de ter em outro mundo aquilo nos é negado neste.

Da mesma forma, outro grande pensador alemão, Nietzsche, foi implacável em sua crítica ao cristianismo e às religiões que pregam a libertação humana numa vida após a morte. Ele trouxe à luz as relações de poder implícitas nesses discursos, apresentados como "palavra revelada" e, portanto, intrinsecamente verdadeiras. Na terceira dissertação da *Genealogia da moral*, ele demonstra a força negativa deste pensamento negando a vida real em nome de uma vida ideal, inexistente, porque está somente presente na ideia. Ele critica a moral de rebanho que decorre desta forma de pensamento, também chamada moral dos escravos, fazendo do ressentimento e de uma consciência de culpa instrumentos de dominação. Dominação da consciência colocando o rebanho nas mãos do pastor, único vidente e, por conseguinte, o único que sabe o que é justo e bom.[24]

---

24 Ao responder a uma entrevista a respeito do pensamento nietzschiano, o filósofo e teólogo Paul Valadier declara: "Como adversário 'rigoroso' do cristianismo, ele [Nietzsche] oferece ao cristão a possibilidade de dirigir sobre si mesmo um olhar crítico e, então, de entrar eventualmente numa 'metamorfose' de si, fecunda, enquanto ela lhe permite progredir em sua própria adesão ao cristianismo, livrando-se das ambiguidades ou das posições teológicas que fazem esse cristianismo perder sua credibilidade (por exemplo, um modo de fixar o homem em

Liberdade e engajamento social

Numa tentativa de não mais fugir a estas e a outras críticas, mas de deparar-se com elas e de ver em que sentido elas podem, paradoxalmente, dar sua contribuição ao processo de evangelização, João XXIII convocou um Concílio ecumênico, denominado Vaticano II, que reorientou os rumos da Igreja Católica em seu diálogo com o mundo. A palavra de ordem foi *aggiornamento*, que em italiano quer dizer "atualizar-se, colocar-se na ordem do dia". Os bispos brasileiros ali reunidos procuraram desenvolver uma reflexão e um *modus operandi* inspirados na práxis de Jesus. O tema da pastoralidade e colegialidade foi assumido profeticamente pela Igreja do Brasil por meio de Dom Helder Câmara. No mesmo espírito que embalou o Concílio, os bispos latino-americanos, reunidos em Medellín (Colômbia), em 1968, concluíram, em tom profético, que era impossível anunciar a Boa-Nova de Jesus sem demonstrar uma repugnância em relação às ditaduras militares que se instalaram em todos os países da América Latina a partir da década de 1960, com todo seu aparato militar de dominação e de tortura. Os bispos concluíram que a Igreja Católica deveria tomar uma posição clara em relação a esses regimes e que não seria mais possível continuarem calados diante dos abusos de poder dos militares e das oligarquias econômicas que os apoiavam.

A Igreja Católica como um todo se engajou num processo de esclarecimento das consciências e de valorização da pessoa, visando, sobretudo, à libertação das camadas mais pobres, esmagadas pela opressão de uma política econômica tirânica. É bem verdade que, neste processo de libertação, não foi dada a devida importância à constituição da subjetividade que acontecia no interior das CEBs. Em seu interior e não raramente, acabou-se por privilegiar a impressão de dados às consciências, nos moldes do aparelhamento marxista, sujeitando-as em nome de uma proposta de libertação. Talvez, por isso, tenha havido, da década de 1990, uma forte emergência de movimentos espirituais resistentes às propostas políticas das pastorais sociais.

A despeito disso, esta luta pela defesa dos direitos do homem contribuiu para que as relações eclesiais entre catolicismo e protestantismo histórico mudassem de forma significativa a América Latina. A sociedade brasileira conheceu outra face da Igreja Católica e o poder de mobilização social da religião. Já não era a mesma visão de uma Igreja que havia caminhado nas ruas e de mãos dadas com facções e instituições de extrema direita, tal como a TFP (tradição, família, propriedade), ao reclamarem a intervenção dos militares para libertar o país de uma possível tomada de poder pelos comunistas.[25] A Igreja tinha enfim retirado o véu que impedia que se visse sua verdadeira face, complexa, contraditória, mas também consciente e determinada

---

seu pecado para poder anunciar-lhe a salvação, o que consiste em anunciar primeiro uma "má nova", antes e como condição da "boa nova" evangélica)" (VALADIER, Nietzsche, o filósofo do martelo e do crepúsculo, p. 5).

25 FREI BETTO, *Batismo de sangue*.

em sua Opção Preferencial pelos Pobres, assumida em Medellín (1968) e reafirmada posteriormente em Puebla (1979). Esta nova prática da Igreja provou que a posição assumida por ela durante o Golpe de Estado de 1964 não era um consenso. Os bispos tiveram coragem: a Igreja denunciava as torturas, acusava o governo de omissão e de coparticipação em muitos crimes, tal como o contra o jornalista judeu Wladimir Herzog, em sua sela no Doi-Codi.[26] Ao mesmo tempo, as Igrejas históricas buscavam suas práticas pastorais: não mais grandes edifícios religiosos nos bairros centrais, mas sobretudo pequenos salões para o culto, para a oração e para os grupos de consciência (fé/vida) nas periferias.

Esses grupos de reflexão, gérmen das futuras Comunidades Eclesiais de Base (CEBs), desenvolviam uma leitura acurada da Bíblia, acompanhada de uma série de comparações entre a vida dos fiéis e a vida do povo de Deus libertado da opressão do Faraó. O Livro do Êxodo foi o inspirador desta nova forma de viver a fé. Imbuídos de um espírito crítico e criativo, dezenas de teólogos elaboraram reflexões, cada vez mais ricas, acerca do Reino de Deus, da atuação histórica de Jesus e de sua mensagem de libertação, tendo como ponto de partida a realidade de miséria e de exploração presente na maior parte do continente latino-americano. É neste contexto que surge, na América Latina, a Teologia da Libertação ao animar e clarear a prática libertadora da vida, assim como as ações daqueles que faziam e fazem parte das CEBs, em comunhão com as paróquias e os representantes do clero local.[27] Esta reflexão teológica também atingira o seio das Igrejas protestantes. Iluminadas por ela, a prática religiosa tinha encontrado um sentido mais humano, mais vital e, também, mais revolucionário. Padres, religiosas, religiosos, agentes de pastoral leigos, pastores protestantes foram perseguidos, e até mesmo mortos, pela ditadura militar e pelos grupos de extermínio liderados por poderes oligárquicos. Dom Oscar Romero, arcebispo de El Salvador, foi um deles.

No entanto, o uso das ciências sociais por uma corrente de pensamento mais aberta, seja na Igreja Católica, seja nas Igrejas protestantes históricas, suscitou diversas reações por parte dos setores mais conservadores destas mesmas Igrejas. Estes as acusam de ter reduzido as verdades teológicas, da história da Salvação e da Revelação divina, a uma ordem inferior (social e política). A forte pressão desses setores instaurou uma pressão tal que para alguns permanecer no seio da Igreja se tornou uma opção extremamente dolorosa. Um bom número de sacerdotes acabou por deixar suas funções ministeriais, buscando um lugar na vida universitária, em que lhes parecia haver mais liberdade de ação e de pensamento.[28] É assim que, no Brasil de hoje, uma grande parte dos estudos universitários, realizados no campo

---

26   A lei da barbárie. *Veja*, n. 47, nov. 1992, pp. 22-23.

27   ALVES, *O suspiro dos oprimidos*, p. 130.

28   Ibid., p. 131.

dos fenômenos religiosos, tem suas raízes nas décadas de 1950 e 1960. Esta migração eclesiástica nas universidades marcou profundamente a ótica adotada até então pelos estudos dos fenômenos religiosos. Os trabalhos realizados por este novo quadro não colocaram a religião *como objeto separado do sujeito analítico*, como o tinham feito antes os estudos de inspiração positivistas na primeira metade do século XX, os quais davam atenção ao caráter exótico da religião, tal como o do movimento religioso de Antonio Conselheiro. Estes novos observadores, ao contrário, *lançaram mão da prática religiosa como visão do mundo não somente válida, mas altamente libertadora para todos aqueles que creem*. Estes novos migrantes, longe de terem uma visão científica neutra, elaboraram estudos a partir de uma experiência vivida, em que a religião havia exercido e continuava a exercer um papel ativo, libertador e poderoso em favor da vida. A ação católica nos meios estudantis, universitários, operários e agrários, as pastorais sociais e o engajamento de sacerdotes, religiosos e religiosas, leigas e leigos, nos movimentos sociais foram prova disso.

7. Conclusão

Nosso percurso fez-nos ver que o exercício da liberdade só se efetiva *in loco*, nos interstícios das relações de poder. Lançamos mão desses teóricos para tornar visível a impotência ou a inoperância das teorias que menosprezam a resultante sempre mutante das forças e dos núcleos de poder. Para tanto, fugimos à tentação de estabelecer uma definição de liberdade à revelia dos jogos de poder, pois como diz Foucault

> [o poder] é um conjunto de ações sobre ações possíveis; ele opera sobre o campo de possibilidade onde se inscreve o comportamento dos sujeitos ativos; ele incita, induz, desvia, facilita ou torna mais difícil, amplia ou limita, torna mais ou menos provável; no limite, ele coage ou impede absolutamente, mas é sempre uma maneira de agir sobre um ou vários sujeitos ativos, e o quanto eles agem ou são suscetíveis de agir. Uma ação sobre ações.[29]

E o mesmo se dá com o exercício da liberdade, uma vez que ele mantém uma relação direta com o exercício do poder.

Procuramos, em nossa tentativa de refletir sobre liberdade e engajamento social nos dias de hoje, resistir ao exercício teórico inoperante. Para um teólogo cristão, a busca da liberdade, em meio a estruturas de poder que dominam e sujeitam as individualidades, é tema constante na mensagem de Jesus e do apóstolo Paulo. No Evangelho de João, vemos Jesus dizer a seus discípulos: "Se permanecerdes na minha palavra, sereis verdadeiramente meus discípulos e conhecereis a verdade e a verdade vos libertará" (Jo 8,31-32). Paulo, por sua vez, na Carta aos Gálatas, nos lembra: "É

---

29   FOUCAULT, O sujeito e o poder. In: RABINOW; DREYFUS, *Michel Foucault*, p. 243.

para a liberdade que Cristo nos libertou" (Gl 5,1), sendo que a liberdade da qual nos fala Paulo, no contexto da carta, é a do jugo e da observância estrita da Lei. É preciso adquirir uma liberdade salvífica até mesmo em relação à lei religiosa, quando esta não mais cumpre seu papel de animar a caminhada existencial do povo de Deus.

Hannah Arendt, ao refletir sobre vidas políticas resistentes a toda espécie de totalitarismo, viu que é necessário estabelecer um distanciamento estratégico das palavras como também das práticas, quando pretendemos agir política e revolucionariamente contra as práticas de dominação. É preciso ter o distanciamento estratégico para analisar a forma como estamos fazendo aquilo que nos propomos fazer, para que haja uma articulação efetiva entre teoria e prática, a fim de que nossos pensamentos não sejam inoperantes e nossa prática inconsequente.[30] Para aqueles que atuam socialmente, motivados por sua fé, este conselho é não somente válido, mas oportuno; afinal, e a história nos prova, a religião foi presa fácil de práticas e discursos totalitários sufocando as existências singulares resistentes a toda e qualquer massificação que nos quer "bons e úteis" ao poder instaurado. Vimos também que não há nada mais contrário à constituição da liberdade do que falar sobre ela, uma vez que ela é um exercício muito além de uma simples ideia. Vimos que a liberdade exprime-se em ato. Se quiséssemos, como nos diz Michel Foucault, apreendê-la em toda a sua carga ontológica, deveríamos nos esforçar em mapeá-la; indicar a sua gênese, ali, onde a subjetivação resistente se faz irromper em meio a forças que a dominam e a sufocam.

Em *O sujeito e o poder*, Foucault escreve:

> O poder só se exerce sobre "sujeitos livres", enquanto "livres" — entendendo-se por isso sujeitos individuais ou coletivos que têm diante de si um campo de possibilidade onde diversas condutas, diversas reações e diversos modos de comportamento podem acontecer. Não há relação de poder onde as determinações estão saturadas — a escravidão não é uma relação de poder, pois o homem está acorrentado (trata-se então de uma relação física de coação) —, mas apenas quando ele pode se deslocar, no limite, escapar. Não há, portanto, um confronto entre poder e liberdade, numa relação de exclusão (onde o poder se exerce, a liberdade desaparece), mas um jogo muito mais complexo; [...] Mais que um "antagonismo" essencial, seria melhor falar de um "agonismo" (N.T: neologismo oriundo do grego *agōnisma*, "em combate") — de uma relação que é, ao mesmo tempo, de incitação recíproca e de luta; trata-se, portanto, menos de uma oposição de termos que se bloqueiam mutuamente do que de uma provocação permanente.[31]

---

30   "É humano agir e querer agir; é humano pensar e querer pensar. Lá onde estas duas coisas não podem ser combinadas, ainda que num certo sentido elas sejam opostas, no homem vivente, encontramos ou bem uma ação irrefletida ou bem um pensamento impotente. É sempre a vida que oferece as soluções" (ARENDT, Philosophy and Politics : what is political philosophy).

31   FOUCAULT, O sujeito e o poder. In: RABINOW; DREYFUS, *Michel Foucault*, pp. 244-245.

Liberdade e engajamento social

Dito isso, se neste texto tratamos de pensar, mais do que propriamente agir, ainda que o pensamento seja de alguma forma uma espécie de ação, procuramos fazê-lo enquanto incitação à ação que resiste às práticas de dominação; enquanto processo de subjetivação que toma para si a responsabilidade do governo de si em meio às instituições voltadas para o governo dos outros. Neste horizonte, encontra-se também o teólogo quando se põe a refletir criticamente sobre a sociedade, motivado por sua tradição religiosa. Caso ainda mais particular é o do teólogo católico, cuja vocação o faz refletir sobre tudo aquilo que diz respeito à existência humana, tendo como referências obrigatórias a Sagrada Escritura, a Tradição e o Magistério da Igreja, composto pelo papa e pelo colégio dos bispos. Abordar a atividade reflexiva do teólogo — que se dá pela fidelidade à palavra revelada, que deve ser acolhida e constantemente indagada; pela atenção ao pensamento dos pensadores, dos místicos e dos pronunciamentos magisteriais que o antecederam; pelo respeito à autoridade das instâncias que de alguma forma zelam pela fidelidade doutrinária de sua reflexão – é mapear também o exercício da liberdade de pensar e as ressonâncias desse pensamento no governo da conduta dos fiéis, exercido pelas autoridades competentes. A vocação do teólogo é de uma tensão constante.

Paradoxalmente, ele é reconhecido, nas instâncias eclesiásticas, por sua competência em matéria teológica e será, justamente, esta competência que o fará analisar criticamente não só as relações sociais como também a própria estrutura eclesial, caso ele não deseje que sua análise se debruce sobre uma abstração (sociedade ou Igreja enquanto definições teóricas), e consequentemente que suas ideias não passem de um pensamento impotente. Para tanto, ele terá que se ater à forma como estas instituições se constituíram ou estão se constituindo historicamente, prestando atenção ao sistema das diferenciações jurídicas, econômicas, culturais que permitem agir sobre a ação dos outros; os tipos de objetivos perseguidos (manutenção de privilégios, acúmulo de lucros, exercício de uma profissão ou função e suas consequências), as modalidades instrumentais (efeitos das palavras, mecanismos mais ou menos complexos de controle, sistemas de vigilância, com ou sem arquivos), as formas de institucionalização (mistura de dispositivos tradicionais de controle (instituições escolares, penais, militares, mas também seminários, conventos e comunidades paroquiais) e outros mais complexos, dotados de aparelhos múltiplos, como o do Estado, que funciona com base em estatísticas direcionando os planos de ação); graus de racionalização (exercício do poder em função da eficácia dos instrumentos, do custo, da certeza dos resultados).[32]

No exercício desta sublime, mas não menos espinhosa vocação, vale a pena meditar sobre as palavras do Eclesiástico:

---

32   FOUCAULT, O sujeito e o poder. In: RABINOW; DREYFUS, *Michel Foucault*, pp. 246-247.

O paciente resistirá até o momento oportuno, mas depois a alegria brotará para ele. Até o momento oportuno calará suas razões, mas os lábios de muitos narrarão sua inteligência (Eclo 1,29-30).

8. Referências bibliográficas

ALVES, Ruben. *O suspiro dos oprimidos*. 2. ed. São Paulo: Paulinas, 1987.

ARENDT, Hanna. Philosophy and Politics: what is political philosophy. In: *Arendt's papers* (BOX 44). Washington D. C.: The Library of Congress, s.d.

DELEUZE, Gilles. *Conversações*. 6. reimpressão. São Paulo: Ed. 34, 2007.

FOUCAULT, Michel. *A verdade e as formas jurídicas*. 3. ed. Rio de Janeiro: NAU, 2009.

_____. *Ditos e escritos*. 2. ed. Rio de Janeiro: Forense Universitária, 2003. t. 4: Estratégia poder-saber.

_____. *Dits et ecrits*. Paris: Gallimard, 2001. t. 2.

_____. *Microfísica do poder*. 6. ed. Rio de Janeiro: Graal, 1986.

FREI BETTO. *Batismo de sangue*. São Paulo: Paulinas, 1982.

MAQUIAVEL, Nicolau. *O príncipe*. Porto Alegre: L&PM Pocket, 1998.

MARX, Karl; ENGELS, Friedrich. *A ideologia alemã*. São Paulo: Boi Tempo, 2007.

_____. *O manifesto comunista*. 4. ed. São Paulo: CHED, 1980.

RABINOW, Paul; DREYFUS, Hubert. *Michel Foucault*; uma trajetória filosófica. Rio de Janeiro: Forense Universitária, 1995.

SANTO AGOSTINHO. *Le libre arbitre*. Paris: Institut d´Études Agostiniennes, 1993.

VALADIER, Paul. Nietzsche, o filósofo do martelo e do crepúsculo. On-line, São Leopoldo, ano IV, n. 127, 13 de dezembro de 2004. Disponível em: <http://www.unisinos.br/ihuonline/uploads/edicoes/1158266308.88word.doc>. Acesso em 1º de maio de 2007.

CAPÍTULO VIII

Políticas públicas e exigências éticas

Marta Silva Campos

"Sou eu, por acaso, o guardião de meu irmão?" (Gn 4,9).

1. Introdução

Este artigo obedece ao gosto e à necessidade de retomar algumas percepções e ideias necessárias à análise das relações que as políticas públicas[1] mantêm com a ética.

Tal exame se torna particularmente significativo a partir do surgimento histórico do Estado interventor na área econômica e social, em fins do século XIX e início do XX.

Neste artigo trabalhamos com o recorte da política social, principalmente por permitir visualizar com maior clareza as relações entre os vários segmentos da sociedade e o conjunto de diretrizes e ações estabelecidas pelo Estado. Mais claramente falando, por trazer à tona com vivacidade o aspecto ético que essa relação envolve para as pessoas individualmente e para o conjunto da sociedade.

Trata-se principalmente de corresponder à atualidade da questão ético-política que com justiça se levanta, quando se observam importantes mudanças de rumo, no Brasil, como em grande parte do mundo, em relação à adequada abrangência da intervenção estatal.

---

1 A expressão "políticas públicas" deve ser entendida no sentido das "estratégias governamentais" relacionadas às várias áreas de sua atuação. É, portanto, conotativa do investimento dos governos em áreas tanto econômicas como sociais, de grande efeito na sociedade, incluindo, por exemplo, transportes, produção agrícola, impostos etc. Por "política social" designamos aquelas estratégias mais diretamente ligadas ao sistema de proteção social *strictu sensu*: Seguridade Social com seu tripé: saúde, previdência social e assistência social, principalmente, e, para alguns, também educação e habitação. Note-se a presença de impactos sobre a proteção social de todas as chamadas políticas públicas; o uso de uma distinção delas em relação à política social é, portanto, apenas um meio de dar clareza a um campo de conhecimento preciso.

Não é de hoje que, entre nós, a maioria dos que trabalham e estudam temas essenciais à análise do desenvolvimento da política estatal, nas áreas mais diretamente vinculadas à "questão social", vem não só mostrando as mudanças em sua configuração ao longo do tempo, mas fazendo delas a crítica em profundidade, e de certa forma lamentando seu sentido.[2]

Com efeito, particularmente no caso do Brasil, podemos afirmar, sem exagero, que a estruturação da política social pode ser considerada em regressão. Este movimento se expressa tanto pela perda dos parâmetros de cobertura populacional, anteriormente fixados, quanto pela consequente supressão de seu próprio estatuto anterior, para grande parte dos defensores da política social definido como instrumento de equidade social, ou seja, ligado essencialmente ao compromisso com a concretização dos direitos sociais. Distanciou-se assim, mais ainda, esta política, não apenas da capacidade de atingir patamares de acesso real ao exercício da cidadania, mas também das antigas ambições de abertura de oportunidades para ir além das conquistas cidadãs na transformação da sociedade.

Ainda que seja verdadeiro qualificar de retardada,[3] na América Latina, a difusão mais efetiva das propostas a que internacionalmente se convencionou chamar "neoliberais"[4] — já amplamente analisadas como totalmente adversas ao reconhecimento da necessidade de intervenção do Estado na sociedade —, a observação de sua presença é constante desde a década de 1990.

O agravamento da piora do sistema de proteção social, por parte do Estado de Bem-Estar Social — o "Welfare State", nascido na Europa —, está à mostra em todos os países onde ele se estabeleceu.[5]

Nesse contexto, ao lado do exame das circunstâncias e fatores responsáveis pela constituição, e depois pela deterioração, que caracterizaram esse projeto societário, procuramos dar amplitude à reflexão sobre a temática aqui proposta mediante a busca constante, ao longo do texto, quanto à definição do lugar que a ética pode ocupar na análise do desenvolvimento desses processos.

Tratando-se da política social, sobre a qual paira a expectativa de uma possível capacidade de "fazer justiça", valemo-nos da reflexão de autores voltados para a análise da ética, e da ética cristã, especialmente no que diz respeito à coisa pública.

---

2 LAURELL, Avançando em direção ao passado; CASTELL, As armadilhas da exclusão; ROSANVALLON, *A crise do Estado-providência*.

3 O Chile foi o único "precocemente" atingido, com sua arrasadora reforma do sistema de saúde e previdenciário, ainda no governo Pinochet, em 1981. O sistema revisto passou então a ser apresentado, pelas agências multilaterais, como modelo para a América Latina.

4 Mesmo no caso dos países, como o Brasil, que nunca conheceram efetivamente uma prática política liberal abrangente.

5 RHODES, *Southern European Welfare States*.

2. Política social entre dois diferentes pactos sociais no século XX

Existem muitas perspectivas para interpretar as origens e as formas em função das quais se solidificou historicamente a política social enquanto diretriz e ação do poder público.

Basicamente, devemos considerá-la como produto histórico do período compreendido entre fins do século XIX e a primeira metade do XX, tendo surgido enquanto proposta coletiva de solução para a contradição entre interesses e demandas próprias do desenvolvimento acelerado do sistema capitalista na forma vigente à época.

São testemunhos deste clamor por mudanças sociais a *Rerum Novarum*, encíclica de Leão XIII, 1891, as lutas sociais comunista e socialista e mesmo iniciativas de matriz liberal no sentido de evitar conflitos maiores entre governo e trabalhadores.[6]

Nesse contexto, portanto, diferentes forças sociais contribuíram para a construção de tal proposta: os sindicatos e partidos trabalhistas para obter melhores condições e mais garantias para a força de trabalho, tratada então predatoriamente, além de encaminhar a implantação de um regime antitético, com a abolição da propriedade privada; os governos, preventivamente, procurando distender e evitar conflitos, dentro inclusive do contexto do século XX, de fortalecimento do sistema capitalista em tempos de Guerra Fria; partidos políticos em geral, além de instâncias e organizações da sociedade.

As encíclicas sociais, *Rerum Novarum* e *Centesimus Annus,* esta última de João Paulo II, 1991, abordam o papel do Estado desejável, dentro da Doutrina Social da Igreja, destacando sua importância "na garantia da seguridade social, estabilidade econômica, oferta de trabalho e respeito à dignidade do trabalho, participação democrática, entre outras áreas".[7] Mais tarde, a *Laborem Exercens* e a *Sollicitude Rei Socialis* (João Paulo II, 1981 e 1987, respectivamente) enfatizarão a luta por justiça social, envolvendo a ação dos leigos.

Na verdade, foi precisamente o conjunto articulado de todas as forças a dar lugar e solidez ao chamado "Welfare State", que se desenvolveu em cerca de dezesseis países europeus, durante os chamados "30 anos gloriosos". Isto ocorreu de forma benéfica econômica e socialmente, criando simultaneamente riqueza e bom padrão de vida para a população, num regime de trabalho e produção de massa.

A vinculação original do Estado de Bem-Estar Social à formação, manutenção e controle da força de trabalho é, portanto, a base sólida de seu funcionamento: a

---

6   É da mesma década a criação do primeiro sistema de seguro social fiado pelo Estado, com o intuito confesso de Bismarck de impedir a criação de um partido operário, devido à agitação crescente entre os trabalhadores, dadas suas condições de miserabilidade.

7   CAMPOS, Doutrina Social da Igreja e políticas públicas, p. 207.

prontidão constante desta, numa economia caracterizada por períodos alternados de crescimento e depressão, teve como fiador o Estado. Tal tarefa exigia assistir os temporariamente desempregados e incapacitados para o trabalho, os pobres em geral, para que se contasse com eles — resumidos na expressão "exército industrial de reserva" — em períodos de expansão produtiva. Também a preparação geral de futuros trabalhadores fazia parte dessa participação estatal, sendo assim contemplados diversos interesses sociais e políticos.

Salientando-se, portanto, que a permanência desse tipo de Estado dependia do estabelecimento de um pacto social entre instâncias com interesses e poder político muito divergentes, é necessário atentar para a importância de obter um funcionamento solidário entre elas.

Com isto em vista, e considerando o caminho de nossa demonstração neste texto, tomamos as proposições de Ferrera e Van Parijs[8] que constroem uma explicação em termos do que o primeiro desses autores chamou "modelos de solidariedade". Partindo das diversas evidências, explicitam eles três diferentes tipos clássicos de propostas-experiências garantidas pela ação estatal.

A primeira delas, já mencionada, institucionalizada na Prússia, pela força do chanceler Otto von Bismarck, um conservador, presidente do Conselho de Ministros, ainda no fim do século XIX, é dirigida à criação do *seguro social* para os trabalhadores titulares de contratos formais. Segundo os autores, do ponto de vista da solidariedade que a fundamenta, trata-se da renúncia, feita tanto por esses trabalhadores como por empresários, em caráter obrigatório e constante, de um montante financeiro, calculado de forma a constituir um fundo comum destinado a suprir eventuais necessidades futuras — relacionadas aos principais riscos sociais: desemprego, morte, doença, envelhecimento e/ou invalidez — de qualquer um dos trabalhadores implicados. Esta iniciativa foi o embrião do estabelecimento de sistemas coletivos de proteção à saúde, ao desemprego, à dos familiares sobreviventes do trabalhador, em caso de morte deste, ou nos momentos de seu envelhecimento, doença ou incapacidade. Traduzem-se eles nos benefícios das aposentadorias e pensões, além de outros referentes à saúde e ao desemprego. Este sistema de transferências sociais de caráter financeiro, até hoje lembrado como "bismarckiano", está, portanto, por suas características, na origem do que denominamos hoje previdência social.

A segunda proposta, em sucessão cronológica, diferencia-se da anterior pelo tipo de constituição do fundo e pela destinação deste. Quanto às contribuições para esse fundo, são provenientes de todos os membros da sociedade titulares de rendimentos primários, do trabalho ou do capital, constituindo renúncia obrigatória de uma parte da renda. Com relação à destinação desse fundo, está voltada para a garantia de um nível mínimo de recursos, a todos os cidadãos, incluindo os incapazes de alcançá-lo,

---

8   FERRERA, *Modelli di solidarietà*; VAN PARIJS, Más allá de la solidaridad.

seja devido à idade, incapacidade, doença, acidente, renda ou desemprego. Formulado na Inglaterra por Lord Beveridge, e nela introduzido a partir do segundo quartel do século XX, é conhecido como "beveridgeano". Este tipo de política, a cujo conteúdo já nos referimos no início do texto, originou a chamada *seguridade social*, expressão difundida oficialmente a partir de 1935, para significar a cobertura de toda a população contra as contingências sociais mencionadas, independentemente de sua capacidade de pagamento.

Seguindo Ferrera em sua distinção entre "modelos de solidariedade", vemos que ela nos é aqui de grande interesse heurístico, principalmente porque, como diz o autor, tem como eixo a questão mais importante, a dos "destinatários" da política social: "quem" está incluído, e "como", no sistema de proteção social? Recoloca ainda a questão do financiamento: de quem vem o dinheiro para pagar benefícios e serviços?

Com efeito, tomando essas duas primeiras propostas modelares institucionalizadas, podem-se ressaltar, desse ponto de vista, diferenças básicas: a primeira organiza-se, em termos de público incluído, sob um critério ocupacional. Na prática, esta situação deu margem ao surgimento de várias coletividades de beneficiários, atendidos de forma bastante desigual em razão das diferentes posições por eles ocupadas no mercado de trabalho. Como exemplo desta diversificação, podemos citar as existentes no tratamento das várias categorias: operários e empregados; pertencentes à agricultura e à indústria; situados no setor público e no privado; empregados e autônomos, entre outras.

Podemos observar esta característica no próprio sistema previdenciário implantado no Brasil, desde a era Vargas, iniciando-se com institutos específicos para as diversas categorias profissionais destinadas a setores mobilizados politicamente e/ou importantes para a economia ainda de base agroexportadora, mas em franca industrialização: bancários, ferroviários, marítimos, industriários, funcionários públicos, para citar alguns. Trabalhadores rurais ficaram de fora até o reconhecimento de seu direito pela Constituição de 1988! Também os autônomos, os empregados domésticos, só muito mais tarde foram incorporados.

A segunda proposta trabalha com a ambição de atendimento universal, procurando criar uma ampla coletividade redistributiva, de base nacional, ao definir o acesso a serviços e benefícios, com base na categoria de cidadania como garantia de acesso a todos dos recursos disponíveis numa dada sociedade.

Em termos resumidos, a primeira coloca como alvo central do sistema de proteção social os trabalhadores formalmente incluídos no mercado e a segunda trabalha com o conjunto dos cidadãos.

É com base neste tipo de seleção de beneficiários que Esping-Andersen[9] aponta o Estado de Bem-Estar Social — pensado em princípio em termos de agente

---

9   ESPING-ANDERSEN, *Social Foundations of postindustrial Economies.*

redistributivo — como capaz, ao contrário, de criar, ele próprio, desigualdades sociais no conjunto de uma dada população.

Pode-se certamente afirmar que o destaque da análise quanto ao que seriam essas "comunidades redistributivas" — quem recebe e quem paga —, incorporadas nos modelos de proteção social existentes, traz à tona questões vitais do ponto de vista ético, ao lado, obviamente, de sua importância econômica e política.

Neste ponto se torna fecundo agregar a reflexão de Van Parijs sobre o tema da ética no Estado de Bem-Estar Social, abordando-a em sua interioridade, no comportamento e percepção das pessoas nele incluídas.

Quanto ao baseado no seguro, afirma que este seria um modelo de proteção social que propicia um nível restrito de coletivização no enfrentamento dos riscos sociais, resumido à população assalariada e seus dependentes. A própria lógica de adesão ao seguro, diz ele, é baseada na chamada "esperança matemática" quanto à renda provável de cada contribuinte, ou seja, da probabilidade de um risco se efetivar, causando perdas maiores no futuro do que os gastos de contribuição representam no presente e consecutivamente. Argumenta assim que se trata apenas de uma busca de interesse pessoal daqueles que se unem a um contrato de seguro, que exige apenas a observação imparcial de seus termos quanto a compromisso e responsabilidade pelas obrigações. Este seguro, pela "união de riscos", diríamos, pode efetivamente levar a transferências financeiras "consideráveis de certas pessoas com rendas mais elevadas para outras com menores rendas, sem que exista para tal ato nenhuma motivação generosa, sem nenhum chamado à solidariedade ou à equidade, no sentido de que isso implique algum tipo de altruísmo".[10] Pode-se argumentar que não obstante é provável que esse sistema traga bons frutos para todos que dele participam.

Em relação ao modelo baseado na seguridade social, o autor destaca como vantagens o fato de os benefícios poderem ser mais igualitários para o conjunto da população e, também, o de haver mais facilidade na obtenção de várias e diversificadas fontes de fundos e de contar com uma administração mais centralizada.

Afirma que, em relação ao primeiro, ele exige "uma solidariedade mais forte", que não se limita a pagar as contribuições previdenciárias e ficar na expectativa de retribuição somente, e quando alguns riscos assegurados se confirmarem, como no primeiro caso. O segundo modelo inclui não apenas essas compensações que chama "ex-post", mas as "ex-ante", ou seja, procede de imediato ao reconhecimento, como beneficiários do sistema, de todos os incapacitados para obter boas condições de vida por falta de recursos internos e/ou externos. Lembra, nesse ponto, a diferenciação entre os dois princípios de Martin,[11] entre o "risco passível de ser assegurado" e o "risco social". O segundo modelo aceita plenamente este último, superando a "lógica

10   VAN PARIJS, Más allá de la solidaridad, p. 60.

11   Apud ibid., p. 66.

egoísta do seguro simples". Não se trata de merecer um benefício apenas quando um risco anteriormente assegurado ocorre, pois, neste segundo caso, pessoas em grande desnível de situação atuarial (na linguagem do seguro), ou social, estão juntas na mesma "comunidade distributiva", devendo haver transferências dos mais para os menos dotados de recursos. Isto se traduz, de forma significativa, na aceitação de que, dentro da denominada política social não contributiva, haja benefícios e serviços ofertados sem que tenha havido, por parte de seus beneficiários — os mais pobres —, um aporte financeiro prévio. Corresponde, certamente, ao pagamento de impostos suficientes para sustentar esse sistema mais universal.

Van Parijs salienta que isso significa estar implicado pessoalmente na sorte alheia. Menciona, nesse sentido, a formulação clássica de Dworkin[12] a respeito da existência de um "véu de ignorância", sob o qual as pessoas com maiores recursos aceitam participar dos custos relacionados à cobertura dos riscos a que os mais mal aquinhoados estão sempre sujeitos. Ou seja, sem avaliar exatamente o custo desses riscos. Há aqui também influência, diz, de uma "retórica da solidariedade"[13] presente na sociedade, reforçando uma versão mais próxima de um ideal igualitário.

3. Necessidade de um outro pacto

Continuando com a reflexão do autor, ele nos situa historicamente a vigência de um pacto que comportou as duas primeiras propostas de política social. Ele crê que, até fins da década 1980, se podia "ler" a história do Estado de Bem-Estar Social como uma luta entre os diferentes fundamentos éticos das duas propostas. Haveria mesmo uma "progressão secular" desse Estado na direção de mais solidariedade, embora não apenas por questões éticas, mas pela complexidade de articulações exigidas pela interdependência atual de categorias da sociedade.[14]

Toda essa discussão da relação entre ética e sistemas de proteção social é realizada pelo autor com o objetivo de ultrapassar o marco mental vigente na análise europeia, ao defender uma terceira forma de sua inter-relação, a partir da adoção de um *subsídio único*, devido a todas as pessoas, dentro do sistema de proteção social. Este também poderia incorporar aspectos dos modelos vigentes (como o seguro e outros subsídios sem contribuição prévia), mas superaria tal dualidade.

Essa terceira proposta é de introdução ainda restrita, mas muito antiga quanto às bases de sua formulação, feita pelo canadense Thomas Paine, que, segundo Van Parijs, é "ideólogo radical das revoluções americana e francesa",[15] como se apresentou

---

12   Ibid., p. 63.

13   Ibid., p. 66.

14   Ibid., p. 65.

15   Ibid., p. 57.

em seu texto *A justiça agrária*, de 1796. Segundo a proposição, todos os titulares de rendimentos fazem renúncia obrigatória a uma parte deles, constituindo-se um fundo destinado a pagar incondicionalmente um *subsídio universal*, ou seja, uma transferência de renda uniforme para todos os membros da sociedade, sem exigências de baixa renda e situação econômico-financeira, ou quaisquer outros requisitos. Como na proposta da seguridade social, estabelece o subsídio sem contribuições prévias, mas se diferencia dela ao não adotar eticamente a diretriz que orienta a destinação desse tipo de subsídio apenas aos necessitados e sem meios, correndo então o risco de encorajamento dos "folgados", segundo seus oponentes.

Amplia bastante a concepção de equidade ao considerar que ela é devida a todos, não apenas em relação aos bens de consumo adquiridos pela pessoa de acordo com sua posição no mercado, mas aos adquiridos por herança. Muito incisivamente, ainda, no caso dos bens naturais existentes no planeta, sobre os quais cada pessoa tem um verdadeiro direito, com o qual pode negociar, exigível em plano internacional, isto é, fora dos limites do Estado-nação, que foi sempre o território da política social. Neste particular — em menor montante quanto à herança, mas amplamente com relação ao meio ambiente e à dimensão internacional — estaria em grande parte sua viabilidade na obtenção dos fundos necessários. Um instrumento seriam os "impostos ecológicos", que já começam a se implantar, com base na apropriação excessiva dos recursos naturais, sobretudo por países e empresas. De acordo com as características do problema do aquecimento da terra e da redução da camada de ozônio podem ser traçadas, por exemplo, responsabilidades diferenciadas daqueles que contaminam mais que outros e assim serão alvo de punição financeira.

Conquanto bastante atraente ao conceber a questão de uma justiça distributiva de forma tão radical, e já tendo caminhado bastante na aceitação de seus princípios, a proposta, na verdade, vem esbarrando em grandes obstáculos para o estabelecimento de um novo pacto social que inclua uma solidariedade social dessa envergadura.

Ao contrário, portanto, há motivos para certo descrédito. Bauman,[16] em texto bastante contundente sobre a questão, qualifica o Estado de Bem-Estar Social como "sitiado".

O autor, dirigindo-se a assistentes sociais europeus, em dura e provocadora crítica, indaga acerca da própria razão de existir, nos dias de hoje, das "profissões de ajuda" e dos serviços sociais, cuja função deveria ser — a seguir-se o discurso "competente", da normalização social, atual, sempre reiterado — a de desembaraçar-se dos desocupados, deficientes, inválidos, fracos, que não conseguem prover sua própria sobrevivência, tornando-os independentes, capazes de caminhar por si próprios.

Em outras palavras, acrescenta acidamente, já que "dependência" se tornou um palavrão, e não há lugar no jogo da sociedade para todos esses "inúteis", conclui que,

---

16   BAUMAN, *A sociedade individualizada.*

Políticas públicas e exigências éticas

só a partir dessa eliminação "seletiva", entre a população, todos os "profissionais do social" ganhariam algum sentido numa avaliação econômica, ao justificar sua existência em termos de "custo/benefício" para a sociedade.

A situação atual mostra um grande contraste com quaisquer das formas anteriores de política social, característica dos primórdios e do desenvolvimento do Estado de Bem-Estar Social, em que condições econômicas, políticas e sociais levaram à elaboração de justificavas, majoritariamente aceitas, para a institucionalização de um sistema coletivo de proteção social. Reconhecia-se a necessidade de garantir à sociedade evitar, ou pelo menos diminuir, para todos, as perdas próprias dos riscos clássicos[17] inerentes à existência humana.

Então Bauman retoma a tragédia e a audácia da questão ética, introduzindo a observação do filósofo Lévinas,[18] a propósito da indagação de Caim a Deus quando este último lhe perguntou o que fizera com Abel: "Sou eu, por acaso, o guardião de meu irmão?" (Gn 4,9). Lévinas afirma que da pergunta enraivecida de Caim teve início toda a imoralidade. Se esta constatação — ainda que tenha o mérito de colocar com firmeza a chave do retorno à moralidade, do renascimento do "ser moral", na aceitação da responsabilidade pelo outro — não pode ser considerada propriamente nova na tradição judaico-cristã, retoma Bauman, ela chama a atenção para o desprezo e o estigma, atribuídos hoje à condição dos incapazes de autossuficiência, como a transformação mais profunda e radical nessa tradição, em sua longa história.

É mesmo fato conhecido que, contrariamente ao que acontecia, dada a importância da função, atribuída ao Estado, de preservação da força de trabalho, tomando como transitórios os altos e baixos de sua disponibilidade e empregabilidade, na fase do capitalismo fordista, em ascensão para o pleno emprego, hoje a economia não demanda o mesmo cuidado. Na verdade, as previsões de "inempregabilidade" duradoura que ameaçam as pessoas são muito altas, dada a nova função de produção, poupadora de custos humanos e da mesma forma capaz de levar a bons resultados mercadológicos. Resta para elas a precariedade e flexibilidade nos empregos que porventura venham a ocupar.

Esta análise sobre a massa de "excedentes" humanos, que já tem sido feita por vários autores, como, por exemplo, os mencionados Castel e Rosanvallon, desde a década de 1990, deve ser lembrada aqui para fundamentar, de acordo com a argumentação de Bauman, a previsão das consequências que certamente virão, tanto em termos de necessidades e demandas humanas, como em relação ao crescimento da má vontade geral da sociedade quanto a seu atendimento — revelada, por exemplo, na intolerância ao pagamento de impostos — supostamente destinados, entre outros fins, a sustentar os incapazes e excluídos, na linguagem corrente.

---

17   Especificamente: morte, doença, envelhecimento, situações incapacitantes para o sustento através do trabalho, como fonte de renda, para os trabalhadores e suas famílias. Também o desemprego foi incluído.

18   LÉVINAS, *Entre nós*.

4. Conclusão

De um ponto de vista prospectivo, seguimos ainda o roteiro traçado por Bauman, a saber, sair da defensiva e recuperar a política de bem-estar social basicamente como uma exigência ética e, nesse sentido, escapar à tendência de uma regulamentação nos mínimos detalhes, para antes cadastrar e classificar, do que ajudar adequadamente, os pobres e dependentes de maneira geral.

Na situação brasileira, características semelhantes às apontadas por ele para a Europa são encontradas na atualidade. Nesse sentido, no marco da chamada "guerra à pobreza", também têm crescido de importância, na América Latina, os programas de transferência condicionada de renda (TCR), constituídos pelo oferecimento de um subsídio financeiro, sob exigência de certas contrapartidas por parte dos beneficiários como, por exemplo, manter os filhos com frequência alta na escola e seguir os cuidados preventivos em relação à saúde das crianças. São apresentados como garantes de maiores benefícios, em termos de programas sociais mais bem "focalizados" nos problemas e nos grupos de indivíduos mais necessitados. Assim deve funcionar o Sigipiss, um sistema de informações integradas de programas sociais seletivos, a ser implementado nos países da região, com apoio internacional dos peritos do Banco Mundial, tendo em vista obter maior ordenação e coordenação da política social de Estado. Considera-se que quanto mais apurado o processo de estabelecimento de critérios de seleção de grupos populacionais, maior a efetividade de tais políticas, evitando-se inclusive sua duplicidade, mas também gerando outras, na medida em que sejam identificados novos núcleos de necessitados. Quer dizer, segundo nosso entendimento desta proposição, a política social se faria cumulativamente, de acordo com o surgimento gradativo de grupos merecedores de atenção, descobertos empiricamente. Bastante longe de uma perspectiva igualitária, com o sentido de universalização.

A aprovação original da institucionalização das medidas de política social estava "para além da esquerda e da direita". Hoje, esse consenso é o mesmo, só que contrário a tal necessidade: "Depois de um século de feliz coabitação entre ética e racionalidade instrumental,[19] o segundo elemento da dupla se autoexcluiu do casamento e a ética ficou, sozinha, para encarregar-se de tudo".

Acreditamos que num momento desses é necessário esperar que esteja viva a ética cristã, como reserva proporcionada por certa utopia,[20] dentro da história da humanidade.

---

19 Bauman menciona como fatores favoráveis à continuidade dos *Welfare States*, tanto os relacionados aos trabalhadores, como seus beneficiários, lutando, através dos sindicatos e dos partidos operários, pela guarda de suas condições de vida, dadas as incertezas dentro do sistema capitalista, como aqueles relacionados ao interesse político do Estado em apaziguar os oponentes. Fala numa conjunção de fatores.

20 Dussel observa criticamente certos usos das propostas utópicas (*Ética comunitária*).

Lévinas,[21] ao interpretar a resposta de Caim, afirma que nela não há zombaria de Deus, nem pretensão de jogar a culpa em outro que não ele próprio (como as crianças), mas sinceridade. Mas "nela só falta a ética, nela só há ontologia: eu sou eu e ele é ele. Somos seres ontologicamente separados".

Ocupando-se do lugar da intersubjetividade, diante da expansão moderna da dominância da ideia do indivíduo "autofundante", o autor deriva a importância e o sentido da alteridade, de sua aceitação:

> Mas é sempre a partir do Rosto, a partir da responsabilidade por outrem, que aparece a justiça [...]. Nesta necessidade de se ocupar com a justiça aparece esta ideia de equidade, sobre a qual está fundada a ideia de objetividade [...].

> A responsabilidade pelo próximo é o nome grave do que se chama amor do próximo, amor sem Eros, caridade, amor em que o momento ético domina o momento passional, amor sem concupiscência.[22]

Sem gostar muito da palavra Amor, "gasta e adulterada", prefere falar dessa postura como uma "assunção do destino de outrem".

Também Dussel[23] dirá que

> a inversão do reino do mal começa com a ruptura que com ele realiza aquele que pode escutar a voz do outro [...]; se o sistema prático de dominação, Babilônia, é feito por todos os que, tendo negado o outro termo da relação face a face, constituíram a si mesmos como os senhores do outro, a destruição do reino do mal começa quando alguém reconstitui a relação com o outro como face a face.

Por essa razão, foi o samaritano que se compadeceu do pobre encontrado no caminho, ao constituí-lo como pessoa, transformá-lo no outro, no próximo. O levita e o sacerdote não o fizeram.

Neste último comentário, o autor mostra também a necessidade de distinguir entre moral e ética. Dentro da perspectiva da Teologia da Libertação, a primeira é sempre construída pelos dominantes, traduzindo seus interesses a serem mantidos; diz respeito à lei constituída socialmente, a qual nos é externa. Para nossa consciência moral, moldada sistematicamente por essas normas objetivas, a desobediência da norma dominante num sistema de exploração humana conduz à culpabilização, por exemplo, por um roubo qualquer, sem que se indague do salário de fome, das leis injustas, entre outras imposições dominantes.

---

21 LÉVINAS, *Entre nós*, pp. 151-152.

22 Ibid., pp. 143-144.

23 DUSSEL, *Ética comunitária*, p. 51.

Para a demonstração procurada neste texto, fala-se da ética, e da ética cristã, no caso da justiça a ser estabelecida pela institucionalização de um sistema que atenda às necessidades e demandas dos que não têm como bem sobreviver apenas com os recursos que lhes couberam numa distribuição inicial.

A visão do pobre apenas como o causador de sua própria indignidade e pobreza, pelo seu parasitismo, falta de iniciativa, de importância, e portanto não merecedor de assistência social sem cobranças, realmente traduz e justifica o gesto daquele que passa ao largo.

Seu julgamento enquanto companhia indesejável na partilha dos bens da sociedade denuncia a queda do "véu de ignorância" sobre seu peso num mundo pressionado pela competitividade e pelo individualismo.

A ética, entretanto, funda-se no gesto de "abrir-se ao outro", levá-lo a sério (responsabilidade), pelo outro *ante* o sistema.[24]

5. Referências bibliográficas

BAUMAN, Zygmunt. *A sociedade individualizada*. Rio de Janeiro: Zahar, 2008.

CAMPOS, Marta Silva. Doutrina Social da Igreja e políticas públicas. In: PASSOS, João Décio; SOARES, Afonso Maria Ligorio (orgs). *Doutrina Social e universidade*. São Paulo: EDUC/Paulinas, 2007.

CASTEL, Robert. As armadilhas da exclusão. In: CASTEL, Robert; BELFIORE-WANDERNEY, Mariangela; BÓGUS, Lúcia; YAZBEK, Maria Carmelita (orgs.). *Desigualdade e questão social*. São Paulo: EDUC, 2004.

DUSSEL, Enrique. *Ética comunitária*. 3. ed. Petrópolis: Vozes, 1993.

ESPING-ANDERSEN, Gosta. *Social foundations of postindustrial economies*. New York: Oxford University Press, 1999.

FERRERA, Maurizio. *Modelli di solidarietà*. Bologna: Il Mulino, 1993.

LAURELL, Asa C. Avançando em direção ao passado: a política social do neoliberalismo. In: LAURELL, Asa C. (org.). *Estado e políticas sociais no neoliberalismo*. São Paulo: Cortez, 1995.

LÉVINAS, Emmanuel. *Entre nós*; ensaios sobre a alteridade. 4. ed. Petrópolis: Vozes, 2009.

RHODES, Martin. *Southern European Welfare States*; between Crisis and Reform. London: Frank Cass & CO.LTD, 1997.

ROSANVALLON, Pierre. *A crise do Estado-providência*. Goiânia/Brasília: UFG/UNB, 1997.

VAN PARIJS, Philippe. Más allá de la solidaridad. Los fundamentos éticos del estado de bienestar y de su superación. In: LO VUOLO, Rúben et alli. *Contra la exclusión*; la propuesta del ingreso ciudadano. Buenos Aires: Ciepp, 1993.

---

24   Ibid., p. 52.

CULTURA

CAPÍTULO IX

A diversidade cultural como desafio à teologia

Silas Guerriero

1. Introdução

A composição sociocultural contemporânea traz alguns desafios à teologia, a começar pelo aprofundamento da diversidade cultural. Um mundo cada vez mais plural do ponto de vista cultural impõe um novo olhar para o papel da própria teologia. Esta deve ficar restrita apenas aos fiéis de sua corrente religiosa ou pode-se abrir num diálogo profícuo com as demais posturas existentes na sociedade? Permanece presa de sua verdade ou reconhece o relativismo? Não pretendemos, aqui, indicar quais os rumos que a teologia deve seguir. Apenas levantaremos alguns pontos que nos permitiriam traçar um quadro dos desafios da teologia diante de uma sociedade que cada vez mais se arroga no direito de ser diversa. Para tanto, lançaremos mão do auxílio das ciências sociais, notadamente da antropologia, para levantar aspectos da noção de cultura e diversidade cultural.

2. O surgimento do conceito de cultura

Nosso primeiro desafio será o de compreender a própria noção de cultura. Deixando de lado as várias acepções do termo cultura no senso comum, vamos nos ater ao aspecto antropológico do termo. Esse parece ser de fácil entendimento, estando junto a todos os demais conceitos que acreditamos saber quase que "naturalmente". É justamente aí que mora o perigo. A própria antropologia, de certa forma a ciência que se preocupa diretamente com a cultura, não tem uma definição clara e precisa sobre esse conceito. Inclusive há quem defenda o simples abandono do termo.

Foi Edward Tylor, um dos pais fundadores da antropologia, que sintetizou pela primeira vez o termo "cultura". Para ele, "cultura e civilização, tomadas em seu

A diversidade cultural como desafio à teologia

sentido etnológico mais vasto, são um conjunto complexo que inclui o conhecimento, as crenças, a arte, a moral, o direito, os costumes e outras capacidades ou hábitos adquiridos pelo homem enquanto membro de uma sociedade".[1] É uma definição bastante ampla e objetiva, não se preocupando em ser normativa. Mas chama a atenção por atribuir à cultura um caráter eminentemente arbitrário, como construção humana, independente da herança biológica, e que deve ser apreendido no meio social. Enfim, comporta uma dimensão coletiva e também histórica, diferenciando-se em cada época ou grupo social. Na verdade, Tylor sintetizou dois outros termos então para numa síntese procurar exprimir tudo aquilo que marca a existência humana em sua singularidade no reino animal. Os dois termos eram: *Kultur*, alemão, que significava todos os aspectos não materiais de uma comunidade, como os sentimentos, os valores e a moral; e a palavra francesa *civilization*, significando principalmente as realizações materiais de um povo. Com essa definição, Tylor sintetizava numa única palavra todas as realizações humanas, além de enfatizar o caráter de aprendizado da cultura.[2]

O termo acabou recebendo múltiplas acepções, a ponto de, em 1952, dois antropólogos estadunidenses, Kroeber e Kluckhon, levantarem 164 definições diferentes de cultura.[3] Ora, uma ciência não pode depender de um conceito tão elástico. Por isso, em 1973, Geertz vai defender a necessidade de uma delimitação conceitual, "que realmente assegure a sua importância continuada em vez de debilitá-lo".[4] Porém, ao que nos interessa no momento, é importante ressaltar que embora os antropólogos divirjam em pormenores, todos estão de acordo que o significado último de cultura é aquele que expressa as maneiras particulares de ser um ser humano. Tem sido bandeira de luta da antropologia defender a possibilidade de sermos diferentes. Afinal, sendo a cultura aquilo que nos define, independentemente de qualquer atribuição biológica e instintual, a nossa maneira de ser no mundo será dada pelo ambiente e pela educação. Se a cultura é criação humana e, portanto, fruto da liberdade de escolha e de invenção dos humanos em sociedade, ela será radicalmente diversa tantas quantas forem as sociedades e os grupos humanos.

A visão antropológica de cultura, e por conseguinte a visão de ser humano, nasce num momento importante da história das ciências e do embate com a teologia e a visão religiosa. Em 1859, Charles Darwin havia desferido um duro golpe na visão de que o ser humano já teria sido criado de maneira pronta e acabada, afirmando que todos os seres vivos, incluídos os humanos, participavam de um longo processo evolutivo. Não é nosso objetivo, aqui, entrar nesse debate sobre a questão das origens

---

1   TYLOR, *Culture primitive*, p. 1.
2   Cf. CUCHE, *A noção de cultura nas ciências humanas*.
3   KROEBER; KLUCKHON, *Culture*.
4   GEERTZ, *A interpretação das culturas*, p. 14.

133

do ser humano, mas apenas lembrar que para a teologia católica não há nenhum problema na aceitação da teoria darwinista, diferentemente de outras posturas fundamentalistas e criacionistas. Para a teologia, mantém-se a ideia de causa primeira, em que Deus teria criado o princípio da vida, inclusive o processo evolutivo das espécies.[5] A antropologia, após Darwin, começou a se constituir em duas grandes frentes, acompanhando a criação das demais ciências humanas que então surgiam, como a psicologia e a sociologia. De um lado estava a antropologia biológica, ou física, procurando compreender a evolução do corpo biológico. De outro, uma antropologia cultural, preocupada com os aspectos simbólicos e do pensamento, naquilo que se acreditava que era a marca distintiva entre nós e os demais animais. No início as duas vertentes caminharam juntas, mas depois, principalmente a partir do início do século XX, começaram a se diferenciar radicalmente, resultando, inclusive, em concepções diferenciadas de cultura.

Para os seguidores de Darwin, o importante naquele momento era encontrar os vestígios fósseis dos nossos ancestrais, daqueles que se diferenciaram dos grandes macacos. Procurava-se, então, uma espécie que fosse meio macaco, meio homem. Algo como um grande símio com um enorme crânio capaz de conter um cérebro que pudesse elaborar cultura, afinal aquilo que nos diferenciaria dos demais macacos. Do outro lado, buscava-se cada vez mais compreender a mentalidade humana, remetendo ao campo da cultura. É o caso de Tylor e outros daquele momento. O grande enigma para esses antropólogos estava em decifrar como a espécie humana, apesar de uma singularidade biológica (todos são da mesma espécie), era tão diferente em termos de comportamento. A lembrar que esse era o momento do colonialismo europeu por sobre os demais povos, não cristãos, não brancos, que praticavam costumes muitas vezes tidos como aberrantes, como, por exemplo, o canibalismo. Como explicar as diferenças de mentalidades?

Aceitando o fato de que aqueles nativos exóticos eram também humanos, um avanço em relação à visão anterior que os tratava como selvagens, era preciso explicar por que eram tão diferentes. Os brancos europeus tinham a religião cristã e acreditavam num único Deus. Os nativos praticavam magia e faziam rituais para uma infinidade de divindades. A explicação encontrada no momento foi a de que eram diferentes, pois estavam em estágios diferentes de uma mesma evolução. Os brancos seriam mais evoluídos e os nativos em estágios primitivos, mas estes ainda chegariam ao mesmo estágio de civilização e acabariam acreditando no mesmo Deus único cristão. Pelo fato de haver muitas diferenças nos aspectos físicos, como é o caso da cor da pele, atribuía-se a disparidade existente às diferenças biológicas. Isso estaria, segundo a visão de então, de acordo com a teoria de Darwin e os diferentes povos representariam estágios diferentes da evolução do ser humano. Claro que tal tese não se sustenta

---

5   Cf. HAUGHT, *Deus após Darwin*.

A diversidade cultural como desafio à teologia

mais, além de ser uma aberração em termos científicos, mas naquele momento fazia muito sentido. Estávamos diante do determinismo biológico. Essa postura deu margem a diferentes visões etnocêntricas, inclusive ao racismo e à eugenia.

Na virada para o século XX, a antropologia empreendeu uma grande crítica àquela visão anterior. Foi o momento de sair do determinismo biológico e defender o relativismo cultural. Ou seja, as culturas são diferentes, pois são frutos de experiências distintas, mas não podemos dizer que uma seja superior à outra. Todas deveriam ser respeitadas nas suas particularidades e no direito de serem diferentes. Surge, então, um outro determinismo, desta vez um determinismo cultural. Diferentes, e por vezes contraditórias, foram as escolas que se dedicaram, e ainda o fazem até hoje, às explicações das diferenças culturais. Mas, em geral, elas têm por base a ideia de que o ser humano é um animal diferente de todos os demais e que a cultura é um tributo exclusivo. Assim, somos frutos do meio em que fomos socializados e tudo depende da criação e educação. No debate com a teologia, saímos de uma visão em que éramos diferentes de todos os demais animais, pois somente nós fomos criados à imagem e semelhança do Criador, para uma postura também distanciada de que só os humanos fazem cultura, os animais não. Na visão materialista da ciência, eliminou-se Deus e colocou-se no lugar a cultura e suas determinações. Continuávamos, no entanto, sempre acima dos demais animais. Essa é a noção de cultura ainda reinante no campo da antropologia, salvo raras exceções.

Em outras áreas de conhecimento, principalmente aquelas relacionadas à biologia, zoologia, etologia, psicologia evolutiva e também uma nova antropologia biológica, agora profundamente reformulada e extirpada dos vieses racistas, começou a se fazer uma crítica a essa postura. A cultura não é exclusividade humana, assim como o humano não se diferencia radicalmente dos demais animais.[6] O conceito de cultura ganha uma amplitude jamais imaginada. Não se trata mais de opor cultura *versus* natureza, ou humanos *versus* demais animais. Se até então, e para muitos ainda, o que se colocava era o debate entre instintos (para os animais) e cultura (para os humanos), a questão agora é outra. O ser humano passa a ser visto numa totalidade que engloba os aspectos culturais e os biológicos. Muitos envolvidos nesse debate não excluem, inclusive, a dimensão espiritual. Para estes, a religião e o princípio das crenças podem ser compreendidos através do processo evolutivo do *Homo sapiens*.[7] Cultura passa a ser vista como tudo aquilo que possa significar uma adaptação ao meio, que depende de escolhas e é passível de transmissão de um indivíduo a outro independentemente dos genes. Aparentemente não há diferenças marcantes com a visão anterior, mas aqui se inclui uma gama muito diversificada de animais, que quanto mais as pesquisas avançam mais se amplia a lista, e fundamentalmente uma inter-relação

---

6   Cf. LESTEL, *As origens animais da cultura*; RIDLEY, *O que nos faz humanos*.

7   Cf. MITHEN, *A pré-história da mente*.

constante entre a aprendizagem e biológico. Não há determinismos. Tanto a cultura é influenciada pelos genes, como estes são alterados pela própria cultura.

3. A concepção de cultura na *Gaudium et Spes*

Do ponto de vista da teologia, a compreensão do que é cultura já está anunciada, em seu processo dinâmico, na narrativa bíblica da criação do ser humano. No Livro do Gênesis, Deus remete aos seres humanos, homens e mulheres, a incumbência de dominar as terras, as plantas e os animais. "Deus criou o homem à sua imagem; à imagem de Deus o criou, homem e mulher os criou. Deus abençoou-os e disse-lhes: sede fecundos, multiplicai-vos, enchei a terra e submetei-a" (Gn 1,27-28). Ao expulsá-los do Jardim do Éden, em resposta a terem provado da sabedoria e da possibilidade de escolha, remeteu-os ao mundo da cultura, ou seja, ao mundo em que os próprios seres humanos seriam os protagonistas e teriam de, através de suas próprias decisões, encontrar o caminho do Bem. Deveriam, assim, buscar a inspiração da fé para que retornassem ao plano da verdade do Pai. O ser humano é criado, portanto, com a possibilidade e responsabilidade de ser protagonista de sua história e de seu destino. A cultura é o resultado dessa ação do ser humano que busca a construção de sua humanidade em harmonia com o sentido de sua existência.

A fé se transforma em cultura através de mecanismos como o pensamento reflexivo, a contemplação da beleza e a ação motivada pela verdade dos ensinamentos e mandamentos de Deus. Assim, a fé torna-se cultura pela ação dos cristãos, na medida em que suas atitudes são inspiradas nos preceitos evangélicos. Porém, as culturas são realidades vivas. Alteram-se ao longo da história, visto que o ser humano é livre pela escolha. As culturas se interpenetram. Assim como o cristianismo influencia os povos por onde a ação evangélica se faz presente, esses também podem acabar fazendo com que os cristãos reflitam suas vivências, corrigindo rumos e aprimorando-as em direção a uma harmonia com os valores evangélicos. Essa questão da alteridade, tão explorada pela antropologia, ganha contornos decisivos na vivência dessa fé que se faz presente há dois mil anos e que atua por centenas de culturas e estilos diferentes dos primeiros cristãos. Não há duvida de que o cristianismo pregado hoje se diferencia daquele das primeiras comunidades em Cristo. Os tempos são outros, mas também esse cristianismo se aprimorou e ganhou consistência em direção à vivencia da fé, pois o contato com o diferente nos faz refletir sobre nossos próprios atos e costumes. Partindo do princípio de que Cristo falou a todos os seres humanos, independente de origem étnicas, podemos dizer, como afirma Weber, que o cristianismo foi a primeira religião de cunho universal não atrelada a valores específicos de uma única cultura.[8] Estando no cerne de sua própria natureza, o cristianismo precisou desde sempre dialogar com outras culturas, com o diferente.

---

8   Cf. WEBER, *Economia e sociedade*, passim.

A diversidade cultural como desafio à teologia

Esse ganho do contato com o diferente é também uma possibilidade de problemas, pois coloca o cristão em desafios diante de uma cultura em constante mutação. Colocar-se em diálogo com a cultura abrangente e, ao mesmo tempo, voltar-se para os caminhos da fé inspirada na verdade das Escrituras exige do cristão atual um constante refletir sobre suas situação e ação no mundo.

O principal ícone da tentativa de diálogo da teologia com as diferentes culturas e com a cultura moderna e contemporânea foi o Concílio Vaticano II, entre fins de 1962 e começo de 1965. Faz-se necessário ressaltar que o debate entre cultura e biologia tem surgido nos últimos anos e nem havia pistas dele durante o período em que transcorreu o Concílio Vaticano II. Assim, o conceito de cultura utilizado nos documentos conciliares estava em diálogo com o conceito então dominante nas ciências de então, principalmente aquele que pregava um determinismo cultural.

Essa perspectiva traz em seu bojo uma questão bastante importante e que aparentemente está no espírito da redação do documento que tratou diretamente a questão do diálogo com as diferentes culturas, a *Gaudium et Spes*. Trata-se da noção de relativismo cultural. Mesmo sabendo, hoje, que não há essa separação radical entre cultura e natureza, a noção de relativismo cultural tem uma conotação democrática bastante relevante. Afinal, foi bandeira de muitos movimentos sociais de minorias, econômicas, de gênero, de etnias e também de orientação sexual, que não deveria haver na sociedade nenhum tipo de discriminação ou diferenciação por raça, sexo, classe social e outras. Afinal, se havia uma dominação dos homens sobre as mulheres era devido ao meio social e não a diferenças de natureza sexual. Se havia grupos sociais em situações discriminatórias, era preciso fazer chegarem as oportunidades de educação, saúde e outras fundamentais, que garantissem a equiparação com os demais povos em situação social privilegiada. Tudo seria resolvido através do meio sociocultural. Assim, o documento conciliar *Gaudium et Spes*, e muito das posturas teológicas que dele foram influenciadas, tiveram por paradigma essa noção de cultura.

Tal fato nos reporta novamente ao problema de como compreendemos a cultura e sua diversidade. Clifford Geertz, um dos maiores expoentes da antropologia cultural, afirma que o "mundo está em pedaços", expressão essa utilizada para afirmar que a cultura só pode ser compreendida em seus aspectos locais e que não é possível fazer qualquer tipo de generalização para o ser humano, muito menos querer afirmar que possa haver uma padronização cultural ou qualquer tipo de unidade por trás das diferenças.[9]

O autor nos lembra que não podemos fazer generalizações amplas, nem nos perder na pulverização pós-moderna, posição essa que afirma não haver uma lógica subjacente que perpasse as escolhas individuais. Para esse autor, o estudo da

---

9   GEERTZ, O mundo em pedaços: cultura e política no fim do século.

137

diversidade implica o fortalecimento de nossa imaginação para apreender o que está diante de nós. Se quisermos ser capazes de julgar com largueza, precisamos tornar-nos capazes de enxergar com largueza. Num mundo estilhaçado, em pedaços plurais, devemos examinar os estilhaços. Longe de podermos estabelecer grandes teorias que deem conta dos particularismos, é preciso modos de pensar que sejam receptivos às descontinuidades e às diferenças. A diversidade deve ser reconhecida e tem que ser vista não como a negação de seu contrário, mas abarcando-o, dando-lhe uma forma. A unidade e a identidade existentes são negociadas, produzidas a partir da diferença.

4. Os dilemas da teologia diante da diversidade cultural

Um dos aspectos mais desafiadores à teologia na contemporaneidade é justamente este, o da multiculturalidade. Segundo a tradição judaica, assumida pela teologia, a Palavra de Deus foi dita ao povo eleito. Cabe-nos indagar, no entanto, quem é esse povo eleito, na medida em que os avanços democráticos da civilização ocidental procura englobar todos os povos na condição de humanidade. Tendo como diálogo os pressupostos da antropologia, não é possível falar numa única humanidade, ou numa única natureza humana. Trata-se de reconhecer que há tantas humanidades quantas são as culturas diferentes. Mas isso pode levar a um relativismo inaceitável aos olhos ocidentais. Como falar em uma ética, tendo por base valores enraizados há tempos numa cultura cristã, quando estamos diante de povos extremamente diferentes? Ou ainda, como falar na Palavra de Deus, de um Deus único, para povos que não reconhecem essa visão monoteísta?

A antropologia tem se debruçado, ultimamente, sobre a questão dos direitos humanos. Essa expressão, tão cara à nossa sociedade e de certa maneira tão defendida pela teologia cristã, está sendo posta em xeque. Trata-se de uma concepção etnocêntrica, visto carregar a pretensão de ser hegemônica.[10] Nascida a partir de uma visão iluminista é, portanto, inerente à formação cultural específica da sociedade ocidental. Muitos são os dilemas colocados quando, diante de uma cultura totalmente diferente da nossa, assistimos a práticas consideradas aberrantes ou desumanas. É o caso de muitas sociedades indígenas brasileiras que praticam o infanticídio, ou ainda de outras sociedades com religiões diversas que praticam rituais de circuncisão em mulheres. Até onde pode ir nosso relativismo cultural? De outra maneira, como respeitar o direito à autoafirmação desses povos e reafirmar o valor da diversidade cultural?

---

10   Cf. NOVAES; LIMA, *Antropologia e direitos humanos*.

A diversidade cultural como desafio à teologia

Muitas vezes a saída encontrada tem sido a de encontrar uma inculturação, ou seja, percorrer outros caminhos para levar a ação evangelizadora respeitando as culturas locais. Nesse sentido, procura traduzir a mensagem bíblica para as línguas nativas dos diferentes povos, incorporando a sabedoria e tradição dos mesmos. O Evangelho, ou a Boa-Nova de Jesus, não deve ser imposto, mas partir das diferentes culturas e tradições milenares. Mas isso ainda pressupõe que haja uma única palavra, verdadeira e original, por detrás das diferentes roupagens. Como fazer com que tal fato não acarrete uma imposição?

Inculturação é um neologismo que começou a se tornar popular a partir da década de 1970. Na realidade, o Concílio Vaticano II nunca empregou o vocábulo. No entanto, a tentativa de aplicação prática dos princípios ali contidos abriu caminho para sua criação e aprofundamento do seu significado. O tema em questão era como realizar o processo missionário e empreender a evangelização da cultura diante das diversas manifestações culturais. Trata-se, segundo a teologia, de exprimir Deus e sua mensagem e celebrá-lo no culto a partir dos diferentes modos de ser, de pensar e de se manifestar de uma cultura.

A partir da reflexão teológica realizada após o Concílio Vaticano II, estabeleceu-se que o pluralismo religioso tem de ser respeitado e reconhece o valor irredutível de outras tradições religiosas. Há algo que nunca poderá ser reduzido a um único cristianismo.[11] Compreende-se que algumas riquezas da experiência religiosa vividas em outras religiões podem auxiliar numa melhor explicitação das riquezas mesmas do Evangelho. No entanto, permanece a crença na existência de um único Deus, de uma mesma verdade contida no Evangelho, fato esse que nem toda a antropologia ou as ciências sociais concordam.

Para o cristianismo, desde tempos mais remotos, na medida em que este se disseminava por outros povos através de sua ação missionária, e até os dias atuais, pela necessidade do diálogo com o mundo cada vez mais pluralista, o equacionamento das relações da vida do crente com a cultura em que está inserido foi e é uma preocupação constante. Quando há uma convergência entre a perspectiva cristã da existência e os valores culturais da sociedade abrangente, o ambiente cultural se encontra em sintonia com a dimensão da fé, facilitando a sua expressão. Porém, pode trazer dificuldades quando a fidelidade ao Evangelho vai de encontro à corrente das perspectivas culturais envolventes. A história de dois mil anos da Igreja Cristã tem sido repleta desses momentos. Pressupondo que a conversão a Jesus Cristo pode se dar em todas as culturas e sociedades, pois todos os homens são filhos do mesmo Deus, e Cristo não marcou nenhuma diferença ao incluir todos na Salvação, a questão passa a ser como compreender as diferenças culturais para, inclusive, poder atuar evangelicamente. Os cristãos, muitas vezes, se depararam com hábitos muito diferentes

---

11   TEIXEIRA, Inculturação da fé e pluralismo religioso.

e realidades culturalmente aceitas como, por exemplo, escravatura, politeísmo, infanticídio, poligamia, entre outros. Não há modo de fazer com que a palavra do Evangelho não interfira nessas culturas, chegando em alguns casos à transformação radical e levando os povos a abandonarem suas próprias tradições de origem. O cristianismo, sendo uma experiência de vida e de liberdade, influi na cultura.

A teóloga Maria Clara Bingemer, ao analisar a noção de povo eleito contida na Bíblia hebraica e incorporada no cânone cristão do Antigo Testamento, lembra que Simone Weil, filósofa e pensadora francesa, carregava uma imensa dificuldade em aceitar a noção de povo eleito justamente por esta lhe parecer exclusivista e, portanto, violenta.[12] Simone Weil fez críticas profundas à postura empreendida pela Igreja em sua ação civilizadora por sobre outras culturas. Para ela, Cristo disse que fizéssemos discípulos em diferentes nações, mas que batizássemos apenas aqueles que creem, sem jamais impor a verdade cristã como única.[13]

A noção de povo eleito, bem como uma visão antropocêntrica do lugar dos demais animais no conjunto da vida do planeta, já está contida desde os primeiros textos bíblicos. Se hoje podemos criticar, pela antropologia cultural, a postura de imposição de uma cultura sobre outra, de uma verdade tida como única por cima de outras verdades, também podemos pensar em estabelecer uma crítica à postura antropocêntrica que afirma ser o humano o dono do planeta terra. A teologia não fica atrás. Embora possamos verificar a existência de posturas teológicas extremamente diversas, devemos reconhecer que boa parte da teologia cristã impõe uma revisão de antigas posturas exclusivistas, bem como procura dialogar não apenas com as demais ciências, mas também com as constantes mudanças culturais.

Foi-se o tempo da concepção de cultura como um elemento estático. Qualquer saudosismo do passado não pode mais querer estabelecer um retorno às formas originais e puras de então. Como afirma Cuche, "nenhuma cultura existe em 'estado puro'".[14] A cultura tem de ser vista a partir de sua dinâmica própria. Não existe a possibilidade de pensar em culturas isoladas, ou mesmo em etnias cada uma das quais portando uma cultura específica. As fronteiras são porosas e todos os grupos culturais, alguns mais outros menos, trocam informações e valores culturais entre si. Nesse processo de assimilação e resistência, as características de cada povo alteram-se constantemente. Inclusive no interior de uma mesma sociedade podemos perceber um processo intenso de mudança e diversificação. Assim, a teologia deve rever-se constantemente e acompanhar as mudanças em curso na sociedade atual. Não se trata de abrir mão de pressupostos da fé, pelo contrário, mas de compreender em que mundo estamos e quais são os atores sociais que hoje empreendem a

---

12 BINGEMER, *Simone Weil e o encontro entre as culturas*, pp. 237-249.

13 Ibid., p. 251.

14 CUCHE, *A noção de cultura nas ciências sociais*, p. 136.

dinâmica da vida social. Em suma, a teologia, com o auxílio das ciências, não apenas as sociais, mas todas aquelas que podem contribuir para iluminar aspectos da vida humana, não pode ficar restrita a ditas verdades instituídas em séculos passados quando a sociedade era radicalmente diferente do que é hoje.

Convém ressaltar que a sociedade hoje é majoritariamente secular. Isso não quer dizer que os não crentes sejam maioria, mas que a sociedade não se pauta mais por uma única verdade dada pela religião, no caso uma única religião. Aos poucos a sociedade foi empreendendo mudanças radicais, com outros saberes tomando o lugar anteriormente dado à religião. A teologia deve acompanhar essas mudanças. Podemos citar como casos exemplares o direito e a saúde. A justiça não se assenta mais nas sagradas escrituras, mas respeita uma ciência do direito, com suas normas e método, procurando dar os parâmetros do estabelecimento daquilo que possibilitaria o convívio social, procurando eliminar conflitos e assegurar direitos, individuais ou coletivos. A saúde, por seu turno, leva em conta os avanços tecnológicos proporcionados pela ampla gama de ciências voltadas para tal. Houve um inegável ganho, pois hoje conhecemos a cura para inúmeras enfermidades, além do que a expectativa de vida do cidadão médio ampliou-se enormemente. Claro que as pessoas não deixaram de pensar religiosamente e inúmeras são as vezes em que atribuímos à fé a cura de determinados males, mas em termos gerais, da sociedade como um todo, não se concebe mais uma diretriz única de ações de intervenção na saúde pública pautada por verdades religiosas e estabelecida pela reflexão teológica.

Qual o lugar da teologia, então? Entre outras coisas, ela pode contribuir trazendo os elementos da fé para a discussão de qual justiça estamos pensando e de qual saúde queremos. Ciência alguma se constrói a partir de considerações normativas que apontam para a busca de sentido. Cabe à teologia restabelecer a dimensão humana nas aplicações da própria ciência. Vejam o caso dos avanços das técnicas aos cuidados médicos. Muitas das técnicas empregadas, inclusive aquelas direcionadas ao prolongamento da vida, podem causar, na realidade, um prolongamento do sofrimento. A teologia tem muito a contribuir nesse debate. Esse exemplo se insere no campo denominado bioética, ou seja, uma reflexão acerca das questões relacionadas à vida e aos tratamentos empreendidos em nome de uma vida saudável. O lugar da teologia é inequívoco. Isso pressupõe levar em conta os avanços que as ciências realizaram, inclusive para discutir questões polêmicas como planejamento familiar, aborto e eutanásia. Como afirma Hubert Reeves, eminente pensador e astrofísico, o conhecimento científico é indispensável para legislar na área das ciências humanas, "mas esse conhecimento não traz em si mesmo os elementos próprios às decisões. O julgamento moral é feito além".[15] Com isso, ele quer dizer que a ciência não está apta a tomar decisões morais, mas a teologia, sim, muito embora esta não possa abrir mão de todo o conhecimento científico então existente.

---

15 REEVES, *Os artesãos do oitavo dia*, p. 27.

Se isso vale para o direito, saúde, economia e outras áreas, o mesmo se dá no campo da sociedade como um todo e da cultura em particular. Nesse caso, as ciências sociais devem ser consultadas para entrar nesse debate, sempre em tom de diálogo para evitar qualquer tipo de imposição. Mas talvez o maior desafio nesse campo social seja mesmo o da diversidade cultural existente no seio da nossa sociedade contemporânea. A teologia não pode mais insistir em falar a partir de um único ponto de vista e para todas as pessoas em geral. A sociedade é plural e isso inclui não apenas aqueles que não seguem nenhuma religião, como também a multiplicidade de visões religiosas. A chamada cultura ocidental comporta diferentes posturas sobre os mais diversos assuntos. Como impor o uso de uma determinada prática de planejamento familiar, arraigada em posturas religiosas e visões teológicas anacrônicas, quando uma grande parcela da população postula outras verdades de fé e até mesmo os fiéis de sua própria tradição religiosa possuem hábitos diversos? Como postular a indissolubilidade do matrimônio, como na Igreja Católica, quando elementos da cultura apontam para uma prática cada vez maior de múltiplos casamentos, inclusive entre seus próprios seguidores?

Sem dúvida que isso não indica uma irrelevância da teologia numa sociedade cada vez mais plural, mas sim a necessidade de levar em conta os aspectos culturais cada vez mais diversos, procurando perceber o enraizamento da fé em situações muito diferentes daquelas pensadas anteriormente. E nisso as ciências sociais podem dar enorme contribuição.

5. Considerações finais

Como vimos anteriormente, a teologia, alimentada pelos resultados do Concílio Vaticano II, trabalha com um conceito de cultura abrangente. Tendo como pressuposto a ideia de que a tradição cristã não é apenas mais uma forma cultural num oceano de fragmentos culturais dos mais diversos, assume a perspectiva da inclusão dos diferentes na perspectiva da salvação. A possibilidade de inculturação se daria à medida que os outros povos também recebessem a mensagem do Evangelho e se libertassem.

A própria noção de ser humano presente na tradição judaico-cristã, criado à imagem e semelhança de Deus, implica uma visão igualitária. As diferentes culturas seriam apenas roupagens diferenciadas de uma mesma essência. Porém, a noção de cultura adotada segue aquela predominante nas ciências sociais, ou seja, a da ação humana sobre o meio, através das escolhas realizadas pelos diferentes povos e que democraticamente aponta para a valorização do relativismo cultural. A grande questão que permanece é, portanto, a de como conciliar uma visão unitária de ser humano, que leva à possibilidade de todos serem salvos em Cristo, com a imensa variedade e diversidade protagonizada pela antropologia cultural que, em última instância, fala na impossibilidade da existência de uma essência humana e de que o ser humano se faz nas particularidades.

Ao contrário do Concílio Vaticano I, que adotou uma perspectiva teológica exclusivista, procurando posicionar a Igreja em situação diferenciada no mundo, o Concílio Vaticano II expressou um outro momento. Resultou daí uma teologia inclusivista. Nesse sentido, tal teologia procura enxergar o outro, não cristão, como uma manifestação diferenciada de um mesmo ser humano que carrega em seu bojo todo o potencial de uma essência que se revelará, cedo ou tarde, cristã. A ação pastoral daí decorrente, notadamente aquela construída nos países da América Latina através da Teologia da Libertação, reflete essa postura. Num aprofundamento do debate, e numa aceitação da postura antropológica do radicalmente diverso, a teologia ensaia alguns passos na direção de uma possível teologia do pluralismo,[16] em que procura compreender as manifestações diversas de uma transcendência nem sempre unicista.

A acepção de cultura adotada segue a perspectiva do relativismo cultural. Ela é coerente com uma postura democrática de inclusão do diferente, mas entra em choque com a postura de essência única da inculturação. Por um lado ela tem servido à ação pastoral e missionária desenvolvida por muitos cristãos após o Concílio Vaticano II numa direção aberta e inclusivista. Por outro, carrega em seu bojo uma contradição interna que deverá, cedo ou tarde, ser objeto da reflexão teológica e missionária. Porém, como afirmado anteriormente, não cabe aqui indicar caminhos para a própria teologia, mas pensar sobre suas possíveis implicações na contemporaneidade.

Para finalizar, caberá questionar o papel da teologia num mundo cada vez mais "em pedaços". Reconhecemos que a modernidade avançada, ou supermodernidade, traz desafios à teologia hoje. Mas seria o caso de pensar a teologia como um discurso anacrônico, ou ainda um discurso para surdos? Qual o papel da teologia, hoje, num mundo cada vez mais secular e plural? Procuramos, ao longo deste texto, levantar algumas questões que apontam para a necessidade de um diálogo da teologia com o mundo plural. Longe de ser simplesmente abandonada, a teologia deve ser viva e estar a serviço da vida, mesmo que para tal tenha de repensar aquilo que outrora era verdade inquestionável. O diálogo constante com a cultura abrangente e a crescente diversificação existente impõe novos desafios a cada momento. Disso não podemos nos furtar.

6. Referências bibliográficas

BINGEMER, Maria Clara L. (org). *Simone Weil e o encontro entre as culturas*. Rio de Janeiro: Ed. PUC-Rio: Paulinas, 2009.

---

16 Cf. CASALDÁLIGA ET ALII, *O atual debate da Teologia do Pluralismo*.

CASALDÁLIGA, Pedro et alii. *O atual debate da teologia do pluralismo*; depois da *Dominus Iesus*. Livros Digitais Koinonia, http://www.servicioskoinonia.org/LibrosDigitales/LDK/LDK1port.pdf (acessado em 29/05/2009).

CUCHE, Denys. *A noção de cultura nas ciências sociais*. Bauru: Edusc, 1999.

GAUDIUM ET SPES, Constituição Conciliar, Concílio Vaticano II, http://www.vatican.va/archive/hist_councils/ii_vatican_council/documents/vat-ii_const_19651207_gaudium-et-spes_po.html (acessado em 22 de maio de 2009).

GEERTZ, Clifford. *A interpretação das culturas*. Rio de Janeiro: Jorge Zahar, 1978.

_____. O mundo em pedaços: cultura e política no fim do século. In: *Nova luz sobre a antropologia*. Rio de Janeiro: Zahar, 2001. pp. 191-228.

HAUGHT, John F. *Deus após Darwin*; uma teologia evolucionista. Rio de Janeiro: José Olympio, 2002.

KROEBER, Alfred; KLUCKHON, Clyde. *Culture*; a critical review of concepts and definitions. New York: Vintage Books, 1952.

KUPER, Adam. *Cultura*; a visão dos antropólogos. Bauru: Edusc, 2002.

LESTEL, Dominique. *As origens animais da cultura*. Lisboa: Instituto Piaget, s/d.

MITHEN, Steven. *A pré-história da mente*; uma busca das origens da arte, da religião e da ciência. São Paulo: Unesp, 2002.

NOVAES, Regina; LIMA, Roberto K. de (orgs.). *Antropologia e direitos humanos*. Niterói: Eduff, 2001.

REEVES, Hubert. *Os artesãos do oitavão dia*. São Paulo/Belém: Unesp/Uepa, 2002.

RIDLEY, Matt. *O que nos faz humanos*; genes, natureza e experiência. Rio de Janeiro: Record, 2008.

ROWLAND, Tracey. *Culture and the Thomist Tradition*; after Vatican II. New York: Routledge, 2003.

TEIXEIRA, Faustino. Inculturação da fé e pluralismo religioso. http://www.missiologia.org.br/cms/UserFiles/cms_artigos_pdf_45.pdf. (acessado em 18/3/2010).

TYLOR, Edward. *Primitive culture*. London: John Murray & Cia, 1871.

WEBER, Max. *Economia e sociedade*. Brasília: UnB, 1994.

CAPÍTULO X

Ser como Deus: críticas sobre as relações entre religião e mercado

João Décio Passos

As relações entre religião, mercado e consumo podem ser vistas por ângulos diversos e se inscrevem na longa duração dos tempos modernos. A religião, contrária a muitas promessas políticas e científicas, atravessou a modernidade e permaneceu viva e atuante. O mercado fez triunfar a própria racionalidade moderna, sempre mais eficaz e provedora de bem-estar. O consumo, por sua vez, triunfou como modo de vida hipermoderno, respondendo simultaneamente à produção acelerada e ao desejo humano sempre insatisfeito. A cultura de consumo catalisa para o interior de sua dinâmica os desejos humanos, colocando em um mesmo ciclo de causa e efeito o indivíduo e a produção diversificada e acelerada que sustenta em parte o mercado mundializado. A religião não fica de fora dessa dinâmica, seja reproduzindo-a em seu interior, seja participando de seu funcionamento efetivo como mais um produto capaz de atrair o desejo e oferecer bem-estar. Consumir produtos para obter satisfação é a regra de vida atual que perpassa as atitudes e as instituições humanas, ainda que em nome de ideais nobres e desinteressados. Fora do mercado de consumo não há felicidade. O que não for agradável aos olhos e ao apetite de bem-estar ilimitado, não sobreviverá e tornar-se-á obsoleto e inútil. Desejar e poder consumir são o caminho de vida que agrega pobres e ricos, todos fitos nas marcas de última geração, autênticas ou falsificadas, nos produtos tecnológicos de múltiplas funções, na posse do prazer de viver bem servido.

A sociologia explicita as relações entre mercado e religião, desde os seus clássicos. Karl Marx expôs as relações entre os discursos e as condições econômicas. As representações religiosas, como todas as outras expressões culturais, estariam diretamente vinculadas aos interesses das classes sociais, seja como componente do discurso ideológico das classes dominantes, seja como expressão das necessidades não realizadas das classes dominadas: *suspiro dos oprimidos, coração de uma sociedade sem coração!* Com o mesmo olhar materialista dialético Marx desvenda a lógica da mercadoria como atrativo que enfeitiça os compradores, como um valor em si mesmo, como algo carregado de valores transcendentes que satisfazem o desejo de consumo. O mercado teria uma alma religiosa que seria a mercadoria com seu *fetiche*. Max Weber relacionou as concepções religiosas com a realidade econômica. Na sua obra clássica *A ética protestante e o espírito do capitalismo*, demonstrou a afinidade entre desenvolvimento do capitalismo e teologia protestante puritana.

A teologia por sua vez, como discurso valorativo, discorre sobre o papel do ser humano no mundo e, na perspectiva do *dever ser*, tece uma crítica não somente sobre as estruturas e dinâmicas históricas, mas também sobre suas próprias fontes. Nesse sentido, tanto a religião como o mercado e o consumo podem ser lidos criticamente pela teologia, que, ao colocar a pergunta sobre a destinação última de cada uma dessas realidades, afirma os valores que os orientam na relação totalizante entre o Criador e a criatura.

1. O olhar histórico-social

Sabemos hoje da necessidade de situar as práticas e as definições religiosas em seus contextos históricos para que sejam compreendidas em suas particularidades e significados, em suas origens e processos de mudança. Contudo, sobretudo por parte das tradições religiosas, tem persistido uma leitura espiritualizante que isola os assuntos religiosos como coisas distintas e distantes dos contextos históricos, em nome de um sobrenatural hegemônico que, existindo por si mesmo, pairaria sobre as condições históricas. Na verdade, parece verificável um curioso paradoxo inerente ao processo de institucionalização das religiões: na medida e proporção em que se burocratizam e, portanto estruturam suas regras de sobrevivência econômica, elas tendem a criar uma espécie de duplo sobrenatural, que projeta para dimensões extraterrestres sua razão de ser e, até mesmo, sua autoimagem. Desse modo, a instituição religiosa francamente organizada sobre parâmetros administrativos (estruturas legais, papéis, hierarquias, missão, fluxos etc.) encontraria sua verdadeira essência na dimensão sobrenatural. As noções de Igreja invisível e Igreja espiritual cumprem essa função de relativizar, quando não de ocultar, as suas relações diretas com as coisas materiais e com os processos históricos. Há que acrescentar também que as instituições religiosas, tanto mais estruturadas, maior necessidade tem de relacionar-se com o mundo ao seu redor, ou seja, de inserir-se no processo produtivo e nos centros decisórios da vida política.

a) Produção econômica e produção religiosa

As religiões, entendidas como momento institucionalizado das experiências religiosas, estão intimamente ligadas àquilo que normalmente se relaciona ao que hoje chamamos mercado: produção, comércio, impostos, trabalho, diferenciação social,

Ser como Deus

patronato, mão de obra, o que se traduz em chave religiosa por: dízimos, ofertas, classe sacerdotal, escribas especializados, acúmulo de riquezas, comércio de produtos religiosos etc. A história das grandes tradições se relaciona diretamente com o desenvolvimento dos centros urbanos, com as rotas comerciais e com a constituição de mãos de obra especializadas. Certamente é necessário olharmos os múltiplos ângulos dessa relação, a começar dos condicionamentos econômicos das construções socioculturais. As religiões se estruturam evidentemente sobre essa base e nela encontra suas condições, para que possa edificar suas instituições, do ponto de vista material, político e artístico. A produção de excedentes no processo produtivo possibilita a sustentação dos dirigentes religiosos e das classes religiosas especializadas, a construção de templos e de arsenais sacros, a produção e circulação de bens religiosos, como os textos sagrados e objetos sagrados. Quando as grandes civilizações davam os primeiros passos na direção da estruturação da vida econômica, por meio do trabalho escravo ou do tributo, as grandes tradições religiosas se instituíam como uma dimensão desse processo, como versão sagrada da organização política dos estados autocráticos de sustentação divina. O palácio dos reis e os templos dos sacerdotes constituíram duas forças que sustentavam o exercício do poder nos tempos antigos e mesmo na era cristã, nos tempos da Cristandade.[1]

A história político-religiosa do antigo Israel percorre processo igual. A experiência religiosa dos grupos nômades do deserto que discordavam da política dos reis de Canaã subordinados ao império egípcio e que exitosamente constituíra o regime tribal em Israel tem seu momento de institucionalização nos tempos da monarquia. É precisamente a partir da corte que a tradição oral vai sendo fixada por escrito, que a interpretação religiosa do passado vai construindo a unidade política no presente, que o rei se firma como ungido de Deus e que a religião das tribos do Deus libertador se estrutura como um sistema de crença e como organização cultual e hierárquica. Nada disso seria possível sem a força do econômico que produz excedentes, para além do necessário ao consumo das famílias no âmbito doméstico. Sem riquezas e sem intelectuais gestores, as grandes tradições religiosas não existiriam.

A história de desenvolvimento do mercado capitalista, mesmo que sob a égide dos tempos modernos secularizados, se relaciona, a seu modo, com o fator religioso. A expansão europeia a partir do século XVI se deu juntamente com a expansão do cristianismo. As novas colônias, terra de riquezas e de pagãos e, por conseguinte, de exploração e evangelização, abrigarão no mesmo processo civilizatório a fé cristã e a cultura europeia, as Igrejas e as coroas. No caso da América Latina, o regime do Padroado identifica política e teologicamente os projetos das coras espanhola e portuguesa e os projetos da Igreja Católica. Conquistar os povos para esses estados é conquistar ao mesmo tempo almas para Deus, levar a política e a cultura europeia e levar a salvação.

---

1   HOUTART, *Mercado e religião*, pp. 21-25.

147

Max Weber em seus estudos sobre as relações entre economia e religião demonstrou a relação de *afinidade eletiva* entre desenvolvimento do capitalismo e doutrina protestante puritana. A noção de vocação e a doutrina da predestinação de matriz calvinista constituem uma visão de mundo que levaria a uma postura perante o mundo, a saber, uma ética do trabalho e do enriquecimento. A impossibilidade de saber qual o seu futuro escatológico, previamente traçado por Deus e oculto em seu desígnio insondável, instaura uma transitividade única, aquela entre o fiel e o mundo e a afirmação da vocação de cada fiel, quiçá eleito para ser salvo.[2]

Mas é preciso olhar também outro lado da relação religião-mercado: o lado interno das religiões como produtoras de riquezas. Em torno dos templos foram edificadas cidades, organizado o comércio e oferecidos serviços diversos, a começar dos serviços religiosos. O imposto religioso edifica tesouros riquíssimos, as festas religiosas atraem mercadorias e serviços, os produtos religiosos entram nas rotas comerciais, as peregrinações exigem construções de estradas, de meios de transportes, de hospedagens. Os grandes centros de peregrinações religiosas desde o mundo antigo fazem parte da história da economia e da cultura da humanidade nos quatro cantos da terra. Nesse sentido, todas as religiões estão diretamente vinculadas aos processos econômicos que fizeram e ainda fazem a história das civilizações.

b) Autonomia relativa da religião

Evidentemente as religiões não se reduzem ao mercado, tão somente como um produto cultural de seu dinamismo contraditório. É preciso ter um olhar dialético sobre essa relação. As religiões são, em certa medida, produto e produtoras de mercados. Por outro lado, elas podem resistir com suas representações e práticas com relativa autonomia sobre os condicionamentos econômicos e preservar muitas vezes de forma intacta símbolos advindos de contextos passados, sem vínculos diretos com o processo produtivo presente. Por natureza, as tradições religiosas possuem fundamentos preservados como verdades perenes que, mesmo susceptíveis de uso ideológico em qualquer contexto histórico, tendem a veicular valores de natureza metafísica.

As religiões podem ainda exercer o papel de resistência implícita ou explícita aos processos econômicos, com suas reservas de significado histórico e ético. As escatologias religiosas costumam exercer essa função, cobrando das conjunturas históricas novas configurações sociais, na direção da igualdade e da justiça. Nesse sentido, muitas religiões exercem uma função crítica velada e invertida da realidade ao agregar os pobres com suas promessas de salvação que oferecem aquilo que é negado pela organização econômica: alimento, saúde, trabalho, bem-estar, socialização etc.

---

2   Cf. WEBER, *A ética protestante e o espírito do capitalismo*.

Outras expressões religiosas cobram diretamente condições de vida mais justas perante os poderes instituídos pela via do protesto e da participação política, caso típico das teologias da libertação formuladas e praticadas sobretudo no hemisfério sul. Nesse caso, a religião se torna um fator de transformação social. Em nome de sua reserva escatológica, busca os meios sociais e políticos de refazer as relações sociais.

2. A crítica sociorreligiosa do mercado

Esse título diz respeito ao esforço de desvendar as expressões secularizadas da religião no âmbito de processos racionalizados e racionalizadores, no caso concreto do mercado. É possível detectarmos mistificações implícitas e explícitas nas práticas e nas teorias do mercado moderno, assim como em outras práticas sociais. E não se trata de um jogo ideológico que busque a justificativa religiosa para as relações de oferta e procura, visando a um aumento do consumo, espécie de teologia da prosperidade, mas de uma postura inerente ao próprio mercado que constrói suas referências a partir de flagrantes analogias religiosas, bem como de posturas de fidelidade religiosa ao mercado. A imagem da *mão invisível* (Adam Smith) que conduz o mercado constitui certamente a expressão teológica que pretende não somente justificar a não intervenção no mercado, mas também convidar os liberais para um ato de fé em suas dinâmicas e em seu desenvolvimento seguro, mesmo que em nome da autonomia do mercado e de suas promessas seguras de felicidade. Investir é acreditar no futuro e ser conduzido por uma divina providência imanente e eficaz. Do ponto de vista prático, as seduções da mercadoria desvendadas pelas análises marxianas na aurora da sociedade de consumo atingem em nossos dias suas expressões mais sofisticadas pelas mediações tecnológicas capazes de conferir aos produtos um encantamento persuasivo, pela força de suas eficácias, acrescidos, sobremaneira, por uma linguagem estética de altíssima qualidade.

A crítica sociorreligiosa do mercado tem um aspecto analítico e um aspecto ético, ao explicitar a lógica religiosa interna ao mercado e, ao mesmo tempo, afirmar o seu aspecto mistificador, por natureza redutivo, na medida em que aprisiona as pessoas em seus falsos encantamentos e promessas de felicidade, mascarando a verdadeira realidade das mercadorias e ocultando os jogos reais do lucro nelas inerentes.

a) A religião do mercado

Karl Marx pode ser visto como o pai da crítica religiosa do mercado no âmbito do pensamento social moderno. O mercado não somente precisa da religião para se justificar perante a sociedade, particularmente perante os pobres (a religião como ópio do povo e suspiro dos oprimidos), assim como ele próprio se torna religioso no processo de produção e circulação das riquezas por meio da mercadoria. A mercadoria se torna uma espécie de coisa viva e sagrada que enfeitiça as pessoas (teoria do fetiche das mercadorias). A noção de *fetiche* (feitiço, no português) designa a atribuição de forças mágicas a algum objeto ou sujeito. Para Karl Marx, o fetiche faz parte do processo de produção capitalista. A mercadoria adquire valor autônomo que oculta não somente seu real valor material e valor de uso, mas também a objetivação do trabalho humano que contém. A mercadoria se torna uma coisa autônoma que coloca o ser humano a seu serviço, pela força de seu valor.[3]

De fato, a teoria do fetiche desvela nos primórdios do mercado de consumo sua dinâmica sedutora para os consumidores, o que viria a constituir seu modo de ser nos tempos atuais na chamada cultura de consumo. Ela é uma dimensão da própria mercadoria, na medida em que materializa em si mesma não o valor de uso, mas sim o valor de troca. A mercadoria é feita para ser vendida e o valor de uso que nela é oferecido não é mais que um anúncio que faz parte do processo de sedução estética. E nessa subordinação do valor de uso ao valor de troca que reside precisamente a lógica da aparência sempre mais bela e perfeita da mercadoria que, a partir de então, adquire vida própria, sendo que seu parecer é o seu ser.[4]

Com efeito, a capacidade de enfeitiçar os consumidores dá ao mercado uma dinâmica sacralizadora: cria significados e posturas sagradas. A mercadoria deixa de ser um objeto criado pelo homem e, na verdade por ele controlada, passa a ter vida própria como uma espécie de sujeito que atrai pela força valorativa que possui, a qual vai muito além de seu valor de uso. Se no tempo de Marx esse valor se mostrava como uma dinâmica própria do modo de produção capitalista que carrega seus produtos de forças abstratas que ocultavam as forças reais de trabalho despendidas em sua produção e colocava as mercadorias numa rede social transcendente às necessidades e às condições de vida, num sistema que funcionava por si mesmo, em nossos dias essa abstração alcança sua máxima expressão e sofisticação, seja pela produção mundializada dos produtos que ocultam seus sujeitos produtores e seus valores reais, seja por um mercado financeiro igualmente mundial que interfere diretamente nos valores dos produtos em nome de seus valores macros que determinam índices mundiais e, ainda, pela simbologia das marcas e das linguagens estéticas que agregam aos produtos valores que se traduzem imediatamente em inclusão no mundo dos iguais, ou seja, dos cidadãos e dos felizes.

O mercado é um sistema racional que se estrutura a partir de regras que exigem não somente a adesão da razão, mas também da vontade; não somente a lógica, mas antes de tudo a aposta dos aplicadores e dos consumidores. Sem confiança em seu funcionamento, em sua lucratividade em seu presente e em seu futuro, o investidor

---

3   Cf. MARX, *O capital I*, pp. 71-93. Cf. HIKELAMMERT, *As armas ideológicas da morte da morte*, capítulo I; DUSSEL, *Las metáforas teológicas de Marx*, parte I.

4   Cf. HAUG, *Crítica da estética da mercadoria*, pp. 23-27.

Ser como Deus

não faria suas apostas e seus investimentos. Também, é em nome da promessa de felicidade que trazem os produtos, cada vez mais diversificados, eficientes e belos que as pessoas se lançam nas práticas de consumo e fazem dela quase sempre o caminho de realização pessoal: prazer, felicidade e sentido.

Com efeito, o ato de investir e de consumir se torna um ato de fé que lança os indivíduos em uma atitude religiosa: de entrega aos produtos que consome, em nome daquilo que promete e em busca da satisfação plena de seu eu ávido de prazer. A idolatria é aquilo a que servimos como sentido absoluto de nossa vida, o que adotamos como valor máximo de nossas práticas e como sentido estruturante de nossa visão de realidade. Nesse sentido, o mercado é de fato movido por forças religiosas que pedem nossa adesão irrestrita, ainda que de modo implícito em sua dinâmica de funcionamento. A mercadoria seduz a todos como fonte de felicidade, graça que realiza o que promete às almas consumidoras. São seres que, pela força de sua beleza (aparência), dizem a verdade (simulações) e fazem o bem (efemeridade). Eis os novos universais que mantêm viva a metafísica do mercado.[5]

As críticas do mercado realizadas no passado por economistas e teólogos desvelavam, com perspicácia, seus mecanismos idolátricos macroeconômicos, suas divindades (dinheiro), seus rituais e seus sacrifícios no altar do lucro. Em nossos dias a idolatria se dissolve em um panteão sempre mais forte e privatizado no hiperconsumo: cada consumidor pode eleger seus deuses e a eles prestarem seus cultos. Certamente, o mercado financeiro constitui a transcendência maior que tudo rege no céu distante de suas decisões impessoais e totalizantes, fora das quais nada existe.

As teorias e práticas econômicas explicitam essa dinâmica religiosa em seus discursos com metáforas antropomorfistas e flagrantes teológicos. O mercado fica nervoso, reage e reanima. O mercado é conduzido por uma "mão invisível", dizia Adam Smith. Moedas trazem profissões de fé cunhadas em suas cédulas: em Deus nós esperamos (dólar), Deus seja louvado (real). Evidentemente a tese fundamental é a da neutralidade da racionalidade mercadológica como sistema autorregulado que funciona de modo eficiente por si mesmo. Mas, paradoxalmente, é essa neutralidade que esconde seus valores e que, no esforço de se mostrar como real e viável, deixa flagrar uma religião subjacente: a relação de serviço (o dinheiro é o servo que se torna senhor), a providência (o mercado livre proverá todas as necessidades), a felicidade (o consumo traz a realização plena dos desejos), a confiança (o mecanismo da sociedade funciona naturalmente), a esperança (as aplicações vão render lucros), a fidelidade (consumidor fiel a certas marcas, cliente fiel a certas instituições) e a devoção (consumo de certas mercadorias como indispensáveis à vida). Essas práticas religiosas inconscientes são determinantes da vida moderna atual e fazem a inversão da condição humana, transformando a coisa criada em absoluto do seu criador. Essa

---

5   Cf. ASSMANN; HINKELAMMERT, *A idolatria do mercado*.

inversão configura o que a teologia chama de idolatria: as obras de mãos humanas se tornam deus e exigem de seus fabricadores fé, serviço, devoção e sacrifício. A cultura de consumo carrega essa dinâmica idolátrica em ponto pequeno, ao introduzir na vida individual a dedicação servil aos produtos e marcas, criando a firme certeza da felicidade. Estamos evidentemente dentro de um sistema de vida que é um sistema religioso disfarçado; diante de um *deus absconditus* que traga em sua imediaticidade e praticidade qualquer valor transcendente, se não o próprio Transcendente como desnecessário ao bem-estar individual. É quando toda transcendência se imanentiza como força interior, bem-estar individual, paz de consciência, prosperidade e satisfação dos desejos.

b) As seduções na cultura de consumo

A história dos produtos de mercado mostra como a sedução enfeitiçadora da mercadoria se torna mais eficiente e sofisticada. Por um lado, a sedução do produto se torna mais forte, tendo em vista a maior eficácia que adquire com o desenvolvimento tecnológico, por outro lado ele se reforça pela força da linguagem estética contida nas embalagens e nas marcas de luxo. Vivemos o império dos produtos efêmeros que se renovam incessantemente para responder aos desejos de consumo. No tempo de Marx as mercadorias encantavam provavelmente pelo conteúdo de praticidade e de bem-estar que portava para uma civilização que mal saíra da era lenta do artesanal e de uma dinâmica de mercado que inventa o valor de troca, condicionando o valor de uso. Era preciso capturar o consumidor pela força da mercadoria, mesmo que todas elas fossem produtos da exploração do trabalho por parte do capitalista. A mercadoria jogava a favor do capitalista e escondia em seu encanto as contradições dos trabalhadores que a haviam produzido. Nos tempos atuais, a mercadoria fala por si mesma com um encantamento extraordinário. Com a mecanização das indústrias e o mercado mundializado, já não se fala mais das contradições do trabalho inerentes aos produtos que consumimos. Vivemos os resultados finais eficientes e encantadores sem que saibamos calcular sua mais-valia. As causa eficiente dos produtos é ignorada com sua história sem elos com tentáculos fincados na produção internacional, nas maquinarias importadas, na rede de capital internacional que inclui trabalhadores, tecnólogos, administradores, desenhistas, publicitários, importadores, distribuidores e varejistas. Sem falar do mercado financeiro que interfere diretamente na valorização e desvalorização dos preços e no mercado da moda que estipula padrões igualmente capazes de agregar valores econômicos a partir de seus valores simbólicos. A exploração do trabalho continua sendo um dado real, porém está vinculada a uma rede que liga inúmeros elos produtores de seu valor final. A história da produção da mercadoria é hoje globalizada. Ao consumirmos um produto, consumimos o mundo.

A cultura de consumo integra os indivíduos numa equalização estética proporcionada pelas mercadorias que criam a ilusão da cidadania comum. O ato de consumir os mesmos produtos eficientes e belos instaura a ordem do ser, não obstante sua efemeridade essencial: ser cidadão, ser incluído socialmente, ser feliz. O valor de uso de um produto fica submetido ao seu valor simbólico, uma vez que simboliza por si mesmo satisfação e felicidade.

c) Religião do consumo

Com efeito, a tecnologia outorgou-nos uma postura mágica em relação a seus efeitos que consumimos diariamente: experimentamos efeitos sem causa. E talvez por razões práticas já não perguntamos por essas causas e tenhamos uma confiança no seu funcionamento, como explica A. Giddens.[6] Estamos inseridos em um sistema de tal amplitude e complexidade que no entregamos a seus efeitos na atitude de pura confiança e de encantamentos por seus resultados sempre mais eficientes: verdadeiros, bons e belos.

A cultura de consumo institui um modo de vida inserido na dinâmica do mercado. Fora dele não há possibilidade de viver, sob pena de padecer da exclusão de seus bens materiais e simbólicos. Fora do consumo não há salvação. Se nos tempos do consumo de massa o ato de consumir se inseria tão somente na esfera das ofertas e das demandas, da produção e das vendas, das necessidades e do consumo, em nossos dias ele estrutura os modos de viver e de conviver, colocando em seu centro o indivíduo. O ciclo da *produção-consumo* se encaixa com perfeita complementaridade com o ciclo do *desejo-satisfação*. A lógica do mercado compõe um ciclo "economicamente virtuoso" com a lógica do desejo humano. A virtuosidade reside evidentemente na capacidade de inserir no mercado dos produtos a psicologia humana, de forma que a renovação incessante dos produtos corresponda à renovação incessante do desejo, sempre incompleto. À insatisfação que sucede a satisfação, os produtos novos se mostram como nova promessa de satisfação, bem-estar e felicidade. Esse ciclo vicioso *satisfação-consumo-insatisfação-consumo...* Lipovetsky denominou como felicidade paradoxal.[7] De fato, vivemos o paradoxo de consumir sem jamais alcançarmos a felicidade que vem inscrita como promessa em cada produto. O poço de Narciso atrai para o fundo de sua satisfação os indivíduos ávidos de prazer. A promessa do produto já nem precisa de uma substância real verificável; ela realiza em si mesma o que promete; basta sua aparência para lhe ser creditada verdade; sua beleza é verdadeira e boa. No entanto, são verdades, belezas e bondades efêmeras que evaporam na rotina do produto que envelhece rapidamente.

---

6   GIDDENS, *As consequências da modernidade.*
7   LIPOVETSKY, *A felicidade paradoxal.*

3. A mercantilização da religião

O consumo como um modo de vida cada vez mais generalizado reproduz sua dinâmica nas diversas esferas da vida. Consumir já não significa somente adquirir produtos necessários ou supérfluos, simples ou sofisticados com a finalidade de responder a alguma função material. Em termos individuais, consumir se torna um caminho de felicidade para os indivíduos que buscam bem-estar sempre mais completo e perfeito. E o desejo de satisfação busca todos os tipos de produtos que se mostrem como capazes de saciá-lo com suas virtualidades técnicas ou simbólicas. Em termos de mercado tudo pode ser oferecido como produto satisfatório ao consumidor ávido de felicidade. É quando as religiões são absorvidas pela lógica do consumo e oferecem seus bens simbólicos como capazes de satisfazer às necessidades básicas ou de completar com sua força simbólica a carência do necessário. A aquisição daqueles bens materiais prometidos-negados pelo mercado, emprego, saúde e prosperidade de um modo geral encontra seu lugar em muitas confissões religiosas. A chamada teologia da prosperidade reproduz o jogo da sedução e da promessa da vida mais feliz, sem reservas ao jogo da troca próprio do mercado: dar a Deus significa receber de volta seus benefícios materiais. A oferta milagrosa de bens materiais atiça o desejo daqueles que pretendem ser incluídos no mundo dos beneficiados pela apropriação dos produtos na realidade negados pela sociedade. Em nome da fé em Deus, dono do mundo e capaz de tudo, os fiéis encontram em certas Igrejas uma possibilidade de satisfação de seus desejos, já previamente estimulados pelo mercado.

Se na cultura de consumo a prisão do desejo ocorre no paradoxo satisfação-insatisfação, na subcultura do consumo religioso esse ciclo adquire dimensões ainda mais nítidas, quando o desejo basta a si mesmo e reduz em sua pulsão o aspecto da fé: crer é desejar e desejar já significa possuir pela fé. A excitação do desejo mediante as promessas religiosas feitas por Deus introduz o indivíduo em um ciclo permanente do *desejar-crer-apostar...* cuja renovação ritual incessante alimenta um mercado real de doações para as Igrejas.

As religiões são desse modo mercantilizadas. Elas se tornam meios adequados de faturamento e de enriquecimentos de muitas instituições e líderes religiosos no interior de uma sociedade que coloca no centro de seu funcionamento o indivíduo satisfeito-insatisfeito e a oferta de produtos novos e mais eficazes.

4. A crítica teológica

A teologia é um modo de ver a realidade a partir dos olhares da fé e da razão. Seu cânone fundante, a tradição judaico-cristã, torna-se referência hermenêutica para interpretar a realidade como um todo, ou seja, na sua origem e finalidade última e, por conseguinte, nos seus processos históricos presentes. A razão exerce a função de tecer esse olhar como num *logos* fundamentado e coerente, donde resulta uma cosmologia, uma antropologia e uma ética. A crítica teológica sobre as relações entre a religião e o mercado é feita a partir dos valores aceitos pela fé, no que se refere ao mundo, ao ser humano e à convivência humana. A teologia parte daquilo que a fé diz que *devem ser* essas realidades: o mundo como grandeza vital para todos os seres criados, o ser humano como criatura contingente e digna, a relação humana fundada na liberdade e na solidariedade.

Portanto, toda situação que simule o divino na ordem imanente ou que possa configurar inversões que coloquem o ser humano ou qualquer objeto como absolutos vem a ser para a teologia idolatria. Não se trata de uma crítica das pluralidades religiosas que legitimamente afirmam suas divindades próprias, mas de uma crítica daquilo que se apresenta como Deus sem o ser e que, por decorrência, gera domínios sobre o ser humano. No caso da crítica da idolatria do mercado, a crítica teológica contribui com o desvelamento de suas mistificações que ocultam os reais interesses dos donos de coisas divinizadas (as mercadorias) e os próprios donos invisíveis no sistema do mercado mundial.

a) A religião e o desejo

A religião, por natureza, é balizadora do desejo. Ela afirma que o desejo tem seu sentido último na relação entre contingência humana e Absoluto e entre o desejo do eu e o desejo do outro. Certa corrente teológica hoje em voga nas tendências cristãs neopentecostais denominada teologia da prosperidade afirma a centralidade do indivíduo com seu desejo ilimitado no processo de vivência da fé. O desejo de possuir adquire estatuto teológico, como direito dos filhos de Deus, como expressão da fé no poder de Deus e como pulsão que move as práticas rituais capazes de realizar o que promete. Não obstante as diferenças históricas, as indulgências de ontem e os rituais de prosperidade de hoje tomam como base da operação religiosa o desejo humano de ser bem-sucedido nessa e na outra vida. A promessa do céu se torna promessa da terra, no caso dos cultos de prosperidade. Não se trata mais de aguardar o bem-estar final da salvação no futuro escatológico, mas de obter já a felicidade. A religião se torna, no caso, usurpadora do desejo humano, prometendo a sua realização imediata. O realismo judaico-cristão descrito na cena do paraíso, no sofrimento de Jó e na cruz de Jesus. A afirmação comum das religiões de que o ser humano não pode tudo, de que nem todo desejo pode ser saciado e de que a satisfação plena é impossível. As seduções do paraíso contidas na segunda narrativa da criação (Gn 2,4b–3,24) encenam a dialética do desejo satisfeito-insatisfeito. O fruto agradável aos olhos e ao paladar excita o desejo para além das necessidades satisfeitas na abundância do paraíso. Mas a sedução definitiva adveio da promessa de plenitude feita pela serpente: *serão como Deus*! (Gn 3,5). A satisfação plena do desejo é endeusamento do ego. E, diferentemente da tragédia de Narciso que sucumbe no seu eu, a narrativa das origens expõe as condições reais do ser humano como ser contingente e relacionado. Assumir os limites é a condição para achar o caminho da felicidade, para recompor a relação com a natureza, com os outros e com Deus.

b) A ética e a moral do consumo

O sistema de crenças do mercado tem sua moral. Já verificamos a sua lógica religiosa nas práticas e teorias mercadológicas, mas, sobretudo, nas práticas de consumo. No item anterior, a crítica ética mostrou a superação do egocentrismo consumista a partir das referências transcendentes do outro e do Absoluto que é Deus.

A moral do consumo estrutura um novo modo de viver os valores e de operacionalizá-lo em projetos que se apresentam como projetos éticos. Lipovetsky expõe o aspecto ético da sociedade do hiperconsumo, mostrando que vivemos uma nova fase da cultura em que a ética clássica centrada no valor do altruísmo cede lugar a uma ética individualista. Passamos de uma sociedade que adotava o dever como regra de vida para uma sociedade que adota agora o prazer. Tanto a ética cristã do amor incondicional ao próximo quanto a ética moderna da dedicação à coletividade propugnavam a superação do interesse próprio como caminho para a vivência social. Não viveríamos numa sociedade sem moral, mas numa sociedade regida por uma "ética indolor" que configura como valores e práticas aquilo que satisfaz o indivíduo moderno: hiperindivíduo, hiperconsumista e hiper-hedonista. É nesse âmbito que os valores éticos são estipulados e praticados como importantes para contribuir com a satisfação ainda mais completa dos *eus* ávidos de felicidade.[8]

A sociedade deve sim encontrar seus parâmetros éticos para que as pessoas individualizadas possam ser felizes. Desse modo se fala em solidariedade, em harmonia com a natureza, em espiritualidade, em personalização, em civilização planetária, tendo, contudo, como referência o reforço permanente das individualidades. Valerá até dedicação e sacrifício a causas sociais e ecológicas para que cada indivíduo possa ser plenamente integrado à sociedade, superando seus males, seus venenos e sua possibilidade de danação final.

Nesse regime prático, a ética pode até se tornar uma moda que se aplica a várias situações, consiga angariar adeptos e organizar movimentos. A ética no seu sentido real não pode ser mais um produto do individualismo. Ela se mostra, na verdade, como uma moral individualista que acredita, mesmo que inconscientemente, na possibilidade de organizar a sociedade a partir das buscas de satisfação dos indivíduos.

A vida ética baseia-se na relação entre os seres humanos, sob o postulado do bem comum. A sociedade que sai das idiossincrasias cultuais e das endogenias e entra em contato com as diferenças forjou regimes comuns que permitiram falar no bom, no

---

8   Cf. LIPOVETSKY, *A sociedade pós-moralista*, passim.

justo, no verdadeiro, no divino. A ética é a casa comum dos povos civilizados. Em nome de um bem que deve superar não somente o bem particular das individualidades, mas também o das tribalidades, a ética se apresenta como a regra fundamentada da vida social. De fato, as regras de ouro das tradições religiosas repetem o princípio da superação do egocentrismo na relação entre o eu e o outro: *não fazer ao outro o que não quer para si* (hinduísmo, confusionismo, judaísmo) e *fazer ao outro o que gostaria que este fizesse para si* (cristianismo). Sem o outro adotado como referência de construção dos valores e das vivências, impera a barbárie do eu insatisfeito, a moral de Narciso travestida de ética. A lei do amor ao próximo, máxima da vida cristã, significa um caminho de equilíbrio entre os semelhantes, cuja fonte e a meta são o próprio Deus.

c) A função da religião

A mercadoria sacralizada e a religião mercantilizada reproduzem o mesmo sistema de crenças que opera pela oferta de salvação aos que procuram bem-estar material ou espiritual. Trata-se de operações que, embora reproduzindo a mesma lógica do *consumo-satisfação...*, se efetivam de modo inverso. Na oferta do mercado de consumo, os produtos materiais se espiritualizam como fonte certa de felicidade, como forças benfazejas que operam *ex opere operato*, na medida em que por sua praticidade e beleza são verdadeiras. Na oferta religiosa, os produtos espirituais se materializam em mercadorias que podem ser adquiridas no jogo da oferta (graça) e da procura (fé).

Ainda que religião e mercado se relacionem de algum modo, é preciso perguntar por sua função social, política e cultural. É legítimo colocar a religião como meio de solução das coisas sem solução? É correta a oferta de soluções religiosas para a vida material? Qual o papel ético da religião na sociedade? Certamente o postulado da neutralidade religiosa deve ser rejeitado como falso. Por outro lado, sua redução à esfera privada nega sua natureza social, visível a olho nu em todos os povos de todos os tempos.

A sociedade moderna científica delega, quase sempre, à religião uma função de suplência às ciências, ou seja, de explicar aquilo que as ciências não conseguem explicar. Nas adesões dos fiéis essa lógica se reproduz quando esses buscam nos rituais de cura religiosa aquilo que as ciências não conseguiram oferecer com suas terapias convencionais. Por outro lado, as soluções religiosas e as terapias religiosas devem ser compreendidas como saídas oferecidas para aquilo que a sociedade moderna nega, de modo particular para as populações de baixa renda. Desse modo, a religião ocupa um lugar não legítimo no espaço público moderno, embora exerça um papel importante. As posições de suplência, quebra-galhos ou compensação simbólica das carências materiais persistem como exceção às regras regulares da vida moderna; a religião seria uma espécie de antimoderno que, paradoxalmente, completa aquilo que falta no moderno.

Contudo, a religião deverá rejeitar essas posições, em nome daquilo que a constitui como um modo de ver e de posicionar-se no mundo. A função de produzir sentido para as coisas explicadas e inexplicadas e para as coisas solucionáveis e sem solução caracteriza a religião de um modo geral e garante sua originalidade como sistema aderido pela fé, sem paralelismos com a ciência e com a vida cotidiana. Os valores decorrentes das opções religiosas demarcam posicionamentos éticos para os fiéis, o que se traduz em opções políticas, sociais e culturais em toda e qualquer circunstância e não somente quando cessam as possibilidades da razão. A religião constitui, assim, um modo de ser no mundo e não uma fuga do mundo. Esse modo de ser significa afirmação de uma subjetividade livre e autônoma, capaz de fazer escolhas em nome da fé e da razão e, portanto, de interferir nos destinos da história, tendo como fim último a esperança final da vitória da verdade e do bem.

d) Duvidar com a fé

A fé teologal questiona a fé da sociedade moderna, entendida como um sistema mágico que funciona por si mesmo e capaz de trazer felicidade para os consumidores dos produtos incessantemente renovados. O mercado e as mercadorias compõem um sistema religioso. O mercado, como *deus absconditus* que coordena os valores de seu panteão transcendente e todo-poderoso, gerando vida e morte para todo o planeta. As mercadorias que encantam por seus próprios valores verdadeiros, bons e belos que criam fiéis consumidores. Ambos exigem respectivamente fé e sacrifício dos grandes capitalistas e dos consumidores devotos. A dedicação ao investimento e ao consumo compõe os aspectos macro e micro da economia sacralizadora que cria um modo hiperindividualista e hiper-hedonista de vida. Esse modo de vida prescinde de qualquer valor que não venha confirmá-lo, descarta toda alteridade como desnecessária, mesmo que de modo não explícito. A máxima que rege parece ser "fora do indivíduo não há valor". O endereço da felicidade é repetido pela tecnologia estética que seduz os sentidos a buscarem as sensações mais eficazes, em nome da praticidade e da eficiência dos valores de usos dos produtos. Certamente, as eficácias técnica e estética dos produtos oferecidos confirmam as promessas de felicidade a cada desejo realizado, ainda que renovem incessantemente seus conteúdos e formas, no ritmo da própria insatisfação que sucede a cada satisfação. Não há do que duvidar. A individualidade se ocupa sem parar de sua satisfação e de planejar a próxima satisfação, mais plena e completa. É lógico acreditar, esperar e amar tudo isso. Eis as virtudes da racionalidade do consumo.

Contudo, a efemeridade do consumo e a fugacidade das satisfações revelam paradoxalmente a precariedade das promessas de felicidade dessa racionalidade, ainda que a indústria da sensualidade se renove incessantemente, dispensando toda expectativa de futuro. A fé, "posse antecipada daquilo que se espera" (Hb 11,1-3), nos ensina a duvidar de nossas próprias confianças nos imediatismos que nos seduzem como verdades acabadas. A consciência da finitude e da precariedade da vida, de que só temos a morte como certa e de que o Absoluto está acima de tudo e de todos, oferece a justa medida para os seres humanos nas suas relações com o mundo e com os outros.

No âmbito da fé, as promessas de felicidade plena são colocadas sob suspeita, em nome de nossa criaturalidade, sempre insatisfeita. A felicidade tem um sentido último que transcende os momentos efêmeros da história e um sentido imediato que transcende o eu individual. O horizonte da fé nos abre para o futuro, para uma reserva escatológica que anuncia a completude de nosso acabamento, a satisfação de nossa insatisfação. Nenhuma situação histórica e psicológica pode esgotar nossa esperança na felicidade que há de vir e que, por ora, é crítica permanente das conquistas humanas.

e) Ser criatura...

Toda crítica teológica do mercado e da sociedade é feita em nome da vida humana e da vida em geral e, por consequência, em nome de Deus. Santo Irineu dizia: "A vida do homem é a glória de Deus". A vida como dom do Criador e o ser humano como livre e responsável nas relações que constrói com a natureza e com os outros são a pedra fundamental da tradição judaico-cristã. Essa ontologia criatural fornece o parâmetro de qualquer leitura a ser feita sobre a realidade. A liberdade e a responsabilidade das decisões e ações humanas estruturam a relação mais fundamental: ser humano filho de Deus, irmão do outro e senhor do mundo. A inversão dessas relações instaura o domínio sobre o semelhante (todas as formas de escravidão e exclusão), a servidão ao mundo (perda da autonomia e idolatria) e a autodivinização (se julga igual a Deus).

A distinção fundamental entre Criador e criatura permite dar a justa medida às ações humanas no mundo, como relativas a valores básicos que orientam suas ações como ser contingente, destinado a construir a felicidade para todos. Bem comum e felicidade não podem vir do individualismo e da perda de autonomia. São construções históricas feitas pelo ser humano em nome da igualdade fundamental de todos os filhos de Deus. Nesse sentido, tudo o que é construído historicamente deve estar a serviço do ser humano e não o contrário. A economia, a política, a sociedade e a cultura são meios de realização da vida humana, juntamente com os demais seres vivos que compõem o sistema-terra, jamais fins em si mesmos.

Para a fé judaico-cristã a criação é um projeto de Deus que tem o ser humano como parceiro: a história que construímos é a continuidade do projeto de Criador de quem somos, por essa razão, semelhantes. A missão de senhorio sobre o mundo não significa domínio, mas responsabilidade com todas as criaturas. A cultura de consumo hiperindividualista pode resultar em inversões da ordem criada ao afirmar atitudes de egoísmo que desconsideram os outros, ao induzir à idolatria das mercadorias e do prazer, ao criar a falsa igualdade entre os consumidores incluídos no consumo de produtos e marcas, ao aprisionar as escolhas livres em um ciclo de busca incessante de satisfação. Ser criatura significa afirmar a autonomia da ordem criada em relação ao Criador e negar as idolatrias, a relatividade de todas as coisas criadas ao ser humano e negar as escravidões, a igualdade fundamental de todos os filhos de Deus e negar o individualismo e a responsabilidade do ser humano com a criação e negar tudo o que destrói a vida. A ética dos dez mandamentos normatiza essas relações ao condenar a idolatria, a morte e a ganância como atitudes que contrariam o projeto de Deus para seu povo. O mandamento do amor como norma absoluta do cristianismo fornece a regra das relações entre os seres humanos, mediante a qual se alcança a salvação e se conhece o próprio Deus.

5. Referências bibliográficas

ASSMANN, Hugo; HINKELAMMERT, Franz J. *A idolatria do mercado*; ensaio sobre economia e teologia. São Paulo: Vozes, 1989.

DUSSEL, Enrique. *Las metáforas teológicas de Marx*. Navarra: Editorial Verbo Divino, 1993.

GIDDENS, Anthony. *As consequências da modernidade*. São Paulo: Unesp, 1991.

HAUG, Fritz Wolfgang. *Crítica da estética da mercadoria*. São Paulo: Unesp, 1997.

HINKELAMMERT, Franz J. *As armas ideológicas da morte*. São Paulo: Paulinas, 1983.

HOUTART, François. *Mercado e religião*. São Paulo: Cortez, 2000.

LIPOVETSKY, Gilles. *A sociedade pós-moralista*; o crepúsculo do dever e a ética indolor dos novos tempos democráticos. Barueri: Manole, 2005.

_____. *A felicidade paradoxal*; ensaio sobre a sociedade de hiperconsumo. São Paulo: Companhia das Letras, 2007.

MARX, Karl. *O capital I*. São Paulo: Nova Cultural, 1993.

WEBER, Max. *A ética protestante e o espírito do capitalismo*. Lisboa: Presença, 1996.

COMUNIDADE INTERNACIONAL

CAPÍTULO XI

Globalização neoliberal e globalização solidária

Pedro A. Ribeiro de Oliveira

Este é um texto de sociologia inserido no contexto de um livro cuja temática é a relação entre a teologia e as ciências do social. O próprio título do capítulo — *globalização solidária* — refere-se a um conceito próprio ao ensino social da Igreja Católica, raramente empregado por pessoas alheias ao campo católico. Por causa dessa ressonância pastoral, o capítulo foi composto com base no método *ver, julgar e agir*. Ou seja, no primeiro momento ele trabalha o tema da globalização neoliberal desde seu aparecimento até a crise sistêmica que eclodiu em 2008. Em seguida, faz uma breve análise do tratamento dado à globalização no *Documento de Aparecida* e, tomando como referência a ideia de globalização solidária, desenvolve as condições para a sua realização prática.

1. Globalização neoliberal: o contexto de seu aparecimento

O conceito de *globalização* entrou em voga nos anos 1960, quando a tecnologia aplicada aos meios de comunicação de tal modo interligou o mundo que Mac Luhan cunhou a expressão "aldeia global". De fato, os enormes avanços tecnológicos da "era dourada" que se iniciou após a II Guerra Mundial (1939-1945) e a comunicação via satélite fizeram com que as informações chegassem ao mesmo tempo a praticamente todo o planeta. Isso possibilitou aos países tecnologicamente mais avançados levar sua visão do mundo e suas culturas a todos os demais, tornando global o que até então era local. Mas permitiu que elementos de outras culturas também se difundissem pelo mundo. Basta pensar nas diversas culinárias que hoje podem ser encontradas por toda parte: ninguém precisa mais ir à Tailândia para experimentar a cozinha tailandesa... Mais recentemente a internet tornou o inglês a língua franca da informática, obrigando-nos até a reinventar verbos para nos adaptarmos a ela: "deletar", "digitar", "clicar" "tuitar" e outros.

162

Globalização neoliberal e globalização solidária

Sobre aquele conceito de *globalização* foi enxertado outro, que se refere à mudanças no sistema econômico. Ele entrou na linguagem corrente após 1989, quando a derrubada do muro de Berlim precipitou o esfacelamento da antiga União Soviética e pôs fim à Guerra Fria que até então dividia o mundo entre os aliados dos EUA e o bloco socialista. Dissolvido o bloco socialista, o mundo parecia não ter alternativa senão adotar o capitalismo. A *globalização* passou a ser entendida, então, como a globalização do sistema capitalista: o mundo se transformaria num único mercado no qual os bens, os serviços e os capitais poderiam fluir livremente.

Nas línguas latinas é possível distinguir os dois significados, pois basta empregar palavras diferentes: *mundialização* (para o processo político e econômico) e *globalização* (para o processo cultural). Em inglês, porém, só existe a palavra equivalente à *globalização* e isso favorece a confusão entre os dois fenômenos, como se eles fossem a mesma coisa. Dada nossa dependência do vocabulário usado pelos anglo-americanos, abandonamos a palavra *mundialização* e acabamos por usar apenas a palavra *globalização* tanto para designar a interpenetração das culturas locais quanto para a conquista do mundo pelo mercado capitalista. Por isso, convém usar a expressão "globalização neoliberal" para distingui-la da *globalização* como fenômeno cultural.

"Neoliberalismo" também é uma palavra nova, criada para distinguir as propostas políticas e econômicas de pensadores monetaristas (Milton Friedman e Friedrich Hayek, que receberam o prêmio Nobel) do liberalismo clássico. Ambos atribuem ao Estado a função de manter a ordem política e jurídica sem interferência na economia — que deve ser regida unicamente pelas leis do mercado —, mas o contexto histórico desse pensamento é outro: enquanto os clássicos propunham maior liberdade para as empresas privadas e o comércio, os neoliberais têm como alvo principal o "Estado de bem-estar social" que foi inventado para fazer face ao socialismo, e obteve grande êxito depois da depressão de 1929, por criar empregos e garantir o poder de compra dos trabalhadores. Para o pensamento neoliberal, os investimentos do Estado provocam a inflação e devem ser reduzidos ao mínimo. Isso significa não somente que o Estado privatize suas empresas, mas que destine seus gastos sociais unicamente a pessoas incapazes de proverem sua subsistência. Esse pensamento tornou-se vitorioso nos anos 1980, depois das eleições de Margareth Thatcher no Reino Unido e Ronald Reagan nos EUA. O desmoronamento da economia socialista deu ao neoliberalismo uma aura de verdade incontestável e Thatcher afirmou taxativamente: "Não há alternativa".

Fiori[1] explica em que consiste a globalização neoliberal num artigo escrito pouco depois do lançamento do "Plano Real". Segundo ele, tratava-se de aplicar no Brasil a receita arquitetada pelos economistas do Banco Mundial, do Fundo Monetário Internacional e dos grandes bancos internacionais, que ficou conhecida como

---

1   FIORI, *Os moedeiros falsos.*

163

"consenso de Washington" por ter sido assumida pelo Congresso dos EUA como política econômica a ser implementada pelo governo em relação aos países endividados. Fiori recorre a uma metáfora para expor didaticamente seu conteúdo. Para sair da situação de insolvência que caracterizava praticamente todo o "terceiro mundo", exceto a China e os "tigres asiáticos", era preciso dar três grandes passos: atravessar a "planície da estabilidade", passar pelo "vale de lágrimas" e então subir a "montanha da prosperidade". A primeira fase era o combate à inflação, pois só podem concorrer no mercado mundial países que tenham moeda estável. Esse combate implacável tem um alto custo social, devido ao desemprego e à elevação dos juros. Somando a esse custo social as medidas de contenção dos gastos do governo, temos a segunda fase — o "vale de lágrimas". Para atravessá-lo, são preconizadas medidas drásticas, como a privatização de bancos, empresas e serviços públicos, a desregulamentação do mercado de trabalho, o fim de subsídios e a abertura do mercado interno a empresas estrangeiras. Nessa fase ocorrem inúmeras quebras de empresas e a concentração da propriedade nas mãos das mais competitivas. Vencida essa etapa, porém, a economia nacional se integrará no mercado globalizado e poderá galgar a montanha da prosperidade: por merecer a confiança dos investidores, receberá grande afluxo de capitais. Esta é a promessa da globalização neoliberal.

Ao examinar a realidade brasileira atual, percebemos que aquela receita tem sido aplicada com bastante êxito. Embora o governo Lula tenha se diferenciado de seus antecessores por não levar adiante o processo de privatização, aumentar os gastos sociais e recuperar a política de investimentos — assim fazer do Estado um indutor do crescimento econômico —, também ele manteve como prioridade absoluta o controle da inflação preconizado pela teoria "monetarista". Isso favoreceu a valorização do real diante do dólar e a acumulação de reservas cambiais que permitiram superar a crise financeira de 2008 e chegar a um patamar sustentado de crescimento econômico. Seu resultado foi a diminuição do número de famílias em situação de miséria e o aumento significativo dos setores médios (a chamada classe "c" que hoje representa praticamente a metade das famílias brasileiras), sem contudo prejudicar os interesses dos setores dominantes: banqueiros, empresários e grandes proprietários rurais. Ora, se os pobres foram favorecidos e os ricos também, isso significa que o Brasil enfim encontrou o caminho para seu desenvolvimento econômico e social?

Vejamos essa questão com mais atenção, porque ela levanta um problema que o pensamento neoliberal evita o quanto pode: os custos ignorados pela contabilidade.

2. A lógica produtivista/consumista e a crise atual

O êxito do sistema de mercado, regido pela lei da oferta e da procura, reside na sua enorme capacidade de produzir riquezas, tendo em vista a possibilidade do lucro. Seu primeiro grande teórico, A. Smith, já dizia que não é o altruísmo e sim o espírito

Globalização neoliberal e globalização solidária

egoísta de lucro que faz o padeiro levantar-se de madrugada para vender seu pão logo pela manhã. Todo empresário competente sabe que ao contratar trabalhadores que o ajudem a produzir, ao adotar novas técnicas de produção e de gestão, ao fazer propaganda do seu produto, ao financiar suas vendas e ao vender seu produto conforme as normas legais, está aumentando a oferta de bens ou serviços que, ao serem vendidos, lhe darão lucro. Esta é a lógica do mercado: produzir para vender e vender para lucrar. O mercado é impulsionado por esse princípio dinâmico e não pode ficar parado, sob pena de não mais funcionar. Ele precisa estar sempre em expansão, isto é, integrar um número cada vez maior de pessoas como compradoras e vendedoras.

Esse dinamismo, contudo, só é possível à medida que são ignorados os efeitos não econômicos do processo de produção e consumo de bens regido pela lógica do lucro. A produção de lixo, o desperdício de matérias-primas e de energia, a destruição da biodiversidade, a degradação dos solos e das águas, os danos à saúde humana e animal, a exclusão social e a revolta dos excluídos, não são levados em consideração pela teoria econômica, que os qualifica como *externalidades*. Com isso, a teoria econômica se omite em contabilizá-los. Tudo se passa como se a economia nada tivesse a ver com questões de meio ambiente, saúde e relações sociais. Ela só se interessa em produzir e distribuir bens e serviços para atender a demanda do mercado e assim satisfazer os consumidores. Desde que sua atividade não viole as leis vigentes, ela considera aquelas questões como atribuição do Poder Público ou da sociedade, e não como um problema do sistema econômico.

Aqui se explicita o limite do pensamento econômico neoliberal: desconsiderou os problemas com o déficit energético, o aquecimento global e a desumanização das relações sociais e agora essas *externalidades* se voltam contra o sistema e ameaçam travar seu funcionamento. Em outras palavras, a globalização neoliberal soltou as amarras regulatórias do sistema capitalista de mercado e isso favoreceu sua capacidade de produzir riquezas; ao mesmo tempo, porém, o faz atingir seu limite de possibilidade e está prestes a se esgotar. Daí a situação de crise neste início de século.

Sabemos que as crises do capitalismo são cíclicas e que elas contribuem para depurá-lo de seus erros, mas isso não significa que ele tenha garantida sua perenidade histórica. Esboçado nas cidades do norte da Itália desde o século XIII, estruturou-se no século XVI, provocou a revolução industrial no século XVIII e consolidou-se por meio das revoluções política e cultural do século XIX. No século XX atingiu a maturidade, ao mundializar-se pelo processo de globalização neoliberal. Ao longo da história o sistema capitalista assumiu diferentes formas — mercantilista, liberal, imperialista, de bem-estar social e neoliberal — e viu seu centro polarizador deslocar-se pelo mundo: das cidades italianas foi para Amsterdã, dali transferiu-se para Londres e depois Nova York. Hoje há sinais de que o próximo centro polarizador se localizará na China.[2]

---

2   As pesquisas sobre a história do sistema de mercado regido pelo capitalismo ganharam um enorme impulso a partir da obra de Fernand Braudel e de Imannuel Wallersteins. Sobre as crises do capitalismo e as transferências de seu centro polarizador, a obra de referência é ARRIGHI, *O longo século XX*.

Essas mudanças se deram sempre em meio a graves crises financeiras, sociais e políticas, e nenhuma delas ocorreu sem provocar guerras. É preciso ter presentes essas lições da história para diminuir, o quanto possível, o inevitável sofrimento humano que ela acarreta. Mas é preciso ter presente, também, que a crise econômica deste início de século é muito diferente das anteriores, porque ela tem na sua base a ameaça de esgotamento dos recursos naturais do planeta. Por isso ela pode resultar no aprimoramento do sistema capitalista, como fizeram as anteriores, mas não se deve descartar a hipótese de ser esta uma crise do sistema que, ao atingir seu limite terminal, abrirá espaço para outro modo de produção e consumo.

O *produtivismo consumista* da economia de mercado exige enormes quantidades de energia e de matérias-primas, e gera mais poluentes (lixos e venenos) e mais CO_2 do que a terra consegue absorver. Ele chegará, portanto, ao seu limite de possibilidade pela dupla vertente do consumo de energia e matérias-primas não renováveis (carvão, petróleo, gás, minérios) ou fisicamente limitadas (hidroeletricidade, terras agriculturáveis) e pela poluição acima da capacidade de reciclagem pelo sistema de vida do Planeta. Ainda que interrompesse sua expansão, seu simples funcionamento nos moldes atuais o levará ao seu limite físico de possibilidade. Diante desse impasse hoje mundialmente reconhecido, os e as dirigentes do mundo buscam desenvolver novas fontes de energia e matérias-primas, o quanto possível limpas (que não produzam lixo) e renováveis. Sua esperança reside nos avanços da ciência e da tecnologia que, segundo eles, vão superar todos essas dificuldades e assegurarão a todos melhores condições de existência. Esta é a mensagem transmitida pela mídia, como que para evitar o pânico geral. Cabe, contudo, investigar se essa esperança tem fundamento sólido, ou se não passa de uma má utopia — porque enganosa.

A esperança na pesquisa em Ciência e Tecnologia (C&T) tem seu fundamento na experiência histórica do Renascimento europeu. Desde então seus avanços têm sido tamanhos, que para ela nada é descartado como impossível. Sua exigência é que não faltem os recursos financeiros para a pesquisa: quanto maiores forem, menor o tempo para atingir o seu objetivo. Dubai é um dos ícones contemporâneos do poder do dinheiro: entre outros prodígios, ali se pode fazer esqui na neve apesar da temperatura externa chegar a 40°C. Essa vinculação essencial entre a pesquisa e os recursos financeiros faz que a pesquisa se realize sempre a serviço do funcionamento do sistema. Basta lembrar que a pesquisa em C&T promete o aumento da eficiência e a consequente redução substancial de gastos em recursos naturais, mas não sua eliminação em termos absolutos. Por isso, a esperança no avanço tecnológico é uma má utopia, que apenas diminui os efeitos daninhos do sistema e adia sua crise, porque continua a estimular a produção e o consumo.

Se esta é uma utopia enganosa, onde poderia ser encontrada uma saída para a crise econômica, ecológica e social do século XXI?

O *Documento de Aparecida*, elaborado pela V Conferência Geral do Episcopado Latino-Americano e Caribenho em 2008, é uma boa referência para o pensamento de inspiração cristã que almeja uma *globalização solidária* no lugar da globalização neoliberal hoje em crise terminal.

3. A globalização no *Documento de Aparecida* (DA)

O documento final dedica nada menos de quarenta parágrafos ao tema da globalização. Nesse longo texto misturam-se as duas concepções do conceito anteriormente assinaladas: a globalização cultural e a globalização neoliberal. Essa confusão não permite que o DA, no seu conjunto, vá além de ressaltar aspectos positivos e negativos do fenômeno. Para buscarmos a percepção do Episcopado Latino-Americano e Caribenho sobre a crise da globalização neoliberal e os caminhos apontados para a mobilização dos cristãos em favor de sua superação, é necessário distinguir as duas abordagens feitas no DA. Isso significa deixar de lado a extensa parte referente à globalização como consequência do "progresso científico e tecnológico de nossa época" (34)[3] e concentrar a análise nos dez parágrafos referentes à dimensão socioeconômica (os parágrafos de nn. 60-69).

O DA inicia sua análise da globalização neoliberal apontando que, "lamentavelmente, a face mais difundida e de êxito da globalização é sua dimensão econômica, que se sobrepõe e condiciona as outras dimensões da vida humana" (61). É interessante notar que ele lamenta o fato de se colocar em relevo a dimensão econômica mais do que a dimensão cultural, mas isso não impede de ver nela

> uma tendência que privilegia o lucro e estimula a competitividade; a globalização segue uma dinâmica de concentração de poder e de riqueza em mãos de poucos. Concentração não só dos recursos físicos e monetários, mas sobretudo de informação e dos recursos humanos, o que produz a exclusão de todos aqueles não suficientemente capacitados e informados, aumentando as desigualdades que marcam tristemente nosso continente e que mantêm na pobreza uma multidão de pessoas (n. 62).

Mais adiante, ao atualizar os "rostos de quem sofre" delineados pela primeira vez no *Documento de Puebla*, o DA acusa "uma globalização sem solidariedade (que) afeta negativamente os setores mais pobres. Já não se trata simplesmente do fenômeno da exploração e opressão, mas de algo novo: da exclusão social. Os excluídos não são somente 'explorados', mas 'supérfluos' e 'descartáveis'" (65). No parágrafo

---

3   As referências ao *Documento de Aparecida* seguem a numeração dos parágrafos do original.

seguinte vai ao cerne da questão ao afirmar que "as instituições financeiras e as empresas transnacionais se fortalecem ao ponto de subordinar as economias locais, sobretudo, debilitando os Estados", que encontram dificuldade para implementar políticas sociais. Refere-se também às indústrias extrativas e ao agronegócio, que destroem a natureza e a biodiversidade, contaminam o ar e provocam mudanças climáticas (66).

Enfim, critica a celebração de Tratados de Livre Comércio entre países com economias assimétricas, com suas "exigências desmedidas em matéria de propriedade intelectual, a tal ponto que se permitem direitos de patente sobre a vida em todas as suas formas" (67), bem como o fato de que "muitos governos se encontram severamente limitados para o financiamento de seu orçamento público pelos elevados serviços da dívida externa e interna" (68). E aponta os mecanismos do sistema financeiro como principais causadores da atual concentração de renda e de riqueza, porque

> a liberdade concedida aos investimentos financeiros favorece o capital especulativo, que não tem incentivos para fazer investimentos produtivos de longo prazo, mas busca o lucro imediato nos negócios com títulos públicos, moedas e derivados (69).

Em síntese, dizem os bispos da América Latina e Caribe:

> É por isso que, diante desta forma de globalização, sentimos um forte chamado para promover uma globalização diferente, que esteja marcada pela solidariedade, pela justiça e pelo respeito aos direitos humanos, fazendo da América Latina e do Caribe não só o continente da esperança, mas também o continente do amor (64).

Ao retomar o tema, na parte final, o DA aponta cinco grandes linhas de ação. Merece especial atenção aquela que vai na direção oposta à globalização neoliberal ao afirmar que "trabalhar pelo bem comum global é promover uma justa regulação da economia, das finanças e do comércio mundial" (423). E o DA conclui essa parte conclamando

> todos os homens e mulheres de boa vontade a colocarem em prática princípios fundamentais como o bem comum (a casa é de todos), a subsidiariedade, a solidariedade intergeracional e intrageracional (425).

O *Documento de Aparecida* é, sem dúvida, uma valiosa contribuição da Igreja Católica Romana para orientar seus fiéis na busca de uma globalização solidária, mas seu alcance prático só vai até onde vai a adesão dos católicos ao ensinamento de seus bispos. Não é pouca coisa, por ser a maior Igreja do Continente e com enorme capilaridade nas suas comunidades de base e pastorais sociais, mas uma proposta de mudança estrutural como a globalização solidária requer outra correlação de forças: para contrapor-se ao poder econômico concentrado no sistema financeiro e nas grandes empresas transnacionais é necessário um poder coletivo cujo alcance vá muito além do campo católico. Isso nos leva a examinar o sujeito histórico que emerge nos movimentos sociais e que se expressa de modo mais visível nos Fóruns Sociais Mundiais.

4. Outra globalização é possível

Os movimentos sociais — ou melhor, seus setores mais organizados — já perceberam que o pensamento neoliberal que orienta o sistema financeiro mundial e se expressa em agências internacionais como o FMI e o Banco Mundial leva o mundo a uma crise sistêmica fatal. Foi contra esse "pensamento único" que se levantou em 2001, no I Fórum Social Mundial, o grito de "outro mundo é possível". Aquela foi a primeira manifestação de alcance mundial de que os Movimentos Sociais recusavam-se a aceitar a globalização neoliberal e que estavam em busca de uma outra forma de globalização. Isso não significava — como ainda não significa — que eles já tivessem clareza quanto aos caminhos a serem percorridos para sua realização.

Já está claro, porém, que não basta constituir uma "nova sociedade": há que ser uma "nova terra". Um novo modo de produção e de consumo de alcance *planetário* inclui ecologia, economia, sociedade, política, cultura e ética. Ele surge como alternativa à economia de mercado regulada pelo capital, cujo motor — o lucro privado — destrói tanto os recursos naturais quanto os laços sociais de trabalho, ambos tratados como se fossem mercadorias. Esse novo modo de produção e consumo não cabe numa concepção da economia como uma área de conhecimento especializado, sobre a qual só gente com muito estudo (de preferência, numa universidade dos EUA) pode se pronunciar. A reação à globalização neoliberal que despertou esses movimentos sociais despertou também uma nova forma de consciência que propõe mudar não só as relações de dominação dos países ricos sobre a periferia mundial empobrecida, mas também as relações de dominação da espécie humana sobre as demais espécies vivas e assim criar um modo de produção e de consumo respeitoso do meio ambiente. A *consciência planetária* se expressa de modo paradigmático na *Carta da terra*.[4]

Aprovada em março de 2000 pela Unesco, a *Carta da terra* busca criar o consenso ético sobre as grandes questões do nosso tempo. Sua elaboração é o resultado de um longo processo que envolveu mais de cem mil pessoas de 46 países. Da comissão de redação fez parte o teólogo brasileiro Leonardo Boff. Em seu Preâmbulo, a *Carta* afirma a gravidade do atual momento: "Estamos diante de um momento crítico na história da terra, numa época em que a humanidade deve escolher o seu futuro". Constata que a própria vida está ameaçada pelos "padrões dominantes de produção

---

4   O texto integral pode ser acessado em http://www.cartadaterra.org/ctoriginal.htm

Pedro A. Ribeiro de Oliveira

e consumo", e que "a escolha é nossa: formar uma aliança global para cuidar da terra e uns dos outros, ou arriscar a nossa destruição e a da diversidade da vida". Afirma que a tecnologia já nos permite optar por um caminho ou outro e que a decisão não é técnica mas sim política.

Esse enfoque traz uma verdadeira mudança de paradigma e permite-nos descortinar cenários bem diferentes da utopia produtivista — consumista que ainda é hegemônica. Tomemos, por exemplo, o pensamento e o exemplo de Gandhi, que busca um modo de produção e consumo voltado não para o crescimento econômico, mas para o bem-estar de todos os seres vivos. Seu ideal humanista de simplicidade de vida, de não violência (inclusive contra os animais, o que implica a alimentação vegetariana), de autonomia local e regional, bem pode servir de base para uma nova economia, que abdica da utopia *produtivista* do progresso sem fim para alcançar a utopia da harmonia universal da *comunidade de vida* — a bela e provocante expressão usada na *Carta da terra* para designar o conjunto dos seres viventes e superar o *especismo* humano.

Uma economia de molde *gandhiano* teria que criar unidades de produção locais, articuladas em rede, com baixo consumo de energia e submetida ao imperativo ecológico que proíbe diminuir custos monetários se isso aumentar o custo humano ou ambiental. Ela só terá a ganhar se incorporar as experiências da *economia solidária*, das diversas formas *cooperativas* e do *planejamento estatal*, que podem com vantagem substituir o mercado na regulação da produção, desde que respeitem o princípio da *subsidiariedade*: não assuma a instância maior o que a instância menor é capaz de fazer.

Será isso uma utopia? Sim, com certeza, mas não é a utopia enganosa da tecnologia onipotente, do progresso sem fim e da satisfação dos desejos pelo consumo de mercadorias.

5. Condições de realização de uma globalização solidária

No estado atual das relações internacionais, a solidariedade entre os povos é somente retórica. Um artigo de Naomi Klein[5] bem ilustra a ausência desse valor:

> A Bolívia está no centro de uma dramática transformação política, que nacionalizou as indústrias-chaves e elevou como nunca antes as vozes dos indígenas. Mas no que se refere à sua crise existencial mais aguda — o fato de que suas geleiras estão se

---

5   Artigo publicado no jornal mexicano *La Jornada*, em 24.4.2010 e acessado em 26.4.2010 na página do Instituto Humanitas, da Unisinos: http://www.ihu.unisinos.br/index.php?option=com_noticias&Itemid=18&task=deta lhe&id=31798

derretendo a um ritmo alarmante, o que ameaça o fornecimento de água para duas das principais cidades — os bolivianos não podem mudar seu destino sozinhos.

Isso se deve ao fato de que as ações que provocam o derretimento não são realizadas na Bolívia, mas [...] nas zonas industriais dos países fortemente industrializados. Em Copenhague, os dirigentes dos países em perigo, como a Bolívia e o Tuvalu, argumentaram apaixonadamente a favor do tipo de reduções das emissões de gases que poderiam evitar uma catástrofe. Amavelmente, lhes disseram que no Norte simplesmente não havia vontade política para isso. E mais: os Estados Unidos deixaram claro que não tinham a necessidade de que países pequenos como a Bolívia fizessem parte de uma solução climática. Negociariam um acordo com outros emissores pesados a portas fechadas e o resto do mundo seria informado dos resultados e convidado a assinar, o que foi precisamente o que aconteceu no Acordo de Copenhague.

Embora só a solidariedade entre os povos possa salvar a humanidade da tragédia que se anuncia, nada indica que ela resulte da iniciativa dos países ricos e poderosos. Ao contrário, os dados recentes mostram que têm aumentado os gastos militares, como se o mundo devesse se preparar para um período de guerras — pois a história mostra que é isso que acontece nas crises do sistema capitalista. Como então afirmar a possibilidade de uma globalização da solidariedade?

Um texto clássico de filosofia da história afirma que

> a humanidade se propõe sempre apenas os objetivos que pode alcançar, pois, bem vistas as coisas, vemos sempre que esses objetivos só brotam quando já existem ou, pelo menos, estão em gestação as condições materiais para a sua realização.[6]

Se a proclamação de "outro mundo possível" ganha cada vez mais adeptos pelo mundo, é porque nela estão sendo gestadas as condições para sua realização na história.

Uma dessas condições é a emergência de uma *consciência planetária*, pois enquanto prevalecer a concepção de espécie humana como dona e senhora da terra, sem escrúpulo de tratar outras espécies vivas como objetos que se podem manipular, estaremos amarrados ao paradigma que, desde o Renascimento europeu, tem na pessoa individual a base dos valores e direitos que regulam as nossas relações com outras pessoas e com a natureza. Essa concepção veio de par com a economia capitalista de mercado, que a levou ao extremo do egocentrismo, como se cada indivíduo fosse o eixo em torno do qual o mundo gira. Assim como o egocentrismo deu a forma moral ao modo de produção capitalista, um novo paradigma de valores deve acompanhar o modo de produção e consumo ecológico e solidário. Essa nova forma de consciência precisa apoiar-se numa ética universalista (que inclua os direitos

---

6   MARX, Prefácio à Crítica da Economia Política, p. 2.

animais e os direitos da terra) e só terá a ganhar se gerar uma espiritualidade que a anime a partir de seu interior.

Sem associar-se a um novo paradigma científico, porém, a *consciência planetária* pode ser facilmente demolida pela crítica racional como um desejo tão romântico quanto inviável de harmonia universal. O movimento hippie e os movimentos espirituais da *Nova Era* poderiam ser invocados como exemplos dessa consciência ingênua, capaz de criar comunidades e microculturas alternativas, mas incapaz de produzir mudanças nas estruturas econômicas e políticas. Aliás, aqueles movimentos foram capazes de alcançar grande número de adeptos em todo o mundo mas não conseguiram ultrapassar a barreira das gerações.

Aqui entra a necessidade de uma *ecossociologia* entendida como ciência e arte das relações sociais. Porque as relações sociais são indissoluvelmente econômicas, culturais, históricas, territoriais, simbólicas e de sociabilidade propriamente dita, a *ecossociologia* não pode manter-se dentro das fronteiras acadêmicas dessas disciplinas, mas é obrigada a usar uma metodologia capaz de integrar todas elas.

Não basta, porém, articular ciência e *consciência planetária*. Um terceiro elemento é indispensável para que esse novo paradigma científico seja operativo: ele requer um projeto que leve à *práxis*. Essa exigência tem, evidentemente, uma razão funcional, pois a ausência de um projeto tornaria a consciência e a ciência incapazes de produzirem efeitos práticos. Mas ela é também e principalmente de ordem metodológica: é na prática historicamente transformadora — a *práxis* — que se produz um conhecimento do mundo real. É pela resistência do objeto ao trabalho humano que ele se torna realmente conhecido. Assim também, é quando se faz um trabalho de transformação de uma realidade social que se conhece a lógica das suas estruturas e do seu funcionamento. Neste sentido, a ciência é inseparável da arte. É na ação sobre a realidade para transformá-la que se aprende a conhecê-la em profundidade, e não apenas o suficiente para fundamentar a tecnologia.

Esse novo paradigma da *consciência planetária* está em elaboração em diferentes partes do mundo e em muitas experiências alternativas. O Fórum Social Mundial é, sem dúvida, o principal mas não o único espaço de trocas desses saberes. É ali, mais do que nos congressos acadêmicos e universidades, que se engendra hoje um paradigma científico capaz de responder ao desafio da crise sistêmica e sua ameaça à vida do Planeta. Um exemplo de *práxis* desse novo paradigma é a rica experiência de formas de *economia solidária*. Ela quer ser não uma política *social* — focada no atendimento às necessidades de pessoas excluídas do mercado —, mas sim uma política *econômica* — um novo modo de produzir, distribuir e consumir bens e serviços. Marcos Arruda,[7] que é hoje um dos melhores articuladores desse projeto, aponta

---

7   ARRUDA, *Exchanging visions of a responsible, plural, solidarity economy.*

suas implicações nas mais diversas áreas da vida humana, como as relações de gênero, a educação, a democracia e a ética.

Essas experiências de *economia solidária* só constituirão uma base sólida para uma globalização solidária se fizerem o salto do *micro* ao *macro*, porque uma coisa são os empreendimentos locais que agrupam no máximo algumas centenas de pessoas trabalhando; outra coisa é sua capacidade de um dia eles virem a atender às necessidades de quase sete bilhões de pessoas, muitas delas querendo satisfazer os desejos atiçados pela propaganda veiculada pelo sistema capitalista. Esse salto não poderá seguir o modelo capitalista — que gerou empresas gigantescas e transnacionais, com poder maior do que muitos Estados nacionais —, mas deverá espelhar-se na moderna organização em *rede*: inúmeras pequenas unidades autônomas quanto à sua gestão mas articuladas entre si na consecução de projetos comuns. "Pensar globalmente e agir localmente" significa ter um pé na base local e o outro caminhando para uma articulação regional com os olhos na articulação nacional, continental e planetária. A gestão dessa *rede* só será efetiva se basear-se numa verdadeira democracia na qual as minorias sejam respeitadas dentro dos rumos traçados pela maioria.

Muitas outras condições são necessárias, sem dúvida, para a efetiva globalização da solidariedade, que está apenas em esboço nos países empobrecidos (como a Bolívia) e nas comunidades populares que ainda sabem viver na simplicidade e na partilha dos bens. Elas sabem que não é preciso ser rico para ser feliz. É este saber que permitirá reconstruir a sociedade humana depois da grave crise que virá quando se esgotarem os recursos naturais do Planeta.

À medida que conseguirmos alimentar o ideal de simplicidade de vida, de não violência (inclusive contra os animais) e de autonomia local como base de uma nova economia que recusa o ideal produtivista do progresso sem fim, contribuiremos para lançar os alicerces do "outro mundo possível".

6. Referências bibliográficas

ARRIGHI, Giovanni. *O longo século XX*; dinheiro, poder e as origens de nosso tempo. São Paulo: Contraponto, 2006.

ARRUDA, Marcos (org.). *Exchanging visions of a responsible, plural, solidarity economy*. Rio de Janeiro: ALOE, 2008

BRAUDEL, Fernand. *Civilisation matérielle, economie et capitalisme, XVe-XVIIIe siècle*. Paris: Armand Colin, 1979.

FIORI, José Luís. *Os moedeiros falsos*. Petrópolis: Vozes, 2009.

MARX, Karl. Prefácio à Crítica da Economia Política. In: MARX, Karl; ENGELS, Friedrich. *Obras escolhidas*. Rio de Janeiro: Vitória, 1956. v. 1, pp. 300-303.

WALLERSTEIN, Imannuel. *The modern world system I*; capitalist agriculture and the origins of the European world-economy in the sixteenth century. New York: Academic Press, 1974.

CAPÍTULO XII

Uma pátria comum?

José Carlos Aguiar de Souza
Márcio Antônio de Paiva

1. Introdução

Vivemos como se sói dizer em uma mudança de época caracterizada, principalmente, pelo multifacetado fenômeno da globalização, cujo suporte é a tecnologia. Nossa proposta se expressa na tentativa de pensar um *ethos* para além das particularidades culturais, inclusivo e aberto, e que possibilite refletir sobre a categoria de *pátria comum* como categoria aberta à transcendência, pois, "ainda que hoje se tenha generalizado maior valorização da natureza, percebemos claramente de quantas maneiras o homem ameaça e inclusive destrói seu *habitat*".[1] O horizonte para o qual se aponta é aquele segundo o qual "a melhor forma de respeitar a natureza é promover uma ecologia humana aberta à transcendência", pois "o Senhor entregou o mundo para todos, para as gerações presentes e futuras".[2]

De início, o objetivo deste capítulo é discutir a questão do cuidado pela terra como nossa pátria comum. Isso significa reivindicar um *status* ontológico para a terra que vá além da concepção do mundo como mero mundo da *physis,* conforme concebeu a ciência do século XVII. Com a ciência moderna, a dissolução do cosmo grego é iniciada e o mundo da natureza é visto na perspectiva das qualidades primárias e despovoado de todo e qualquer significado. Se a natureza é apenas um vazio que o sujeito tem que moldar segundo os seus projetos e ideais, então a terra não passa de uma mera *res extensa* sujeita ao domínio e maestria da razão. Um mundo desencantado, descrito apenas em termos de suas qualidades primárias, é incapaz de nos oferecer o aconchego de um lar.

---

1   CELAM, *Documento de Aparecida*, n. 125.

2   Ibid., n. 126.

A seguir, revisitamos o testemunho pré-ontológico heideggeriano da *Unheimlickeit* e, posteriormente, da *Heimatlosigkeit* num sentido eminentemente positivo como condição de ir além, para, posteriormente, articular os testemunhos originários bíblicos, expressos nos conceitos de terra, terra prometida, pátria, terra onde correm leite e mel, morada, e apontar para uma saída relativa aos desafios atuais na direção de uma *pátria comum* "já aqui" — *através do empenho ético, solidário em função de uma justiça intergeracional* —, mas "ainda não" consumada.

2. O testemunho da visão clássica

Para os antigos, o mundo era concebido como cosmo: uma obra de arte belamente adornada pela proporcionalidade de suas formas. A razão contemplativa transcreve a ordem contemplada para o mundo da *pólis*. Ninguém deveria interferir na ordem do cosmo. Subjacente à concepção do cosmo estavam as ideias de valor, harmonia, desígnio e teleologia. O mundo da *physis* é permeado por uma ordem geométrica que lhe conferia um valor ontológico único. Nossa reflexão procura primeiramente situar a dissolução do cosmo grego à perda da ideia da lei natural. Em seguida, faremos uma reflexão que relaciona o fim da lei da natureza ao conceito de criação do nada. E por último iremos propor uma valoração ontológica do ser do mundo para além da razão instrumental que se mostra matematicamente neutra para todos os nossos anseios éticos, metafísicos e busca de sentido.

Houve um tempo em que era possível justificar as categorias morais no próprio ser, fundamentá-las na natureza do ser. Isso significa fundamentar essas categorias morais numa lei natural, numa ordem inerente ao próprio ser. A lei natural, nessa perspectiva, era a norma última, a norma objetiva do que chamamos de bem; o moralmente bom é algo que, de certo modo, corresponde à lei natural. Ao contrário, o moralmente errado é tudo aquilo que vai contra a lei natural, "contra a natureza". O bem não é, pois, determinado, nessa perspectiva, por uma lei geral, nem pela lei da razão, mas por um tipo particular de lei: uma lei inerente ao próprio ser. Essa é a ideia básica por detrás da ideia da lei natural.

A lei natural é um fundamento; ela fundamenta as nossas categorias morais. Essa junção entre o bem e o ser, em que o bem é, a expressão do que é torna-se extremamente problemática em nossos dias. Afirmar que algo é bom porque está de acordo com a lei da natureza, ou vice-versa, não é mais tomado a sério como argumento moral.

Aristóteles é o fundador da ética ocidental. Ao responder a questão "como devo viver?" ele respondeu: segundo a natureza humana. A ética aristotélica é teleológica. Isso significa dizer que o desejo humano, em geral, é analisado no contexto de uma analogia com as assim chamadas tendências naturais; ou seja, tendências que pertencem à nossa própria natureza, à natureza do nosso corpo. O termo técnico latino é *Inclinatio naturalis*: um objeto corresponde ao nosso desejo do mesmo modo que um objeto corresponde a algumas tendências naturais. Do mesmo modo que nossas tendências naturais são internamente atraídas por, direcionadas para um objeto específico que pertence a essas tendências enquanto tais, assim também um determinado objeto corresponde ao nosso desejo. Isso significa que da própria natureza de suas estruturas, nossas tendências naturais são atraídas por um ponto culminante, um ponto último, ou seja, aquilo que deve ser buscado por si mesmo.[3] Desse modo, o objeto do desejo humano, em geral, pode ser determinado, por assim dizer, pela análise da sua própria estrutura, a estrutura, a natureza específica do desejo. Essa é a concepção mais geral do finíssimo interno, ou teleologia. Existe um objeto que corresponde ao nosso desejo; o objeto é de tal sorte que nele nós podemos encontrar nossa satisfação final, como acontece com tendências naturais tais como comer, beber, e a sexualidade. Todas essas tendências possuem um objeto específico que é bom para algo: a sexualidade é boa para perpetuar a espécie, comer e beber são bons para manter o corpo. Elas possuem objetos específicos que só podem ser realizados de certa maneira. De certo modo o desejo é tal objeto, e ao realizá-lo o desejo é satisfeito, podendo assim encontrar a sua felicidade.

Na perspectiva clássica aristotélica tenta-se encontrar, pois, em primeiro lugar, um bem que pertença ao desejo internamente para que se possa determinar que um ser humano deva viver e quais ações ele deva praticar; existe uma ligação intrínseca entre o objeto e o desejo. Consequentemente, a organização de nossa vida não deve ser buscada fora dessa natureza. A noção de finíssimo interno significa, em termos gerais, que na nossa própria natureza existe um objeto que pertença ao nosso desejo. Ao realizar o nosso *télos* encontramos a felicidade. Num sentido mais estrito, o finíssimo interno significa que o objeto tem que ser realizado, ou obtido, em conformidade com a própria estrutura do ser.

Os seres humanos e os animais possuem as mesmas inclinações (tendências como comer, beber, sexualidade (finalismo interno), mas a diferença é que os seres humanos realizam essas tendências de acordo com a sua estrutura. Nós possuímos em comum com os animais as mesmas tendências num nível sensível, mas nós as realizamos de um modo apropriado (correspondente à própria estrutura da nossa natureza) à nossa natureza, ou seja, de acordo com a razão (temos aqui o intelectualismo aristotélico). Isso significa que até mesmo aqueles objetivos biológicos, como a preservação de si e a procriação, têm que ser realizados segundo os princípios da própria natureza do indivíduo.

A preocupação primeira de Aristóteles diz respeito à ação enquanto esta conduz ao bem. A reta ação é, exatamente, aquela que conduz ao bem, sendo que a má-ação é a que se opõe à consecução do bem. Segundo Aristóteles, "admite-se geralmente que toda arte e toda investigação, assim como toda ação e toda escolha, têm em mira

---

3   ARISTÓTELES, *Ética a Nicômaco*, 1094a 22.

um bem qualquer, e por isso foi dito, com muito acerto, que o bem é aquilo a que todas as coisas tendem".[4] Aristóteles faz uma diferenciação entre os diferentes bens que correspondem às diferentes ciências e artes, e se propõe a buscar o bem último, "o bem", ou seja, aquele a que se deseja por ele mesmo.

Para Aristóteles, a ciência política ou social é aquela que estuda o bem para o homem. O estado e o indivíduo possuem o mesmo bem, apesar de o bem encontrado no Estado ser mais nobre: "Com efeito, ainda que tal fim seja o mesmo tanto para o indivíduo como para o Estado, o deste último parece ser maior e mais completo, quer a atingir, quer a preservar. Embora valha bem a pena atingir esse fim para um indivíduo só, é mais belo e mais divino alcançá-lo para uma nação ou para as Cidades-Estado. Tais são, por conseguinte, os fins visados pela nossa investigação, pois que isso pertence à ciência política numa das acepções do termo".[5] A ética é, pois, vista por Aristóteles como um ramo da ciência política ou social. Para ele, não se é possível adquirir precisão matemática na ética, já que a ação humana, que é o objeto da ética, não pode ser determinada com exatidão.[6]

Para Aristóteles, a felicidade é uma atividade peculiar ao homem e o objetivo da vida humana, muito embora não seja fácil determinar o que ela de fato seja, já que diferentes pessoas possuem diferentes ideias a seu respeito. O que merece ser chamado de felicidade tem que se manifestar por toda a vida e não apenas em breves momentos, estando ligado à noção de excelência, que é, no caso do homem, viver segundo os grandes ideais da razão.[7] Para ele, a felicidade tem que ser equipada com bens externos, ou seja, ela não exclui o prazer ou a prosperidade material. Os prazeres não são maus, enquanto tais, muito embora não sejam "o bem". Nós temos que optar por certas atividades, mesmo que nenhum prazer delas resulte.[8] Enquanto atividade peculiar ao homem, ela é uma atividade com a razão. A felicidade é uma virtude ou excelência intelectual.

Se a felicidade é uma atividade segundo a virtude, nada mais lógico que ela seja segundo a virtude mais elevada, ou seja, aquilo que existe de melhor em nós. E a faculdade cujo exercício constitui a felicidade perfeita é, segundo Aristóteles, a faculdade contemplativa, ou seja, a faculdade da atividade intelectual ou atividade filosófica. De acordo com Aristóteles, "se a felicidade é atividade conforme a virtude, será razoável que ela esteja também em concordância com a mais alta virtude; e essa será a do que existe de melhor em nós. Quer seja a razão, quer alguma outra coisa, esse elemento que julgamos ser o nosso dirigente e guia natural, tomando a seu cargo as coisas

---

4   Ibid., 1094 a 1-3.

5   Ibid., 1094b, 6-11.

6   Ibid., 1094 b 11-27.

7   Ibid., 1101 b 14-20.

8   Ibid., 1174 a 7-8.

nobres e divinas, e quer seja ele mesmo divino, quer apenas o elemento mais divino que existe em nós, sua atividade conforme à virtude que lhe é própria será a perfeita felicidade".[9] Como a ética aristotélica é teleológica e tem como base a noção de uma lei natural, o bem é visto como a realização de algo já presente no ser. A razão moral não é, pois a capacidade de se definir algo, ou de determinar o que é bom através de uma abstração do corpo sensível; tampouco é ela a capacidade de transcender as emoções e as paixões, mas a capacidade de descobrir as normas que já estão lá presente em nossa natureza. Assim sendo, da perspectiva de Aristóteles não existe, como no cristianismo, um além da lei. Segundo Blumenberg, o fim da lei natural acontece simultaneamente à convicção de que existe algo além da lei. Em outras palavras, juntamente com a medida do bem determinado pela lei, existe outra medida, que denominamos divina. O resultado é que a unidade do ser é quebrada. Não existe mais uma ordem que tudo penetra, mas duas ordens, havendo, pois, uma tensão entre elas.

Em suma, para Aristóteles, de acordo com a perspectiva da lei natural, a ética é apenas e tão somente um problema humano, não se referindo aos deuses. Os deuses gregos não são apresentados como o aperfeiçoamento da existência humana. Eles não servem de exemplo a serem imitados. A perfeição não é encontrada além desse mundo; é exatamente a pessoa virtuosa, e não os deuses, que é a medida do bem. Em muitos pontos os deuses gregos são, moralmente falando, menos perfeitos do que os seres humanos. Os deuses não conhecem limites em suas paixões. Alguns dentre os humanos tornam-se heróis, não porque imitaram os deuses, mas por realizarem de maneira heroica algumas das possibilidades humanas de acordo com medidas humanas. A medida do bem é uma medida humana.

Já no cristianismo existe um "para além da lei", ou seja, o juízo de Deus não é totalmente determinado pela lei humana; ele transcende a lei. Esta simples formulação se harmoniza com a perda da noção de continuidade entre lei e ser. O que é fundamental para a perspectiva ontológica de Aristóteles é a noção de participação, que traz consigo a ideia de continuidade: uma ordem que penetra tudo, e nós dela participamos.

Entretanto, se o julgamento de Deus transcende a lei, temos, então, uma situação de descontinuidade. Pode-se falar não de participação mas sim de diferença. Após esta vida seremos confrontados com o juízo de Deus que não corresponde necessariamente ao modo como nós julgamos as outras pessoas. Isso significa que a nossa existência, o sentido da nossa vida e a sua destinação final nos escapam. Somos submetidos a uma "lógica" que não é mais a nossa lógica. O julgamento divino é completamente livre e ele salva ou condena segundo a sua vontade.

A tensão entre a lei e o juízo divino pode ser vista como a tensão entre a lei e a natureza. Em outras palavras, a descontinuidade que existe já nessa vida entre a lei

---

9   Ibid., 1177 a 12-18.

e a natureza se prolonga na vida após essa vida na tensão entre a lei e o julgamento de Deus. A concepção cristã de que o juízo transcendente de Deus não se encontra determinado pela lei moral se traduz na ideia de uma criação livre: *creatio ex nihilo*. O ato criador não é determinado nem fundado em nada; Deus cria a ordem. Desse modo, a escuridão da matéria, a opacidade do ser indiferenciado, ou falando em termos existencialistas, a opacidade do ser *en soi* precede a luz da sua criação. Deus imprime uma ordem naquilo que se acha privado de ordem. Deus cria a ordem ao dar um nome às coisas, criando a lei moral no caos da natureza.

3. O testemunho pré-ontológico heideggeriano

Na economia da analítica existencial de *Sein und Zeit*, chama a atenção o emprego do termo *unheimlich*.[10] Na angústia o existente humano se sente sem casa, sem lar (*unheimlich*). Trata-se de uma indeterminação típica daquilo diante do qual o *Dasein* se sente na angústia: o nada e o em-nenhum-lugar. Assim, sentir-se *unheimlich* significa não se sentir em casa própria, em que o *Dasein* permanece isolado. O *Dasein* inautêntico se encontra em casa própria (*Zuhause*), na tranquila intimidade das suas relações cotidianas. Já o *Dasein* autêntico, antecipando a morte, experimentando a finitude temporal, cai na ausência de casa (*Unheimlichkeit*) mais radical com relação ao mundo cotidiano, na estranheza, é o não se sentir em casa própria (*Nicht-zuhause-sein*). Aqui cabem alguns esclarecimentos.

Heim é "lar, casa, habitação". Esta palavra gera *Heimat,* que significa "cidade natal, pátria", como se verá mais adiante. *Unheimlich*, estritamente "não pertencente ao lar", não significa desvelado, mas estranho, sinistro. Por isso, na angústia nos sentimos *unheimlich*, ela nos dá arrepios. *Unheimlichkeit* possui a acepção de não-estar-em-casa. *Haus* é "casa, lar". Sentir-se em casa é *Zuhause-sein*. Não se sentir em casa é, portanto, *Nicht-zuhause-sein*.[11] Na cotidianidade dominada pelo impessoal, o *Dasein* se sente em casa. Mas a angústia o liberta para seu poder-ser mais próprio e o desestabiliza lançando-o para o futuro. A falta de morada é nossa condição pré-ontológica, o que nos impele a procurar um lar. A fuga decadente foge daquela estranheza inerente ao *Dasein* enquanto ser-no-mundo e se refugia no anonimato do mundo público com os outros.

Posteriormente, as reflexões de *Sein und Zeit* parecem adquirir contornos históricos, quando Heidegger afirma que "esta estranheza (*Heimatlosigkeit*) se torna um destino mundial",[12] resultado da história do niilismo e da cultura da técnica por causa do esquecimento do ser em função dos entes intramundanos, falta de morada

---

10   HEIDEGGER, *Sein und Zeit*, § 40.

11   Cf. INWOOD, *Dicionário Heidegger*, p. 115.

12   HEIDEGGER, *Segnavia*, p. 292.

e estranheza que conduzem os seres humanos à conquista e domínio do Planeta terra e dos seus semelhantes. A seguir, o filósofo se encaminha para as veredas do dizer poético, numa espécie de mística questionada por muitos pensadores. Não é nosso objetivo entrar nessa discussão aqui. De qualquer modo, é na condição pré-ontológica de estranheza — *Unheimlichkeit e Heimatlosigkeit* — que descobrimos o sentido positivo e autêntico do ser finito temporal: o não sentir-se-em-casa, a estranheza, a angústia, a finitude, a ausência de morada definitiva e a ausência definitiva de morada libertam o *Dasein* para compromissos históricos abertos: à diferença, ao futuro e à transcendência. É o que se pode depreender das reflexões sobre o cuidado, qual estrutura fundamental do humano, como clamor da consciência.[13] Desse modo, o resultado do testemunho pré-ontológico de Heidegger é originário e positivo[14] no sentido de nos remeter ao futuro, no sentido de ser a nossa condição para a produção de *significâncias* no mundo. A *Heimatlosigkeit* se torna, por fim, início do nosso *Heimkunft*, retorno à pátria entendido como busca permanente de nossa essência.[15]

4. O testemunho original bíblico

São muitos os testemunhos bíblicos sobre o tema que tentamos articular. Assim, em linhas gerais se concebe a vida humana como uma peregrinação rumo a um futuro melhor: "Porque quarenta anos andaram os filhos de Israel pelo deserto, até se acabar toda a nação, os homens de guerra, que saíram do Egito, e não obedeceram à voz do SENHOR; aos quais o SENHOR tinha jurado que lhes não havia de deixar ver a terra que o SENHOR jurara a seus pais dar-nos; terra que mana leite e mel" (Josué 5,6).

Tal concepção se expressa como êxodo permanente, uma saída a partir da fé, entendida como compromisso histórico, como horizonte de sentido para a vida finita no tempo, rumo à pátria:

> 7 Pela fé Noé, divinamente avisado das coisas que ainda não se viam, temeu e, para salvação da sua família, preparou a arca, pela qual condenou o mundo, e foi feito herdeiro da justiça que é segundo a fé.

> 8 Pela fé Abraão, sendo chamado, obedeceu, indo para um lugar que havia de receber por herança; e saiu, sem saber para onde ia.

> 9 Pela fé habitou na terra da promessa, como em terra alheia, morando em cabanas com Isaac e Jacó, herdeiros com ele da mesma promessa.

---

13   Cf. id., *Sein und Zeit*, §§ 56-57.

14   Ver nesse sentido: OLIVEIRA, *Arché e telos*, pp. 198ss.

15   HEIDEGGER, *Segnavia*, pp. 291-292.

Uma pátria comum?

13 Todos estes morreram na fé, sem terem recebido as promessas; mas vendo-as de longe, e crendo-as e abraçando-as, confessaram que eram estrangeiros e peregrinos na terra.

14 Porque os que isto dizem claramente mostram que buscam uma pátria.

15 E se, na verdade, se lembrassem daquela de onde haviam saído, teriam oportunidade de tornar.

16 Mas agora desejam uma melhor, isto é, a celestial. Por isso também Deus não se envergonha deles, de se chamar seu Deus, porque já lhes preparou uma cidade (Hebreus 11,7-9.13-16).

Seguindo tais testemunhos, pode-se dizer que Deus está sempre adiante, além. A sua verdadeira raiz — o bem — não está no passado, mas no futuro. A concepção bíblica do tempo diverge profundamente da concepção circular dos gregos. O tempo não se concentra no presente, mas no futuro de Deus, sempre outro e "de outro modo de ser".[16] A terra a ser habitada está sempre por vir. Toda a cadeia do tempo está suspensa no futuro. Peregrinar é um destino. Êxodo é a condição de saída, pela fé, da *Heimatlosigkeit*. Desse modo, lê-se na Carta de São Paulo aos Filipenses: "Mas a nossa cidade está nos céus, de onde também esperamos o Salvador, o Senhor Jesus Cristo" (Filipenses 3,20). É a fé no futuro de Deus que dá sentido ao aqui da estranheza, da ausência de morada definitiva.

Outro aspecto interessante é a vinculação que o pensamento bíblico faz entre a fé no futuro e o compromisso ético do presente: "Aparta-te do mal e faze o bem; e terás morada para sempre" (Salmo 37,27). A segurança daquele que tem fé leva ao empenho ético, mantendo acesa a esperança da "morada para sempre". Fé no futuro de Deus e compromisso ético do presente oferecem o horizonte profético como condição de suportar as agruras do presente: "E o meu povo habitará em morada de paz, e em moradas bem seguras, e em lugares quietos de descanso" (Isaías 32,18).

Interessante salientar a concepção escatológica, última, da busca pela morada-pátria. É o Evangelho de São João, no capítulo 14, que oferece uma belíssima reflexão a respeito: "Na casa de meu Pai há muitas moradas; se não fosse assim, eu vo-lo teria dito. Vou preparar-vos lugar" (João 14,2). E a noção de peregrinação continua, pois o meio para chegar lá é o caminho, o seguimento a Jesus Cristo, Verdade e Vida.

Por fim, o *Heimatlos* a partir da fé pode entrar em comunhão definitiva com o Deus sempre presente e, ao mesmo tempo, distante por meio do Espírito Santo: "No qual também vós juntamente sois edificados para morada de Deus em Espírito" (Efésios 2,22). Aquele que busca morada torna-se ele mesmo morada de Deus no Espírito. O testemunho final não poderia ser outro senão aquele da Pátria Celeste e da

---

16   Veja-se a esse respeito o belo texto de Vincenzo Vitielllo (DERRIDA; VATTIMO, *A religião*, pp. 151-188).

renovação permanente: "E vi um novo céu, e uma nova terra. Porque já o primeiro céu e a primeira terra passaram, e o mar já não existe. E eu, João, vi a santa cidade, a nova Jerusalém, que de Deus descia do céu, adereçada como uma esposa ataviada para o seu marido. E ouvi uma grande voz do céu, que dizia: Eis aqui o tabernáculo de Deus com os homens, pois com eles habitará, e eles serão o seu povo, e o mesmo Deus estará com eles, e será o seu Deus. E Deus limpará de seus olhos toda a lágrima; e não haverá mais morte, nem pranto, nem clamor, nem dor; porque já as primeiras coisas são passadas. E o que estava assentado sobre o trono disse: Eis que faço novas todas as coisas" (Apocalipse 21,1-5). A esperança daquele que vive da fé, sem raízes definitivas no mundo, é o alcance da morada celeste e da novidade permanente, ou seja, a libertação de toda finitude e ausência de sentido.

5. Articulações

a) Desaparecimento da lei e instauração da racionalidade moderna

A ordem criada por Deus carece de qualquer fundamento ontológico que não a sua livre vontade. O resultado do criacionismo cristão é que o ser não é por si mesmo um indicativo do que é bom. A única indicação que possuímos para saber o que é bom é a lei, que na modernidade não está fundamentada em nada a não ser numa razão autônoma despida de qualquer heteronomia ou matriz teológica.

A consequência do desaparecimento da lei é a instauração da racionalidade instrumental moderna e o seu projeto de total domínio da natureza. Para Desmond, a desvalorização do ser na modernidade e a ameaça constante do niilismo ético são questões prementes que demandam um novo *ethos* da prática filosófica. Segundo ele, precisamos repensar as fontes do valor, os diversos modos éticos, a natureza das comunidades e dos indivíduos éticos, articulando a necessidade de um pensar mais amplo, que reconstrua o sentido do ser-bom, em consonância com a resposta à questão da terra como nossa pátria comum.

b) Ser humano é ser Heimatlos

É justamente por não se sentir em casa que a categoria de *pátria comum* nos ajuda a pensar a existência humana no mundo como morada, transitória que seja, de todos. Assim, uma ética a partir da categoria de *pátria comum* representa a possibilidade de pontificar, construir pontes entre as diferentes culturas, responsabilizando-se sobre a mãe-terra. Se a humanidade se compreende como *Heimatlos*, como peregrina do tempo, abre-se a possibilidade para a prática do projeto de pontificado, o que, de fato, poderia representar o processo de globalização: a construção de pontes, o intercâmbio entre os povos, a entreajuda internacional. Hoje, acredita-se, o ser humano condensa muitas "pátrias", dado que o mundo está interconectado em torno do Planeta terra. Por isso mesmo, pensamos a categoria de *pátria comum* como dialogia e conjugação[17] permanente, como categoria que ilumina o pensamento público no estabelecimento de metas e projetos verdadeiramente éticos.

c) Heimatlosigkeit *como ir além*

Condição pré-ontológica para superar a circularidade autodestrutiva da técnica e para conhecer o "mistério" inerente a toda realidade e projetar o futuro, *Heimatlosigkeit* é abertura ao futuro, é empenho ético como *pátria comum*, é saída para a transcendência. Somente quem reconhece a Deus pode conhecer a realidade. Assim, nossa condição de *Heimatlos* é positiva, o não-se-sentir-em-casa expressa já a transcendência essencial do humano. Somente nos abrindo à transcendência que nos informa e habita é que se pode, rumo ao futuro, estabelecer empenho ético pela *pátria comum*.

Pátria comum como empenho ético pode ser entendida como "procurar um modelo de desenvolvimento alternativo, integral e solidário, baseado em uma ética que inclua a responsabilidade por uma autêntica ecologia natural e humana, que se fundamenta no evangelho da justiça, da solidariedade e do destino universal dos bens".[18]

Heimatlosigkeit como abertura à transcendência pode testemunhar que "só quem reconhece a Deus conhece a realidade e pode responder a ela de modo adequado e realmente humano",[19] ou também atesta que "quem exclui Deus de seu horizonte falsifica o conceito de realidade e só pode terminar em caminhos equivocados e com receitas destrutivas".[20]

Por fim, *Heimatlosigkeit* abre-nos ao futuro já aqui e agora em torno do empenho ético pela *pátria comum*, em função da vida futura no Planeta, em função da humanidade do próprio homem. Mas a *pátria comum* é um *ainda não*, que nos lança para a distância. Nós somos futuro.

6. Referências bibliográficas

ARISTÓTELES, *Ética a Nicômaco*. Oxford: Princeton University Press, 1991.

BARROS, Roque Spencer Maciel de. *Razão e racionalidade*. São Paulo: T.A. Queiroz, 1980.

BARNES, Jonathan (ed.). *The Cambridge companion to Aristotle*. Cambridge: The Cambridge University Press, 1991.

---

17   Veja nosso trabalho sobre o tema: PAIVA, Por uma ética da dialogia e da conjugação.

18   CELAM, *Documento de Aparecida*, n. 474c.

19   Ibid., n. 42.

20   Ibid., n. 44.

BLUMENBERG, Hans. *The Legitimacy of the Modern Age*. Cambridge: The Mit Press, 1983.

_____. Self-Preservation and Inertia: On the Constitution of Modern Rationality. In: CHRISTENSEN, Darrel E. (ed.). *Contemporary German Philosophy*. Pennsylvania: The Pennsylvania State University Press, 1983. v. 3, pp. 209-256.

BOFF, Leonardo. *Ethos mundial*; um consenso mínimo entre os humanos. Brasília: Letraviva, 2000.

DESMOND, William. *Philosophy and its others*; ways of being and mind. New York: State University Press, 1990.

_____. *Ethics and the between*. New York: University Press, 2001.

CELAM (CONSELHO EPISCOPAL LATINO-AMERICANO). *Documento de Aparecida*; texto conclusivo da V Conferência Geral do Episcopado Latino--Americano e do Caribe. São Paulo: Paulus, 2007.

DERRIDA, Jacques; VATTIMO, Gianni. *A religião*. São Paulo: Estação Liberdade, 2004. pp. 151-188.

HARMAN, Gilbert. *The nature of morality*. Oxford: University Press, 1977.

HEIDEGGER, Martin. *Sein und Zeit*. 17. ed. Tubingen: Max Niemeyer Verlag, 1993.

_____. *Segnavia*. Milano: Adelphi, 1994.

HODGE, Joanna. *Heidegger and Ethics*. London: Routledge, 1995.

INWOOD, Michael. *Dicionário Heidegger*. Rio de Janeiro: Jorge Zahar Editor, 2002.

JOSAPHAT, Carlos. *Moral, amor e humor*. Rio de Janeiro: Nova Era, 1997.

JONHSON, Oliver A. (ed.). *Ethics*; selection from classical and contemporary writers. New York: Harcourt Brace College Publishers, 1993.

LIMA VAZ, Henrique Cláudio. *Escritos de filosofia*; II. ética e cultura. São Paulo: Loyola, 1993.

OLIVEIRA, Ibraim Vitor de. *Arché e telos*; niilismo filosófico e crise de linguagem em Fr. Nietzsche e M. Heidegger. Roma: PUG, 2004.

PAIVA, Márcio Antônio. *A liberdade como horizonte da verdade segundo M. Heidegger*. Roma: PUG, 1998.

_____. Por uma ética da dialogia e da conjugação. In: OLIVEIRA, Pedro A. Ribeiro de; SOUZA, José Carlos Aguiar de. *Consciência planetária e religião*; desafios para o século XXI. São Paulo: Paulinas, 2009.

SINGER, Peter (ed.). *A companion to ethics*. Oxford: Blackwell, 1996.

SMART, J. J. C.; WILLIAM, Bernard. *Utilitarianism for and against*. Cambridge: University Press, 1973.

SOUZA, José Carlos Aguiar de. *O projeto da modernidade*; autonomia, secularização e novas perspectivas. Brasília: Líber Livro, 2005.

PARTE III

Valores e discernimentos éticos

CAPÍTULO XIII

Uma reflexão ético-teológica a partir da *Gaudium et Spes* e da *Caritas in Veritate*

Rosana Manzini

1. Introdução

O Concílio Vaticano II representou uma ousada renovação de toda a Igreja. Foi um novo marco no diálogo com o mundo moderno. Na Igreja renovada pelo Concílio encontramos agora a unidade de uma fé construída no diálogo com o *sensus fidei*[1] que está presente no mundo, apesar de não se confundir com ele, mas que existe para a salvação deste mesmo mundo, ao modo de sacramento.[2] É a Igreja que se percebe como sacramento universal de salvação, ou seja, como sacramento da íntima comunhão com Deus e das pessoas entre si.[3] Esta Igreja se compreende, então, como presença de serviço, estabelecendo a via do diálogo como instrumento para que possa com toda a humanidade responder ao desafio da construção de um mundo fraterno e solidário, com sólidas bases na justiça. O Concílio Vaticano II abriu as janelas para este mundo carente e aflito. Este mundo se tornava, assim, o principal interlocutor do Concílio.

---

1   Cf. LG, nn. 31-32.

2   Cf. GS, nn. 92.

3   Cf. LG 1. No mesmo lugar, o texto que abre este documento conciliar afirma literalmente, de modo programático: "Mas porque a Igreja, em Cristo, é como que o sacramento, ou sinal, e o instrumento da íntima união com Deus e da unidade de todo o gênero humano, pretende ela, na sequência dos anteriores Concílios, pôr de manifesto com maior insistência, aos fiéis e a todo o mundo, a sua natureza e missão universal. E as condições do nosso tempo tornam ainda mais urgentes este dever da Igreja, para que deste modo os homens todos, hoje mais estreitamente ligados uns aos outros, pelos diversos laços sociais, técnicos e culturais, alcancem também a plena unidade em Cristo".

Dos documentos conciliares, a Constituição Pastoral *Gaudium et Spes* é o coração pulsante dos anseios de tantos que esperaram para ver a face da Igreja voltada para o mundo; é a porta do Concílio em direção ao mundo. Apresenta a Igreja para além de suas fronteiras; revela o coração da Igreja como mãe atenta à vida, às dificuldades, às alegrias e angústias dos seus filhos dispersos pelo mundo. A *Gaudium et Spes* marcou as orientações pastorais da Igreja em relação às questões sobre a vida da pessoa em sociedade. Outros documentos foram emanados pelos pontificados subsequentes, porém podemos afirmar que ela é a referência principal para a maioria dos textos sociais posteriores.

O mundo de hoje é o resultado de grandes transformações. Estas mudanças ocorreram em todos os setores da vida humana e acabaram por configurar um novo modo de ser e viver. Em nossa realidade nos deparamos com situações de grandes e graves contrastes sociais, econômicos e políticos. Isto atinge também a visão das religiões. Vivemos em uma sociedade cada vez mais desigual que, apesar de todo avanço científico, acaba por excluir grande parte da população tanto da produção como do acesso aos produtos; supervaloriza a emoção fugaz e o imediatismo; a liberdade é compreendida como valor absoluto, o que acabou por envolver toda a existência humana; a dignidade humana se tornou volátil e mercantilizada como qualquer produto descartável. A crise econômica que surge em 2008 trouxe consequências desastrosas para as pessoas e grupos fragilizados pela exclusão. O progresso visto somente em termos econômicos se torna insuficiente como paradigma para a análise profunda desta nova realidade.

No ano de 2009 foi publicada nova encíclica do papa Bento XVI, *Caritas in Veritate*, que propõe uma leitura nova desta realidade procurando assim apresentar critério para soluções mais abrangentes:

> A complexidade e gravidade da situação econômica atual preocupam-nos, com toda a justiça, mas devemos assumir com realismo, confiança e esperança as novas responsabilidades a que nos chama o cenário de um mundo que tem necessidade duma renovação cultural profunda e da redescoberta de valores fundamentais para construir sobre eles um futuro melhor. A crise obriga-nos a projetar de novo o nosso caminho, a impor-nos regras novas e encontrar novas formas de empenhamento, a apostar em experiências positivas e rejeitar as negativas. Assim, a crise torna-se *ocasião de discernimento e elaboração de nova planificação*. Com esta chave, feita mais de confiança que resignação, convém enfrentar as dificuldades da hora atual.[4]

A comunidade cristã sempre tem sido chamada a responder aos desafios dos vários contextos sociais levando em conta o seguimento de Jesus. Sendo assim, o

---

4   Cf. CIV, n. 21.

repensar, o reelaborar da teologia foi uma constante para que pudéssemos encontrar novas respostas diante dos problemas apresentados.

Hoje, diante do modelo de globalização de corte neoliberal, escolhemos dois documentos da Doutrina Social da Igreja Católica (DSI) para nortear a reflexão sobre nossos novos desafios e demonstrar que o pensamento da Igreja sobre as atuais questões sociais dá continuidade a tudo que foi proposto pelo Concílio Vaticano II.

A *Gaudium et Spes* foi o "plano de voo" de uma Igreja que pretendeu ultrapassar os jardins do Vaticano, documento qualificado como a carta magna para a defesa da dignidade humana. A *Caritas in Veritate* reafirmará que o centro de todo pensamento, de toda dinâmica social e de toda atenção não é o Estado, nem o mercado, mas a pessoa humana, em sua dignidade de *imago Dei*.

2. Uma reflexão ético-teológica a partir da *Gaudium et Spes* e da *Caritas in Veritate*

Os mais importantes documentos da Doutrina Social da Igreja sempre foram publicados por ocasião do aniversário da *Rerum Novarum*. O papa Bento XVI, seguindo a mesma tradição, publica, em 22 de junho de 2009, a sua encíclica social *Caritas in Veritate* — Caridade na Verdade — celebrando os quarenta anos da *Populorum Progressio*.

Esta nova encíclica parte do verdadeiro sentido do amor, demonstrando que este constitui a força motriz para o efetivo desenvolvimento da humanidade. Esse amor oferece a toda pessoa a motivação e a ousadia necessária para assumir um compromisso concreto com a construção de uma sociedade na qual a justiça e a paz estejam presentes. O tema do amor já tinha sido abordado em sua primeira encíclica *Deus Caritas est* — Deus é amor. Bento XVI afirma que o amor é o eixo em torno do qual gravitam todos os princípios da Doutrina Social da Igreja. Tendo como referência primeira a parábola do Bom Samaritano, constata-se que o amor é o vínculo necessário para resgatar a dignidade humana negada. É o amor, expresso concretamente através de cada escolha, de cada decisão tomada, que pode dar vida plena a todos aqueles que estão caídos pelas feridas causadas por um sistema individualista. Em *Deus Caritas est* o papa afirma que a forma por excelência da caridade é a política. A política tem o poder de estender nossos braços onde fisicamente eles não alcançam. É a forma de alcançarmos as estruturas sociais que o *Documento de Aparecida* propõe.

Novamente Bento XVI retoma o amor (*Caritas*) e acresce a categoria da verdade (*Veritas*) para tratar dos problemas sociais. Em *Caritas in Veritate* o papa afirma que a caridade está profundamente ligada à verdade. A verdade deve iluminar o amor, e o amor deve iluminar a verdade. Um verdadeiro vínculo amoroso se estabelece. Todo vínculo traz em si exigências. Muito mais profundas serão as exigências que brotam da relação entre amor e verdade. Dentro dela a questão social vem compreendida, hoje, como questão antropológica. O fenômeno da globalização se impõe e coloca desafios para repensar os modelos de desenvolvimento. O pressuposto desta nova encíclica social é o desenvolvimento como resposta do homem à sua vocação transcendente.[5] Paulo VI, na encíclica *Populorum Progressio*, diante da evidente divisão econômica entre os povos, anunciava este desenvolvimento integral da pessoa. O desenvolvimento não podia ser compreendido somente no aspecto socioeconômico, mas deveria abraçar todas as dimensões da pessoa humana, assim alcançaríamos uma integral promoção da dignidade humana.

Não faremos uma análise detalhada de toda a *Caritas in Veritate*. Sendo uma encíclica recente, os teólogos e cientistas da área ainda se debruçam sobre seu estudo. O que nos interessa para o escopo deste capítulo é a interação entre a *Caritas in Veritate* e a Constituição Pastoral *Gaudium et Spes*. Isto pode ser constatado em dois momentos: o primeiro por meio das referências da *Caritas in Veritate*, e o segundo pelas intuições e eixos que, de forma transversal, permeiam o documento de Bento XVI, remetendo-nos à Constituição Pastoral.

Encontramos no texto da *Caritas in Veritate* dez referências à *Gaudium et Spes* que atestam, em nível documental, a continuidade das orientações conciliares. Podemos agora fazer uma comparação dos textos citados da *Gaudium et Spes* e os textos da *Caritas in Veritate* e verificar o grau de continuidade. Vejamos:

Gaudium et Spes Texto do documento	*Caritas in Veritate* Notas-referências
26. A interdependência, cada vez mais estreita e progressivamente estendida a todo o mundo, faz com que o bem comum — ou seja, o conjunto das condições da vida social que permitem, tanto aos grupos como a cada membro, alcançar mais plena e facilmente a própria perfeição — se torne hoje cada vez mais universal e que, por esse motivo, implique direitos e deveres que dizem respeito a todo o gênero humano.	7. Ao lado do bem individual, existe um bem ligado à vida social das pessoas: o bem comum. É o bem daquele "nós todos", formado por indivíduos, famílias e grupos intermédios que se unem em comunidade social[4]

Nesta primeira referência da *Caritas in Veritate* vemos exposto o princípio do bem comum. Sendo este um dos princípios basilares da DSI, o texto da encíclica de Bento XVI faz referência ao número 26 da *Gaudium et Spes*, em que podemos observar que o apelo dos padres conciliares, já naquele tempo, propunha o "bem comum"

---

5   CIV, n. 17.

Uma reflexão ético-teológica

como princípio norteador de toda a humanidade. Este princípio concorre para uma estrutura social que respeite cada um dos cidadãos singulares, dotando-os de direitos e deveres. Apresentar esse princípio diante do sistema neoliberal vigente, que tem seu coração na expressão máxima do capitalismo financeiro, é continuar a mesma exigência ética que a Constituição Pastoral traz como fruto de toda a tradição social da Igreja que nasce com as Escrituras Sagradas.

Gaudium et Spes Texto do documento	*Caritas in Veritate* Notas-referências
36. No entanto, muitos dos nossos contemporâneos parecem temer que a íntima ligação entre a atividade humana e a religião constitua um obstáculo para a autonomia dos homens, das sociedades ou das ciências. Se por autonomia das realidades terrenas se entende que as coisas criadas e as próprias sociedades têm leis e valores próprios, que o homem irá gradualmente descobrindo, utilizando e organizando, é perfeitamente legítimo exigir tal autonomia. Para além de ser uma exigência dos homens do nosso tempo, trata-se de algo inteiramente de acordo com a vontade do Criador. Pois, em virtude do próprio fato da criação, todas as coisas possuem consistência, verdade, bondade e leis próprias, que o homem deve respeitar, reconhecendo os métodos peculiares de cada ciência e arte. Por esta razão, a investigação metódica em todos os campos do saber, quando levada a cabo de um modo verdadeiramente científico e segundo as normas morais, nunca será realmente oposta à fé, já que as realidades profanas e as da fé têm origem no mesmo Deus.	9. A Igreja não tem soluções técnicas para oferecer e não pretende "de modo algum imiscuir-se na política dos Estados"[11]; mas tem uma missão ao serviço da verdade para cumprir, em todo o tempo e contingência, a favor de uma sociedade à medida do homem, da sua dignidade, da sua vocação[10]

A segunda nota da Encíclica se refere ao parágrafo 36 da Constituição Pastoral. Lendo os dois documentos encontramos uma exaltação à Verdade e à Liberdade. Na *Gaudium et Spes*, os padres conciliares nos convidam a não termos medo da verdade. A autonomia das realidades terrestres não deveria nos amedrontar, e sim oferecer elementos necessários para a formação de uma consciência reta através do uso da razão. Com isso, toda pesquisa, descoberta, conquista, toda autonomia não poderia jamais ser contrária à fé, pois tudo tem sua origem no mesmo Deus. Bento XVI reforça o mesmo princípio quando vincula esta verdade e liberdade à questão da globalização. A grande interdependência traz em si um risco, porém, é o amor que, iluminado pela razão e pela fé, pode apontar as medidas para a construção de uma sociedade mais humana. Como podemos ver, a Igreja jamais deverá se posicionar em campo técnico ou em política de Estado diretamente, mas sim iluminar, oferecer subsídios, ou dinamizar as consciências que ela indiretamente influencia. Muitos homens e mulheres pautam seu compromisso social a partir da iluminação que recebem do Magistério da Igreja.

Gaudium et Spes Texto do documento	*Caritas in Veritate* Notas-referências
22. Na realidade, o mistério do homem só no mistério do Verbo encarnado se esclarece verdadeiramente. Adão, o primeiro homem, era efetivamente figura do futuro (20), isto é, de Cristo Senhor. Cristo, novo Adão, na própria revelação do mistério do Pai e do seu amor, revela o homem a si mesmo e descobre-lhe a sua vocação sublime. Não é por isso de admirar que as verdades acima ditas tenham n'Ele a sua fonte e n'Ele atinjam a plenitude. "Imagem de Deus invisível".	18. Mas contando apenas com Cristo, a Quem há de fazer referência toda a autêntica vocação ao desenvolvimento humano integral. *O Evangelho é elemento fundamental do desenvolvimento*, porque lá Cristo, com "a própria revelação do mistério do Pai e do seu amor, revela o homem a si mesmo" [45]

Bento XVI afirma que, para o desenvolvimento integral, é necessário o respeito à verdade. Ele remete à *Populorum Progressio*, onde Paulo VI diz que desenvolvimento autêntico significa a promoção da pessoa em sua integralidade. Esse conceito de desenvolvimento atesta o valor da pessoa humana, e a fé cristã compreende este desenvolvimento a partir de Cristo. E, sendo filhos no Filho, fomos impelidos pelo Espírito a dizer *Abba*, Pai. Isto exige dos cristãos a busca por um mundo transformado pelo testemunho de fé. Exige a busca de um desenvolvimento que contemple todas as pessoas na sua integralidade, refletidas primeiro como *imago Dei* e, posteriormente, como irmãos através do mistério da encarnação. A consequência disso é que experimentamos a realidade da paternidade divina. Fica evidente, assim, como a Igreja e o mundo estão intimamente unidos e vivendo suas próprias identidades. Com isso, o desenvolvimento toma uma importância muito grande. Como é possível aceitar que imagens de Deus, que irmãos, filhos do mesmo Pai, possam sofrer a negação de suas identidades mais profundas. Os dois documentos coincidem, porque essas afirmações fazem parte da própria doutrina católica fundamentada nas Sagradas Escrituras e na Tradição da Igreja.

Gaudium et Spes Texto do documento	Caritas in Veritate Notas-referências
63. Também na vida econômica e social se devem respeitar e promover a dignidade e a vocação integral da pessoa humana e o bem de toda a sociedade. Com efeito, o homem é o protagonista, o centro e o fim de toda a vida econômico-social [...]. Mas não faltam motivos de inquietação. Não poucos homens, com efeito, sobretudo nos países economicamente desenvolvidos, parecem dominados pela realidade econômica; toda a sua vida está penetrada por certo espírito economístico tanto nas nações favoráveis à economia coletiva como nas outras. No preciso momento em que o progresso da vida econômica permite mitigar as desigualdades sociais, se for dirigido e organizado de modo racional e humano, vemo-lo muitas vezes levar ao agravamento das mesmas desigualdades e até em algumas partes a uma regressão dos socialmente débeis e ao desprezo dos pobres. Enquanto multidões imensas carecem ainda do estritamente necessário, alguns, mesmo nas regiões menos desenvolvidas, vivem na opulência e na dissipação. Coexistem o luxo e a miséria. Enquanto um pequeno número dispõe dum grande poder de decisão, muitos estão quase inteiramente privados da possibilidade de agir por própria iniciativa e responsabilidade, e vivem e trabalham em condições indignas da pessoa humana.	25. Queria recordar a todos, sobretudo aos governantes que estão empenhados a dar um perfil renovado aos sistemas econômicos e sociais do mundo, que o *primeiro capital a preservar e valorizar é o homem, a pessoa, na sua integridade*: "Com efeito, o homem é o protagonista, o centro e o fim de toda a vida econômico-social". [61]

O documento conciliar evidencia neste parágrafo que, em vez de encontrarmos uma sociedade na qual as desigualdades sociais são mínimas, como fruto de uma vida econômica ordenada, encontramos uma sociedade em que as desigualdades sempre aumentam, proporcionando um distanciamento cada vez maior entre grupos humanos. Alguns vivem em uma situação de miséria indigna, enquanto outros em grande opulência. Estas disparidades se estendem nas diversas categorias sociais e mesmo dentro do mesmo país. A Constituição Pastoral já alertava para uma reforma das estruturas e principalmente para uma mudança de mentalidade diante da vida. Para estabelecer o diálogo com o mundo foi necessário não só conhecê-lo, mas também a coragem de dizer onde ele errava. Nessa ousadia, o documento conciliar enfrentou as estruturas que se consolidavam através não somente da exploração, mas, principalmente, do fato de implantar de modo subliminar uma cultura cada vez mais individualista, na qual a pessoa centrada em si mesma não conseguisse perceber o desastre humano que estava ocorrendo.

A *Caritas in Veritate*, seguindo a mesma intuição conciliar, percebe o mundo atual e sente a dificuldade de se alcançar uma sociedade justa. Quando o papa analisa o mercado dentro do processo de globalização, ele constata o giro que os países já ricos fazem em busca de novas áreas em que pudessem alcançar novos lucros. Com isso instalaram-se novas formas de competição, nas quais claramente os povos mais pobres são mais atingidos. E não só eles, mas também as ilhas de pobreza existentes nos próprios países ricos. Esse giro trouxe empobrecimento para diversos segmentos sociais, como os trabalhadores, que perderam direitos conquistados ao longo de séculos à custa de muita luta e de tantos que entregaram suas próprias vidas pela causa da justiça. Há grande insistência em afirmar que a pessoa é o centro de qualquer instituição, seja ela qual for. Como podemos perceber, a continuidade documental também se encontra aqui.

Gaudium et Spes Texto do documento	*Caritas in Veritate* Notas-referências
82. É, portanto, claro, que nos devemos esforçar por todos os meios por preparar os tempos em que, por comum acordo das nações, se possa interditar absolutamente qualquer espécie de guerra. Isto exige, certamente, a criação duma autoridade pública mundial, por todos reconhecida e com poder suficiente para que fiquem garantidos a todos a segurança, o cumprimento da justiça e o respeito dos direitos. Porém, antes que esta desejável autoridade possa ser instituída, é necessário que os supremos organismos internacionais se dediquem com toda a energia a buscar os meios mais aptos para conseguir a segurança comum. Já que a paz deve antes nascer da confiança mútua do que ser imposta pelo terror das armas, todos devem trabalhar para que se ponha, finalmente, um termo à corrida aos armamentos e para que se inicie progressivamente e com garantias reais e eficazes, a redução dos mesmos armamentos, não unilateral evidentemente, mas simultânea e segundo o que for estatuído.	67. *Comprometer-se na realização de um autêntico desenvolvimento humano integral inspirado nos valores da caridade na verdade.* Além disso, uma tal Autoridade deverá ser reconhecida por todos, gozar de poder efetivo para garantir a cada um a segurança, a observância da justiça, o respeito dos direitos. [148]

Novamente os dois documentos apelam para uma autoridade supranacional, que possua credibilidade suficiente para ter não somente respeito de todas as nações, mas que tenha peso suficiente de influência. O que se constata hoje é que a ONU não cumpriu o papel específico que lhe cabia: ser um fórum de discussão e debate, mas também de busca de equilíbrio econômico e de desenvolvimento entre as nações. Hoje a ONU está sob o comando dos países de hegemonia econômica e também de poderio militar. O clamor por uma verdadeira Autoridade que crie verdadeiros vínculos com os países é urgente e mais do que nunca necessário. Está aqui em jogo a paz no mundo e a defesa do próprio planeta.

Gaudium et Spes Texto do documento	*Caritas in Veritate* Notas-referências
14. O homem, ser uno, composto de corpo e alma, sintetiza em si mesmo, pela sua natureza corporal, os elementos do mundo material, os quais, por meio dele, atingem a sua máxima elevação e louvam livremente o Criador (5). Não pode, portanto, desprezar a vida corporal; deve, pelo contrário, considerar o seu corpo como bom e digno de respeito, pois foi criado por Deus e há de ressuscitar no último dia. Todavia, ferido pelo pecado, o homem experimenta as revoltas do corpo. É, pois, a própria dignidade humana que exige que o homem glorifique a Deus no seu corpo (6), não deixando que este se escravize às más inclinações do próprio coração. Não se engana o homem, quando se reconhece por superior às coisas materiais e se considera como algo mais do que simples parcela da natureza ou anônimo elemento da cidade dos homens. Pela sua interioridade, transcende o universo das coisas: tal é o conhecimento profundo que ele alcança quando reentra no seu interior, onde Deus, que perscruta os corações (7), o espera, e onde ele, sob o olhar do Senhor, decide da própria sorte. Ao reconhecer, pois, em si uma alma espiritual e imortal, não se ilude com uma enganosa criação imaginativa, mero resultado de condições físicas e sociais; atinge, pelo contrário, a verdade profunda das coisas.	75 *Além do crescimento material, o desenvolvimento deve incluir o espiritual*, porque a pessoa humana é "um ser uno, composto de alma e corpo" [156], nascido do amor criador de Deus e destinado a viver eternamente. [156]

Nesta última referência nos deparamos com um dado muito interessante. Os dois textos se encontram em uma perspectiva circular. O texto conciliar se refere à constituição da pessoa e está no início do documento, enquanto o texto do papa fala sobre a dimensão antropológica da questão social e está no fim do documento. A *Gaudium et Spes* afirma categoricamente que a pessoa, em sua integralidade, é superior ao mundo material. O seu interior é maior que todo o universo. Esta interioridade se revela quando este homem e esta mulher se reencontram no interior do seu coração com o próprio Deus que os aguarda. Do mesmo modo, guardando as devidas proporções determinadas pelo tempo que separa os dois documentos, Bento XVI nos diz, sobre este mesmo homem e mulher, que eles têm a mais refinada técnica em suas mãos. Hoje a possibilidade de manipular a vida de muitas formas levou esse homem e mulher a acreditar que chegaram às raízes dos mais profundos mistérios. O papa afirma que, hoje, *a questão social se tornou radicalmente antropológica.*

3. Conclusão

Convivemos numa cultura ambígua com inúmeros valores e a presença de uma cultura de morte. Diversas formas de degradação humana são expostas diariamente diante de parte da humanidade que aparentemente perdeu a sensibilidade perceptiva e crítica. Poderemos encontrar as respostas para um desenvolvimento justo e equilibrado, resgatando pessoas e o próprio Planeta, se tivermos a mesma ousadia que os padres conciliares tiveram quando colocaram a Igreja em diálogo com o mundo. O que talvez seja necessário nesse momento da história humana é encontrar as formas de estabelecer um diálogo entre as pessoas, entre as diversas espiritualidades presentes em cada cultura, para que todos juntos possam compreender este mundo em mudança constante. O desenvolvimento necessita de um humanismo verdadeiro, aquele que se abre ao Absoluto; uma vocação que responda a esse apelo em liberdade e responsabilidade; uma vocação social que busque um desenvolvimento humano fundamentado na fraternidade.

O papa Bento XVI, na profundidade de seu conhecimento teológico, nos brinda com a *Caritas in Veritate*, reafirmando não só a excelência da *Gaudium et Spes*, como também a atualidade do Vaticano II. O diálogo permanece como profundamente necessário. A Igreja jamais poderá retornar ao período de clausura dentro dos muros leoninos. Ela precisará sempre compreender este mundo onde deve se fazer presente, a partir da sua vocação de ser sacramento de salvação, ou seja, *Lumen Gentium* — luz para os povos.

Há multidões que ainda continuam como ovelhas sem pastor. A intuição da *Gaudium et Spes* reafirmada pela *Caritas in Veritate* é justamente mostrar, através do compromisso da Igreja, o Bom Pastor que escuta o seu povo, que vai em busca de seu resgate. Bom Pastor que se mostra vigilante com seu povo, solidário com seus sofrimentos, que está presente na procura de soluções. Um Bom Pastor que cuida preferencialmente dos mais desvalidos, dos que esperam a mão segura para ajudá-los, como Virgílio fez com Dante, ao atravessar o inferno, fruto da injustiça humana.

Tornamo-nos adultos junto com tantos companheiros e companheiras de estrada e sabemos que nem tudo é poesia e alegria. A beleza dos documentos eclesiais esbarra nos limites da sua aplicação na base da Igreja. Infelizmente, muitas vezes o que prevaleceu e prevalece ainda é a falta de fidelidade à Palavra Sagrada. De outro lado, não faltam profetas, mártires, santos, cristãos comuns e pessoas de boa vontade a nos indicar o caminho pelo seu testemunho, alimentando nossa fé e nossa esperança no amor. A Igreja dos nossos sonhos continuará a ser construída enquanto tivermos a capacidade de sonhar. Nosso sonho não é ilusão, porque não caminhamos para lugar nenhum. Nosso *topos* é a terra da promessa.

4. Referências bibliográficas

BENTO XVI. Carta Encíclica *Deus é amor*. São Paulo: Paulus/Loyola, 2005.

CELAM. *Documento de Aparecida*; texto conclusivo. V Conferência Geral do Episcopado Latino-Americano e do Caribe. São Paulo: Paulinas/Paulus, 2007.

_____. *Documentos de Rio de Janeiro, Medellín, Puebla, Santo Domingo*. São Paulo: Paulus, 2005.

CONCÍLIO ECUMÊNICO VATICANO II. *Documentos*. 2. ed. São Paulo: Paulus, 2002.

CAPÍTULO XIV

O papel das religiões na construção das utopias e de uma ética mundial

Maria Luiza Guedes

"Todos os outros são culpados, menos eu" (Celine).

1. Religião e mundo globalizado: limites e alternativas

A emergência da necessidade e da possibilidade de elaboração de uma ética mundial dá-se na razão direta do desenvolvimento do fenômeno da globalização nos tempos atuais. Assim sendo não há como não iniciarmos nossa reflexão pela busca de características e significado deste fenômeno.

Ao usarmos a expressão mundo globalizado de alguma maneira estamos querendo indicar algo de novo no mundo, um cenário que se constrói e se apresenta com novas arquiteturas, novos personagens e novas cores. De tempos em tempos damo-nos conta de reordenações políticas, econômicas e culturais que de alguma maneira tornam visíveis o que se vem forjando no processo histórico. Será que de fato algo de diferente esta a configurar-se ou configurou-se em nosso mundo contemporâneo?

A expressão tem sido fartamente utilizada para chamar a atenção, parece-nos, menos para o longo processo de globalização que vem se desenvolvendo na história da humanidade desde os primórdios, porém com momentos de grandes saltos qualitativos provocados pela emergência de necessidades e ousadias econômicas, políticas, religiosas e, por que não dizer, da invenção de novas imagens do ser humano, e mais para referir-se a certo grau a que este processo chegou. Poderíamos dizer que seus vetores mais visíveis e estruturais são a diminuição das distâncias, dos tempos e os redimensionamentos dos espaços que, além de físicos, são também virtuais. Tais vetores — vida econômica, política, cultural, religiosa, a produção de tecnologias e os comportamentos — trouxeram grandes impactos sobre as várias esferas da vida humana.

A síntese produzida por estes vetores tem pintado um quadro que alguns teóricos insistem em denominar com nomenclaturas como pós-modernidade, hipermodernidade ou modernidade avançada, entre outros.

Tais palavras ou conceitos em construção querem indicar a emergência de mudanças amplas e bastante significativas nos modos de ver e viver, sem que tenha havido, no entanto, mudanças na natureza das estruturas da sociedade capitalista na qual vivemos. Por este motivo as mudanças as quais os termos referem-se são objeto de muitas disputas teóricas com a intenção de melhor compreender nossa realidade. Como as mudanças são de grande amplitude e diversidade a ponto de alterar, em muitos aspectos, a face do nosso mundo, alguns teóricos insistem tratar-se de um tempo ou condição diferente do que entendemos por modernidade e, portanto, deve ser compreendida em sua alteridade como expressa na citação a seguir:

> No mínimo, indicam a ocorrência de numerosas descontinuidades dentro do modelo de desenvolvimento unilinear e progressivo, que estava na base da sociedade industrial.[1]

A globalização da sociedade contemporânea é de natureza mundial e representa um marco no processo de integração das sociedades atuais. Segundo Guattari, uma de suas principais características é a submissão a um "império de mercado mundial que lamina os sistemas particulares de valor, que coloca num mesmo plano de equivalência os bens materiais, os bens culturais, as áreas naturais etc.".[2]

As características do nosso tempo geraram mudanças e contradições, hoje, já visíveis nos comportamentos, nos valores, nos contornos jurídicos institucionais e no conjunto de exigências que constituem as atividades humanas, seja na esfera da prática produtiva, seja na esfera da prática social, seja na esfera da prática simbólica. Os impactos fazem-se sentir na esfera das relações sociais micro e macro, entre as pessoas e nações.

Na esfera cultural e simbólica salta aos olhos uma tendência à supremacia do indivíduo e de seu gozo, uma espécie de tentação da inocência no dizer de Bruckener;[3] a perda do sentido e a complexidade do presente fragilizam as forças sociais estruturantes, na medida em que as submete a um processo de desconstrução mítica, e ritual, como, por exemplo, o que vem acontecendo com a escola, com a família, com o papel do pai, do professor, que quase se convertem em meros resíduos. Sobre isso

---

1   MARTELLI, *A religião na sociedade pós-moderna*, p. 10.

2   GUATTARI, *As três ecologias*, p. 10.

3   BRUCKNER, *A tentação da inocência*.

é bastante ilustrativa a matéria escrita pelo psicanalista Jorge Forbes, na qual discute o fenômeno das "agressões inusitadas", ou violências gratuitas, como uma das características do que ele chama de um novo mundo no qual "tanto o saber como o próprio pai viraram genéricos, referindo-se a casos recentes do assassinato dos pais por filhos, ou seja, não são mais padrão para nada". Vejamos a citação a seguir:

> A globalização pluralizou as possibilidades, e as pessoas entraram na angústia da escolha. Perdemos todos os padrões. Uma das consequências disso é o fenômeno das agressões inusitadas — um fenômeno de violência gratuita. As agressões inusitadas caracterizam-se pela surpresa, pela falta de compreensão da sociedade e do próprio agressor sobre sua motivação. É um fenômeno que alia quebra de identidade e irresponsabilidade.
>
> O pai virou um genérico, este termo que vem da globalização e define o que não tem uma característica própria. O pai não é mais aquele, o intocável — pelo menos para essa pessoa.[4]

Poderíamos dizer que, se por um lado identificamos mudanças propriamente culturais (no sentido antropológico do termo) que aparentemente se apresentam como certo deslocamento da economia, por outro lado ela segue seu curso orientada pela racionalidade instrumental e pela competitividade que se prolonga na exacerbação da lógica consumista que se torna quase onipotente, no desenvolvimento de relativismos éticos e numa profunda falta de esperança no outro e no futuro. A hipervalorização do exclusivo, do único, do próprio, revela a grande crise de alteridade que vivemos, na qual o outro não é só desrespeitado, mas antes é uma inexistência. Não há outra ideologia que a dominante, unidimensionalidade, como já disse Marcuse.

Por outro lado vemos a emergência de novas culturas da valorização do lúdico, do belo como espetáculo, da singularidade, com reflexos na moda, na expressão religiosa, na sexualidade, nos comportamentos em geral. A emergência, na cultura juvenil urbana, de tribos, gangues, novas práticas religiosas, releituras de antigas tradições, grupos de socialização virtuais, tem criado espaços, rituais, símbolos que podem ser considerados estruturantes específicos.

Segundo o psicanalista que citamos, vivemos um tempo de não saber, no qual vislumbramos tragédias, mas podemos também vislumbrar possibilidades, pois não podemos negar que as novas gerações estão inventando um novo jeito de amar. O que precisamos é gerar cultura que nos ensine a viver globalmente.

A religião, expressão sensível do tecido cultural, apresenta sintomas do impacto destas transformações e das contradições próprias do cenário que brevemente descrevemos. Contraditoriamente, quanto mais avança a lógica instrumental do mercado e do projeto moderno de progresso ilimitado que prescinde de valores, mais

---

4   *O Estado de S.Paulo*, 17.4.2005.

aumenta a crítica aos seus resultados e a necessidade de emergência de um horizonte de valores que dê sentido e conforto.

Formula-se, segundo Martelli,[5] "uma concepção de religião como recurso natural e forma complexa, que escapa à identificação com qualquer instituição religiosa ou partes do sistema social". Trata-se de reconhecer a emergência de um modo diverso de viver e perceber as religiões e a experiência religiosa especialmente pelos mais jovens. Apresenta-se como um espaço de excedente de sentido e, por isso mesmo, capaz de ter uma pluralidade de funções.

Não há como não perceber que em todos os shoppings e centros comerciais, em geral, multiplicam-se as lojinhas de artefatos místicos e religiosos das mais diferentes tradições ou releituras das mesmas. Como também a explosão de grandes templos e pequenas garagens e quintais nos quais se praticam cultos evangélicos, de cristão e católico renovados, assim como práticas xamânicas e orientais. Tal visão esta muito bem descrita na citação a seguir:

> A religião deve ser considerada como um recurso cultural, cujos símbolos estão em grau de interpretar a nova realidade percebida pelos atores, sem que o uso da linguagem e dos símbolos deva necessariamente passar através das modalidades estabelecidas pelas religiões institucionais [...]; a perda da importância das comunidades tradicionais não resulta na insignificância dos símbolos religiosos, como haviam sustentado os expoentes da secularização, mas apenas no enfraquecimento das ligações entre as instituições eclesiais e os próprios símbolos. Isto explica o uso conflitante e polivalente de tais símbolos, adotados e livremente interpretados pelos cultos e seitas que aparecem em numero cada vez maior nos anos 80, assim como pelos indivíduos.[6]

Enfim, a realidade paradoxal que se apresenta é que justamente as sociedades que promoveram o desencantamento do mundo, fruto de sua iluminação pela racionalidade instrumental científica, engendram uma tendência de valorização da religião e criam condições para que se possa considerá-la em sua complexidade e potencialidades:

> A religião constitui, hoje, uma reserva de símbolos e significados, reproduzidos institucionalmente, ou livremente buscados pelos indivíduos, dentro de uma multiplicidade de percursos e níveis.[7]

A nova consciência religiosa é antes de tudo ética, reflexiva, respeitosa e comprometida com o grande desafio colocado para o nosso tempo — o desafio de vivermos juntos, conservando as condições de manutenção da vida.

---

5   MARTELLI, *A religião na sociedade pós-moderna*.

6   Ibid., p. 17.

7   Ibid., p. 453.

2. Religião e ética: o desafio de caminhar para o outro

Este nosso mundo globalizado nos coloca face a face por um lado com uma realidade humana tão diversa e plural e, por outro, com forças que nos seduzem à unidimensionalidade.

Tornam-se mais do que nunca visíveis, para quem quer ver, as mais radicais possibilidades humanas de amor e de horror. O espanto e o temor por muitas vezes nos paralisam e por outras nos mobilizam, nos enfurecem e nos põem a caminhar. Identidade e alteridade são eixos que precisamos aprender a articular de maneiras ainda não pensadas e vividas.

As novas nomenclaturas para identificar o nosso mundo, se não são ainda do ponto de vista teórico e conceitual um consenso, servem para nos chamar a atenção à necessidade de aprendermos a viver globalmente se quisermos garantir a nossa sobrevivência. Estamos querendo dizer, novamente, que precisamos aprender a viver globalmente e que isso implica o desenvolvimento de modelos que sejam entendidos como modelos, e não como verdades fixas e valores que façam conviver a identidade e a alteridade. Estamos nos referindo à necessidade de desenvolvimento de uma ética mundial que, enquanto tal, seja um espaço de respeito e transcendência das morais particulares.

Aqui nos aproximamos do teólogo Hans Küng, que defende a ideia de que não só precisamos, mas que como nunca temos a oportunidade de desenvolver uma ética global para um projeto mundial com vistas à sobrevivência humana.

Homem de fé e da academia, preocupado com os caminhos da Igreja Católica, Küng busca desenvolver fundamentos teórico-hermenêuticos para defender a tese de que a nossa vida está ameaçada com a atual configuração de nosso mundo, dos desequilíbrios ambientais às contradições políticas e econômicas até os processos de subjetivação e expressão. Senão vejamos:

> Não haverá sobrevivência sem uma ética mundial. Não haverá paz no mundo sem paz entre as religiões. E sem paz entre a s religiões não haverá diálogo entre as religiões.[8]

O teólogo, em busca de fundamentos teóricos e hermenêuticos, recorre às ciências sociais para circunscrever um período que possa ser identificado com o que chamamos no início do texto de certo grau atingido pelo processo de globalização, a que chamamos de pós-modernidade. Localiza o estabelecimento de suas condições de possibilidades no final da Primeira Guerra Mundial com seus desdobramentos

---

8   KÜNG, *Projeto de ética mundial*, p. 7.

políticos, econômicos, culturais, tecnológicos e culturais. Tais desdobramentos, só os citaremos a título de estabelecermos as balizas do raciocínio do autor, pois não é nosso objetivo estudá-los. De início citamos o que Küng chama de desenvolvimentos catastrófico, numa referência ao desenvolvimento do fascismo (Itália, Espanha e Portugal) e do Nacional Socialismo (Alemanha), os quais por sua vez desembocaram na Segunda Guerra Mundial com todos os seus horrores e consequências em termos de ordenamento do mundo. Refere-se também ao militarismo e domínio japonês no Oriente, cujos estertores podem ser localizados em 1945 com as bombas atômicas, e à emergência do comunismo e seu desenvolvimento em socialismo estatal até seu desmantelamento na década de 1990. Traz também como linha de força a ascensão e declínio do que chama de neocapitalismo em uma referência à hegemonia econômica, política e tecnológica dos Estados Unidos e à crise do sistema que revelaram as fragilidades da potência e de sua lógica, como veremos na citação a seguir:

> A crise da potência dirigente do Ocidente é crise moral do mundo ocidental como tal, e também na Europa: destruição de toda e qualquer tradição, de um sentido de vida mais abrangente, de padrões éticos imprescindíveis, e falta de novos objetivos, junto com os prejuízos físicos daí decorrentes. Muitas pessoas hoje não sabem mais com base em que normas fundamentais devem tomar as pequenas e grandes decisões do dia a dia [...].

> Com ela estão relacionadas a frustração, o medo, as drogas, o alcoolismo, a AIDS.[9]

Paralelamente aos "desenvolvimentos catastróficos", Küng vê também a emergência ou irrupção de possibilidades de superação engendradas pelas próprias características da pós-modernidade e das religiões.

As religiões, segundo o teólogo, além de terem muitas discordâncias em termos de comportamentos, possuem, também, muito em comum no terreno da ética.

Especialmente as grandes religiões monoteístas ocidentais podem buscar nas fontes aquilo que têm em comum, ou seja, "trata-se de apontar aquilo que apesar de tudo une as religiões", tendo em vista a sua responsabilidade de promover uma ética.

Segundo esse autor, as religiões dispõem da possibilidade de, mesmo com suas diferenças de símbolos, sistemas e dogmas, unirem-se em torno de características institucionais, culturais e de princípios, podendo desta maneira oferecer uma grande e exclusiva contribuição na construção de uma ética mundial.

Uma primeira característica das religiões, que pode contribuir para esta finalidade, é que são organizações institucionais que, diferentemente de outras, são capazes de tornar crível uma imagem de que estão comprometidas com o bem-estar das pessoas, acima de tudo.

---

9   Ibid., p. 28.

Tal imagem lhes confere uma autoridade incondicional que justifica sua oferta e a aceitação de orientação religiosa fundamental, de que o bem-estar e a dignidade da pessoa humana são o princípio fundamental e a razão de ser das religiões:

> Elas (as religiões) oferecem apoio, ajuda e esperança em face da dinâmica própria de todas as instituições humanas, em face dos interesses próprios dos diferentes indivíduos e grupos e diante das avalanchas de informações através da mídia.[10]

As religiões também podem contribuir com as "máximas elementares da humanidade" que se tornam normas e orientações fundamentais a partir de um absoluto e, portanto, têm validade para milhões de pessoas.

Com isso, certamente, as religiões podem, para além de suas diferenças em relação a comportamentos particulares, articular-se em torno de grandes princípios desde que estejam dispostas a adotar "o sensato caminho do meio" para utilizar uma referência budista que se refere à serenidade nas relações com os outros homens, com o mundo. De alguma maneira, todas as religiões podem, assim, colocar-se em relação com as suas exigências quanto aos comportamentos, disposições, virtudes, ou seja, as regras do seu jogo.

As religiões encontram-se, também, quando propõem algo como uma regra áurea, uma regra que serve a todos e que de alguma maneira está presente em todas as religiões, como veremos a seguir:

> Essa "regra áurea" é atestada em Confúcio : "Aquilo que não desejas para ti, também não o faças às outras pessoas" (Confúcio, aproximadamente 551-489 a.C.). Encontra-se também no judaísmo: "Não façam aos outros aquilo que não queres que te façam" (Rabi Hillel, 60.a.C.-10 d.C.). Por fim a lei áurea também é testemunhada no cristianismo: "Tudo o que vocês querem que as pessoas façam a vocês façam-no também a elas" (Mt 7,12).[11]

As religiões em geral têm em comum, ainda, dois aspectos fundamentais. O primeiro é o fato de oferecerem motivações éticas diante de tanta apatia e desconsolo que vemos em nosso mundo. Oferecem motivos para agir, assim como referências para este agir com modelos concretos de vida como Moisés, Cristo, Muhammad, Lao-Tsé e Buda.

O segundo aspecto é a oferta de um horizonte de sentido para a vida e para a morte com uma convicção capaz de substituir o vazio e a falta de sentido de que não raras vezes sofre o sujeito contemporâneo.

Essa perspectiva de comunhão entre as religiões certamente é possível e poderá contribuir grandemente na necessária elaboração de uma ética mundial. Trata-se da

---

10   Ibid., p. 101.
11   Ibid., p. 105.

possibilidade de encontrarmos consensos mínimos entre as religiões e programas conjuntos, absolutamente necessários para enfrentarmos as ameaças de dissolução que o nosso mundo produziu.

Para isto é preciso que as religiões queiram e façam a crítica de suas próprias dificuldades, pois, "na ética o mais importante é aquilo que se vive de forma prática na vida diária e também aquilo que se deixa de fazer".[12]

Tal perspectiva é tão necessária quanto viável desde que se queira e se reconheça o valor e a possibilidade da construção de um consenso mínimo sobre princípios integradores que não neguem os avanços científicos e as conquistas modernas e ao mesmo tempo contemplem a relação dos homens com Deus. Para Küng esses princípios são os seguintes:

> a inviolabilidade da pessoa humana;
> a liberdade inalienável das pessoas;
> a igualdade fundamental de todas as pessoas;
> a necessária solidariedade entre todas as pessoas.[13]

Esses princípios apontados por Küng não são novos. O que nos parece ser novo, em primeiro lugar, é o grau de aceitação e sua amplitude proporcionada pela globalização e pela universalização da comunicação, e, em segundo lugar, o amadurecimento dos conceitos de forma que seus significados ganhem uma concretude muito mais capaz de orientar a ação, pois carregam consigo exigências.

Ao falarmos de liberdade, devemos exigir que seja com justiça. Liberdade significa ao mesmo tempo a busca de percurso que promova os mesmos direitos para todos.

A igualdade exige, hoje, que se contemple ao mesmo tempo a diversidade de culturas, de religiões, de gênero e das subjetividades em direção à superação das discriminações excludentes.

A busca da coexistência pacífica torna-se mais do que nunca uma exigência, assim como a produtividade supõe respeito ao meio ambiente e consequentemente a procura de um modo de produção e de vida que não prejudique a natureza e o bem público.

Do ponto de vista religioso não basta tolerância, mas urge a constituição de uma cultura religiosa ecumênica que possa promover a articulação e o diálogo das diferentes Igrejas e religiões; superar a inimizade e desconfianças entre as pessoas; relativizar as contendas do passado; reconhecer a liberdade religiosa como possibilidade de estruturar um espaço que não precise do fanatismo nem do esquecimento das verdades constituídas na e pela tradição.

---

12 Ibid., p. 111.
13 Ibid., p. 111.

Sintetizando, as religiões têm todas as condições de subsidiar aquilo que é a nossa maior tarefa neste momento: encontrarmos formas de viver juntos. Para isso precisamos construir caminhos em direção ao outro.

3. O paradigma do peregrino

Refletindo sobre essa questão, apresenta-se claramente a necessidade de que construamos referências que nos tornem capazes de lidar com os desafios do nosso tempo, no qual não cabem mais os modelos dicotômicos e excludentes próprios da modernidade iluminista. Já temos, enquanto civilização, elementos para suportamos a angústia das contradições, das mudanças contínuas e da complexidade da vida humana em sociedades cada vez mais ampliadas e diversificadas. Precisamos aprender a viver em trânsito, sem, no entanto, deixar de construir referências que nos balizem.

Trata-se, nos parece, de irmos refazendo nosso modelo cognitivo e suas decorrências na produção do conhecimento, na política, nas relações de gênero, nas relações sociais e econômicas em geral de modo que se possa vislumbrar o ensinamento dos peregrinos. Caminhar para o outro é ao mesmo tempo caminhar para si.

Não é sem razão que o peregrino é um personagem fundamental das religiões em geral e tem um lugar muito específico nas grandes tradições monoteístas, como é o caso de Abraão e Moisés.

O peregrino é o grande modelo daquele que pode abrir-se ao outro e caminhar em direção a ele, pois não tem raízes, a não ser as de sua própria humanidade. Não tem que temer a invasão do outro em relação aos seus bens, espaços de poder e espaços afetivos. O peregrino, diferentemente do sedentário que prefere o conforto do conhecido, o previsível, quer ser alforriado de seu olhar viciado de suas desconfianças e preferências e confia e aposta em um chamado. O caminho do peregrino não é uma trajetória em direção a um lugar, mas é um caminho para si e para o outro. O objetivo e a riqueza estão no caminhar, no ir.

É principalmente neste sentido que especialmente numa sociedade globalizada as religiões têm muito a contribuir para a construção do futuro.

4. Referências bibliográficas

BRUCKNER, Pascal. *A tentação da inocência*. Sintra: Publicações Europa-América, s.d.

GUATTARI, Felix. *As três ecologias*. Campinas: Papirus, 1990.

KÜNG, Hans. *Projeto de ética mundial*; uma moral ecumênica em vista da sobrevivência humana. São Paulo: Paulinas, 1993.

MARTELLI, Stefano. *A religião na sociedade pós-moderna*; entre a secularização e dessecularização. São Paulo: Paulinas, 1995.

CAPÍTULO XV

Parâmetros ecoteológicos para a sustentabilidade planetária

Paulo Agostinho N. Baptista

"É nesta terra velha, nossa mãe,
que caminhamos para a terra nova,
a terra-esposa em festa para sempre!"
Pedro Casaldáliga

1. Introdução

A teologia é o exercício da inteligência da fé, refletindo sobre Deus e sobre tudo quanto se relaciona com ele: o ser humano, a sociedade, a sustentabilidade do planeta, a vida e tudo mais. Cada momento da história e cada contexto oferecem muitas questões provocativas que a teologia não se pode furtar a responder. Evidentemente, pode tratar a questão em profundidade ou sua resposta pode se transformar em "tagarelice teológica" quando não pesquisa, não dialoga e não tem atitude de humildade que exige, em certos momentos, respeitoso silêncio.

Na perspectiva de refletir sobre teologia e sociedade, este capítulo objetiva lançar alguns parâmetros para a reflexão teológica sobre as condições de sustentabilidade de nossa casa comum: a terra. Iniciamos com breve referência à abordagem metodológica e histórica da teologia, especialmente sobre o campo ecológico. Depois apresentamos as ideias fundamentais do "paradigma ecológico" e suas implicações para a teologia. Finalmente, refletimos sobre a articulação e a religação entre Deus, criação e ser humano, através da teologia *teoantropocósmica* de Leonardo Boff, parâmetro fundamental para salvaguardar a vida humana e terrenal.

2. Breves notas sobre metodologia e história da abordagem teológica sobre a ecologia

Como toda ciência, a teologia também define seu objeto e sua metodologia. O objeto material de toda teologia é "Deus e tudo o que se refere a ele", e seu objeto formal (a forma de ver) é "Deus revelado", ou seja, a forma de olhar o objeto material — Deus e tudo mais — se dá "à luz da fé".

Na perspectiva cristã, especialmente na maneira latino-americana de fazer teologia, conhecida como Teologia da Libertação (TdL), "Deus revelado" se mostra explicitamente em Jesus de Nazaré como o Deus "defensor dos pobres e libertador dos oprimidos". No objeto formal dessa teologia (TdL) se encontra, portanto, a questão da libertação e do pobre, que, além de fazerem parte do conteúdo e da forma (à luz da fé), são "perspectivas" ou "enfoques"[1] ou um "novo modo de fazer teologia".

Hoje, a teologia e a TdL, e por que não dizer também a sociedade em seu conjunto de atores sociorreligiosos, são desafiadas a responder a diversos enfoques e perspectivas: o pluralismo religioso, o feminismo, a ecologia e tantos mais. São outras óticas e maneiras de fazer teologia, de trabalhar o objeto material e, à luz da fé, refletir sobre como o Deus revelado pode ser conhecido e querido.

No contexto da sociedade do conhecimento, num ambiente de crescimento da presença e divulgação da ciência, a questão metodológica, cada vez mais, é necessária e importante na teologia. À medida que se ampliam os temas e problemas, é fundamental refletir sobre as mediações e seu uso, ao trabalhar os variados enfoques na teologia.

Determinadas categorias, bem como concepções científicas, devem ser matizadas para que não se faça uma transmutação conceitual imediata, um uso indevido ou apressado de categorias, sem precisão teórica. Esse tem sido um grande esforço da presença e qualificação acadêmica da teologia.

A polêmica sobre o uso do marxismo na TdL, por exemplo, há alguns anos, foi um bom debate teórico-metodológico, um avanço para a teologia.[2] Um outro exemplo mostra bem isso: o conceito de paradigma. Hans Küng, em seu livro *Teologia a caminho* (1999), demonstra uma apropriação balizada desse conceito, aplicando-o ao campo teológico.[3]

As ciências da terra e a grande área da "ecologia" têm sido um campo desafiante em todos os setores, inclusive na teologia. As rápidas mudanças climáticas e seus impactos, sob a perspectiva de certo lastro temporal e para certos grupos de

---

1   Cf. BOFF, Clodovis, *Teoria do método teológico*, pp. 40-56.

2   Cf. id., *Teologia e prática*.

3   Cf. KÜNG, *Teologia a caminho*; cf. também BAPTISTA, Teologia e ecologia, pp. 101-141.

Parâmetros ecoteológicos para a sustentabilidade planetária

pesquisadores e da mídia, têm desafiado os cientistas e os governos, em respostas até antagônicas (aquecimento e resfriamento), a pronunciarem-se sobre a salvaguarda do planeta, a sustentabilidade e sobre a responsabilidade humana nesse processo.[4] Mas não se pode ser ingênuo nessa situação. Há conflitos de natureza teórico-científica, ideológica e política sobre as diversas implicações da situação ambiental. E a teologia é chamada também a entrar nesse debate. E pode fazê-lo com o devido cuidado metodológico, teórico e político ou apressadamente.

Diante dessa realidade, certos grupos cristãos ou neocristãos encontram espaço para justificar, à luz de uma pretensa "ciência" ou de sua visão teológica, um apocalipse próximo ou já em processo, prenunciando o fim do mundo, ou confirmando seu fundamentalismo criacionista. A literatura de consumo e a mídia (pseudodocumentários, programas de TV e cinema) também ocupam esse espaço e contexto e ganham notoriedade com seus "códigos secretos" e seus "avatares" ou na divulgação de teologias imediatistas ou de consumo, desprovidas de fundamento, oferecendo aquilo que já se convencionou chamar de "religião do mercado" ou "religião da mercadoria",[5] de cunho emocionalista, moralizante ou justificador.

Sobre o tema que nos interessa neste capítulo, deve-se destacar que entre a década de 1980 e 1990 inicia-se uma importante virada paradigmática. A consciência ecológica emerge de forma significativa, simbolizada na ECO-Rio 92, espaço que produziu conceitos que permanecem no debate atual: desenvolvimento sustentável, convenção da biodiversidade e a proposta de uma *Carta da terra*. Mas a discussão sobre o problema ambiental é bem anterior e tem um marco importante com o "Clube de Roma", em 1972: um grupo de cientistas, políticos e representantes da indústria, preocupados em pensar o desenvolvimento, o problema ambiental e os limites do crescimento. Foi, porém, em 1992, que se realizou a Conferência das Nações Unidas para o Meio Ambiente e o Desenvolvimento, na cidade do Rio de Janeiro, entre os dias 3 e 14 de junho de 1992, reunindo 114 chefes de Estado, mais de 320 ONGs e 40 mil militantes.

A teologia respondeu a esse contexto. Alguns exemplos: em 1985, Jürgen Moltmann publica na Alemanha o livro *Deus na criação; doutrina ecológica da criação* (Petrópolis: Vozes, 1993). Thomas Berry publica nos Estados Unidos da América, em 1990, *O sonho da terra* (Petrópolis: Vozes, 1991), e Adolphe Gesché, na França, lança em 1994 *Deus para pensar; o cosmo* (São Paulo: Paulinas, 2004).

A teologia latino-americana conheceu essa virada com Leonardo Boff. Entre 1990 e 1993 Boff assume a perspectiva do paradigma ecológico em sua teologia.[6] A

---

4   Cf. MIRANDA, Do fim do mundo à origem do universo, pp. 143-169.

5   Segundo Reginaldo Prandi, a religião é "agora uma das infindáveis religiões do mundo, onde tudo se sabe e onde tudo se consome, se vende e se compra. É, enfim, a religião do mercado sem fronteiras" (PRANDI, A religião no planeta global, p. 70; cf. também BOFF, Leonardo, O mercado e a religião da mercadoria, pp. 3-9).

6   Cf. BAPTISTA, *Diálogo e ecologia*.

ecologia deixava de ser um tema a ser abordado pela teologia e passava a ser um novo enfoque, abrindo nova perspectiva para a teologia.

Outro importante teólogo latino-americano, pioneiro na TdL — Hugo Assmann —, que também muda de paradigma no início dos anos de 1990, afirma que, "na medida em que o tema 'Deus da Vida' se transformou em um dos eixos centrais da teologia e da pastoral, na América Latina, o aumento da consciência ecológica foi brotando, com bastante naturalidade, da própria opção pelos pobres". E cita raízes teológicas importantes como Juan Luiz Segundo e Pedro Trigo. Diz que a TdL está desafiada a "reequacionar o primado do político a partir de uma nova visão holística". De forma crítica, aponta para o cuidado em equilibrar a reflexão sobre os avanços da ciência, especialmente "a nova biologia, os estudos sobre os processos auto-organizativos da matéria e da vida" e o risco de cair em novo "reducionismo": deixa-se o irresponsável antropocentrismo (Assmann defende o bíblico "antropocentrismo do pobre") e cai-se no biocentrismo. Por isso, critica todo "centrismo": o "biocentrismo, o antropocentrismo e até um mal enfocado teocentrismo".[7]

Outros exemplos desse processo histórico-teológico: em 1988, o XVI Concílio Geral da IECLB (Igreja Evangélica de Confissão Luterana no Brasil) redigiu o "Manifesto em defesa da Amazônia" e a 12ª Convenção Nacional de Pastores da IECLB, em 1989, reflete sobre o tema: "Ecologia: modismo ou desafio evangélico?";[8] o primeiro número de 1990 da revista *Estudos teológicos* (Escola Superior de Teologia, EST) dedica-se ao tema da ecologia; também o primeiro número da revista *Estudios*, do Pro Mundi Vita (Bélgica, fev. de 1990), tem como tema "Los cristianos y la Consciencia Ecológica"; e em preparação para a Conferência ECO-Rio 92, a CNBB lança um livro do Setor de Pastoral Social com o título: *A Igreja e a questão ecológica; leitura ético-teológica a partir da análise crítica do desenvolvimento*, fruto de um seminário; e também a PUC-Rio organizou outro seminário e uma publicação em 1992: *Reflexão cristã sobre o meio ambiente*, com seleto grupo de teólogos e pesquisadores de várias áreas.

Portanto, o final da década de 1980 e o início dos anos de 1990 foram momentos ricos em mudanças. A Sociedade de Teologia e Ciências da Religião (Soter) realizou diversos congressos e publicações tratando da mudança de paradigma e da relação entre teologia e ciências (*Teologia e novos paradigmas*, 1996; *Mysterium creationis; um olhar interdisciplinar sobre o universo*, 1999, livro ganhador do Prêmio Jabuti em 2000). Outra entidade, a Associação dos Teólogos do Terceiro Mundo (Asett), começa o novo milênio com a publicação de uma coleção que busca articular TdL e Teologia do Pluralismo Religioso (TdPR). Um dos livros da coleção revela essa interessante relação também com a ecologia: *Pluralismo religioso y sufrimiento ecohumano*.[9]

---

7   Cf. ASSMANN, *Desafios e falácias*, pp. 60-62.

8   Cf. SINNER; MAJEWSKI, A contribuição da IECLB para a cidadania no Brasil.

9   Cf. MOLINER, *Pluralismo religioso y sufrimiento ecohumano*.

Mais recentemente, em 2005, Hans Küng lança *O princípio de todas as coisas*: ciências naturais e religião (Petrópolis: Vozes, 2007), uma importante discussão com diversas ciências, especialmente a física, e com a filosofia.

Essas simples referências mostram que a pesquisa teológica se debruçou sobre a questão ecológica, a relação entre teologia e ciência e a discussão sobre os novos paradigmas. E deve continuar a fazê-lo com zelo e rigor. O congresso da Soter de 2009 tratou justamente da relação entre *Religião, ciência e tecnologia* (São Paulo: Paulinas, 2009). E os teólogos e cientistas da religião ouviram duras críticas e questionamentos: sobre um inconsciente ou inconfessado antropocentrismo na "cruzada" de "salvação do planeta" e na divulgação de uma "visão apocalíptica"; sobre a "responsabilização" culpabilizante e moralista do ser humano pelo "desastre ambiental"; e também sobre o desconhecimento de outros dados do problema ambiental; e ainda uma séria questão: "Por que um número significativo desses pensadores não aborda as questões filosóficas e teológicas fundamentais trazidas pelos processos atuais que vivem o planeta e a humanidade?".[10]

Se nem todos aqueles que pesquisam sobre "ecoteologia" poderiam ser afetados por essas críticas, elas não deixam de "fazer pensar" e exigir sempre a atitude mais atenta. Por isso, memória histórica e cuidado teórico-metodológico são importantes para a teologia no contexto atual.

3. Paradigma ecológico e teologia

Diversos autores já refletiram sobre as raízes judaico-cristãs da modernidade.[11] Evidentemente, o judeu-cristianismo teve um papel importante nesse processo cultural, especialmente por ser raiz fundamental da civilização ocidental. Com sua visão de Deus, de ser humano e do mundo, favoreceu o surgimento da ciência moderna, pois "desdivinizou o mundo", colocando o ser humano "a serviço do mundo".

Leonardo Boff, baseando-se em F. Gogarten — teólogo protestante —, afirma que "é comum dizer-se que a secularização e o mundo da racionalização são uma consequência dos princípios judeu-cristãos". É claro que não se pode responsabilizar o cristianismo por todas as crises, inclusive a ecológica, que a modernidade desencadeou e que se aprofunda a cada dia. Mas também não se pode esquecer que as Igrejas cristãs "não viram, em tempo, a legitimidade da secularização [...]. Encastelaram-se numa concepção fixista do mundo que nem mais bíblica não era".[12] Da visão de serem homens e mulheres "imagens" e "semelhanças" de Deus, guardiães da criação e seus administradores, predominou, nos últimos séculos, uma compreensão

---

10   Cf. MIRANDA, Do fim do mundo à origem do universo, pp. 143-147.

11   Cf. VAZ, *Raízes da modernidade*.

12   Cf. BOFF, Leonardo, Cristianismo, p. 462.

despótica: "dominador e escravizador das forças da natureza para o benefício individual e social". Tal passou a ser a interpretação do "subjugar e dominar [, pois] foram lidas no contexto da modernidade".[13]

Ao lado de sua abertura ao mundo como realidade autônoma e lugar do exercício da criatividade humana, o cristianismo também compreendeu o ser humano como cocriador. Mas a rigidez de sua doutrina, especialmente a partir da modernidade, também possibilitou a reação do secularismo com suas consequências: o ateísmo e o niilismo, o ser humano-objeto e a uma concepção utilitarista na natureza e de nossa "casa-terra".

A virada paradigmática, o surgimento do paradigma ecológico, trouxe nova consciência à teologia, possibilitando a recuperação de questões fundamentais de sua tradição. O universo e a terra são nosso endereço, são nossa morada, nossa casa (*oikos*). É aqui que construímos nossa *oikoumene*. Porém, teologicamente, antes de ser nossa casa, ela é morada do Logos, visível pelos olhos da fé através de toda a criação, e assumida, plenamente, pela encarnação do Logos, pelo Verbo encarnado em Jesus de Nazaré.

Essa mudança para o paradigma ecológico alimentou o debate sobre a questão dos sujeitos teológicos. Se para a TdL, em seu nascedouro, o sujeito teológico era o pobre, na perspectiva do paradigma ecológico o sujeito é antropocósmico ou, numa palavra integradora, a terra, Gaia. É um sujeito *sui generis*, é um sujeito-lugar. E essa visão nasce da concepção de James Lovelock de que a terra é um "superorganismo" vivo.

Nesse sentido, Leonardo Boff se apoia em Lovelock, que assim explica: "Definimos a terra como Gaia porque se apresenta com uma entidade complexa que abrange a biosfera, a atmosfera, os oceanos e o solo; na sua totalidade, esses elementos constituem um sistema cibernético ou de realimentação que procura um meio físico e químico ótimo para a vida neste planeta".[14] Há, nessa relação integradora e integrada, uma unidade na diversidade. Somos terra, pois em nossos próprios corpos nos identificamos com a terra: a água, os sais minerais e tudo aquilo que dela recebemos e que nos dá energia para nossa vida. Somos a terra e a natureza que chegou à consciência. Mas também somos distintos e diferentes.

O paradigma ecológico realiza a integração de diversas perspectivas, ao mesmo tempo que postula a autonomia desses diversos enfoques. Não se exclui o pobre, a mulher, o negro e demais sujeitos. A integração acontece, pois todos estão na mesma "casa" e devem ser cuidadores dela.

A consciência desse *novo paradigma* nascente coincide, quase totalmente, com a descoberta de que o próprio universo está em gênese, em criação, "se encontra

---

13   Cf. id., *Ecologia, mundialização, espiritualidade*, pp. 46-47.

14   Cf. LOVELOCK, *Gaia*, p. 27.

em cosmogênese".[15] Se o universo vive esse processo, também os seres humanos o vivem, ou seja, estão em antropogênese. Assim, não se pode falar em "natureza humana" como um dado determinado, por mais que conheçamos o dinamismo genético. A natureza humana está em processo de construção. E tanto natureza humana quanto cosmo vivem numa dinâmica explicada através de três concepções: "A complexidade/diferenciação; a auto-organização/consciência; a religação/relação de tudo com tudo".

Mas o processo é contínuo, diferenciando-se e complexificando-se, ao mesmo tempo que cresce a auto-organização e o crescimento da consciência e de sua interioridade, chegando à capacidade reflexiva humana. Dessa complexidade e consciência avança a relacionalidade, a religação de tudo e de todos.[16]

Todo esse processo não está acontecendo sem grande crise nos modelos estabelecidos. É do confronto com o *paradigma moderno*, com sua razão instrumental--analítica e da ameaça que este gera de colapso das condições de sustentabilidade do Planeta, da sobrevivência humana, de seu futuro, que vai se forjando novo horizonte de compreensão e, daí, novo agir, e também nova ética e nova teologia.

Fica cada vez mais evidente que não é mais possível compreender a realidade com a frieza da objetividade em todos os domínios, da exploração da natureza à estruturação das relações econômicas e sociais. A degradação da vida natural e da vida humana, destruindo espécies ou reduzindo 2/3 da população mundial à condição de pobreza, ao mesmo tempo que concentra bem-estar e qualidade de vida em poucos (225 pessoas no mundo têm renda equivalente a 2,5 bilhões de pessoas),[17] chegou a um limite insuportável. Não se pode mais aceitar que apenas um país (EUA) que possui 5% da população mundial tenha um consumo equivalente a "1/3 dos recursos não renováveis e 37% da energia produzida no mundo anualmente".[18] E o tempo para redirecionar esse processo está curto; para muitos pesquisadores já se ultrapassou o momento de parar esse desastre; a contabilidade da luta pela vida está devedora, é negativa.

Como se pode sintetizar, então, esse novo paradigma? Para Leonardo Boff dez pontos apresentam suas principais características:[19]

1º *Totalidade/diversidade*: revela que tudo (ser humano, terra, universo) é uma totalidade orgânica, num processo dinâmico que unifica as diversidades, sem dissociá-las ou fragmentá-las.

---

15   Cf. BOFF, Leonardo, *Ética da vida*, p. 32.

16   Retomam-se aqui questões que são o centro do pensamento de Edgar Morin.

17   Cf. COSTA, Estratégia de avestruz.

18   Cf. LAGO; PÁDUA, *O que é ecologia*, p. 59.

19   Cf. BOFF, Leonardo, *Dignitas terrae*, pp. 59-62.

2º *Interdependência/religação/autonomia relativa*: cada ser tem autonomia relativa, pois possui valor próprio, mas todos estão interligados, religando-se para existir.

3º *Relação/campos de força*: todos os seres vivem numa rede de relações, em campos de energia que geram interdependência.

4º *Complexidade/interioridade*: há uma dinâmica de complexidade em tudo, auto--organizante, que caminha numa seta evolutiva de mais interioridade. A energia, quando condensada e estabilizada, transforma-se em matéria, carregando as informações e sua história. Tal fenômeno gera a possibilidade de se postular um princípio que dá unidade a toda a realidade: Deus.

5º *Complementaridade/reciprocidade/caos*: entre todos os seres, há um processo de complementaridade e reciprocidade, de ordem e caos, que generativamente produz nova ordem.

6º *Seta do tempo/entropia*: a tese básica é que "tudo que existe, preexiste e coexiste". Há um caráter de irreversibilidade que revela inúmeras possibilidades e virtualidades nos seres. Os sistemas são abertos e convivem com o limite temporal (entropia). As estruturas dissipativas de energia (entropia) serão transformadas em novos patamares (sintropia, sinergia) pela auto-organização do universo, que caminha para um sentido misterioso que chamamos Deus.

7º *Destino comum/pessoal*: cada ser é único e singular, mas todos têm uma origem e um destino comum, além de estarem interligados todo o tempo.

8º *Bem comum cósmico/bem particular*: o bem pessoal ou particular surge na dinâmica do bem universal, cósmico, da sinergia deste encontro.

9º *Criatividade/destrutividade*: como ser-no-mundo, o ser humano participa da criatividade da dinâmica vital, mas, em razão da sua originalidade, consciência e liberdade, ele pode interferir radicalmente no ritmo da vida, destruindo-a.

10º *Atitude holístico-ecológica/negação do antropocentrismo*: a abertura ao encontro com a totalidade dos seres, incluindo todos e tudo e se religando com eles, exige uma crítica ao antropocentrismo, pois este exclui e privilegia. Esta totalidade que integra e atrai é Deus, sentido que está no início e no fim.

Essa síntese mostra a base sobre a qual a teologia latino-americana, especialmente em Leonardo Boff, começa o diálogo com as ideias fundamentais do novo paradigma.

O conceito de *ecologia* foi superando lentamente seu nicho "regional". Inicialmente, ficava reduzido às discussões sobre a natureza, à defesa das espécies em extinção: o mico-leão-dourado, a mata atlântica etc. Gregory Bateson (ecologia da mente), Félix Guatari (as três ecologias) e Edgar Morin (complexidade) são alguns dos autores que contribuíram para ampliar esse horizonte. Hoje, a ecologia tem uma dimensão universal e articuladora. É um *novo paradigma* que detém a grande força "mobilizadora do futuro milênio". Na perspectiva de Leonardo Boff, deve-se compreender a ecologia em suas diversas dimensões: ecotecnologia, ecopolítica, ecologia ambiental, ecologia social, ecologia mental, ética ecológica e ecologia integral. Ela atinge todos os setores, apontando critérios e valores, apresentando um novo olhar sobre tudo. Por isso se diz que é um *novo paradigma*. Mas, como ele ainda está nascendo, há longa caminhada a percorrer. Ainda não virou certeza, pois, quando isso acontece, transforma-se "na atmosfera das evidências existenciais [...] em convicção geral, no elemento evidente e inquestionável de uma sociedade".[20]

O *paradigma ecológico* busca estabelecer as novas condições para a manutenção e crescimento da vida, em todos os sentidos. Por isso, abre-se e relaciona-se com todos os aspectos da vida. Não se restringe a transformar apenas as ciências da natureza, mas também a filosofia e as ciências humanas, trazendo, inclusive, grandes consequências para o pensamento teológico. Apresenta, com isso, nova espiritualidade, abrindo-a e tirando-a da prisão dualista que separava espírito e tempo, espírito e matéria e Deus e mundo. Oferece grandes perspectivas para o campo da Teologia do Pluralismo Religioso e para a Teologia da Libertação, propiciando nova teologia e nova práxis de diálogo e de libertação, um parâmetro para a sustentabilidade.

4. A teologia teoantropocósmica: a religação entre Deus, criação e ser humano

Do ponto de vista ecoteológico, a discussão sobre a sustentabilidade planetária exige que sejam superadas as concepções fragmentárias e reducionistas. Temas como a criação/cosmo, Deus e ser humano, que deveriam ser compreendidos de forma articulada, ao longo do tempo, foram dissociados e produziram teologias que não conseguiam mais dialogar com o pensamento vivo contemporâneo.

Na tradição judaica, a compreensão do mundo se articulava com a história. A sua concepção de criação não era uma resposta à curiosidade humana sobre a origem. Os hebreus concebiam a criação (*yasar* e *bara*, "plasmar e criar"; e *ktízein*, "o criar divino") dentro do plano e da história da salvação, da aliança entre Deus e o ser humano. Se Deus caminha com seu povo e o liberta da opressão egípcia, se é o Deus da liberdade, também o é da criação.[21]

Jürgen Moltmann pensa que uma "doutrina da criação em perspectiva ecológica" deveria "abandonar o pensamento analítico com suas distinções sujeito-objeto e buscar aprender um modo de pensar novo, comunicativo e integrativo".

---

20   Cf. BOFF, Leonardo, *Ética da vida*, pp. 25 e 104.

21   Cf. GANOCZY, Criação.

De forma semelhante, Gesché considera que uma teologia da criação ou do cosmo exige integração: "Falar da criação é constitutivamente e no mesmo instante falar de Deus e do mundo [....] quando se trata da criação, por causa da própria natureza do termo e da realidade que ele expressa, fala-se indissociavelmente de Deus e do homem (ou de Deus e do mundo)".[22]

Mas ao longo da história da teologia nem sempre foi assim e o conceito "criação" acabou ficando em segundo plano. Colocando no centro o ser humano, especialmente com "modernidade moderna", o mundo acabou se tornando objeto a ser manipulado. Uma equivocada compreensão do texto bíblico "crescei, multiplicai-vos; enchei a terra e submetei-a" (Gn 1,28) ofereceu "álibi" para uma compreensão utilitarista da natureza e para mais afirmação antropocêntrica.

Essa realidade mudou. A ecoteologia busca realizar a "religação teoantropocósmica", articular essas três questões basilares.[23]

A teologia de Leonardo pode ser apontada como exemplo. A sua produção teológica, a partir do *paradigma ecológico*, especialmente, oferece diversas formulações antropológicas, cosmológicas e teológicas, em seus diversos tratados, que abrem para o diálogo com o pensamento vivo contemporâneo e mantêm a direção libertadora. Por pretender o encontro e a integração, ela se expressa do ponto de vista teórico e praxístico em nível dialogal e libertador, oferecendo importante parâmetro ecoteológico para a sustentabilidade.

Sua mística se defronta com a terra e tudo que com ela interage, especialmente os pobres, que gritam por vida ao Senhor da Vida. Percebe a sabedoria e a ação do *Logos* presente desde o *big bang*, num crescente processo de se fazer consciente até chegar ao ser humano. E mais ainda: como Verbo que se encarna e como Espírito que tudo habita, inspirando o cuidado, a compaixão pela vida.

Essa mística gera uma práxis transformadora. Inicialmente, era uma práxis libertadora que se concentrava na luta contra a opressão e tudo que produzia injustiça e miséria. A mística e a práxis provocavam a inteligência da fé a responder a essa realidade desafiante, interpretando-a à luz de Deus, dialogando com a tradição e a Escritura. Hoje, a mística, a práxis e a teologia, que surgem no horizonte *ecológico*, ganham uma dimensão cósmica: salvaguardar as condições de sustentabilidade do Planeta, naquilo que é possível enquanto intervenção humana — economia, política, cultura... —, sem a ilusão "salvacionista" ou apocalíptica, e libertar os que mais sofrem, produzindo efetiva fraternidade e solidariedade antropocósmica.

Como formulação hermenêutica — a produção teológica propriamente dita —, essa teologia, nascida da realidade — o defrontar-se espiritual e analítico com

---

22 Cf. GESCHÉ, *Deus para pensar*, p. 31.

23 Cf. BAPTISTA, A religação, pp. 152-166.

a dramática situação do pobre e da terra, aqui denominada *teoantropocósmica* — fundamenta-se numa cosmologia, numa antropologia e numa concepção de Deus em sentido amplo, incluindo em seu conceito a Trindade e as pessoas trinitárias: Pai Criador, Cristo Cósmico e Espírito Ubíquo. Essa visão teológica propugna por libertação e diálogo.

O mundo, a terra, compreendida como "superorganismo vivo", se revela e se expressa como "sacramento", como "imagem" do Criador (Deus-comunhão trinitária): a relação como constante entre os seres e a fraternidade e a solidariedade cósmicas; o movimento-dança do processo evolutivo em sua diversidade e biodiversidade. Essa concepção revela uma teologia da criação em íntimo diálogo com as ciências que, a partir dessa realidade observada e conhecida, criticamente, pergunta pelo sentido, por Deus. Também se pergunta pelo papel do ser humano, sua missão, responsabilidade, sua natureza e história (*demens* e *sapiens*), a compreensão da dinâmica de sua vida e morte, e a práxis que pode e deve nascer nesta e desta reflexão.

A visão de ser humano, reafirmada na teologia *teoantropocósmica*, é coerente com a nova cosmologia. O ser humano é "nó de relações", em todas as direções: o outro, a natureza e Deus. Se, na TdL, Leonardo Boff compreendia o pobre como "teofania" e "cristofania", essa mesma compreensão permanece vivamente e se amplia no paradigma ecológico: a terra e o cosmo também são "teofania", "cristofania cósmica", expressão sacramental, manifestação de Deus, da comunhão, da "Trindade cósmica".

Este ser humano se revela em seus dois modos de ser-no-mundo, duas maneiras inteiras de ser inacabado: masculino e feminino. A sua sexualidade é expressão da "biodiversidade da natureza". Produz a troca, a partilha, "daí surgem laços de sinergia, cooperação e convivência, o que reforça a lei básica do processo evolucionário, que é exatamente a panrelacionalidade de todos com todos". E é na articulação do feminino e do masculino, portanto, das diferenças, que avança em qualidade a vida humana: "Na combinação de ambos aparece a vida em sua dinâmica, em sua ternura e em seu vigor".[24] A sexualidade revela que "a vida é tecida de cooperação, trocas, de simbioses, muito mais do que de luta [...]. A sexualidade é o evento biológico onde esta lei universal da evolução se mostra mais explicitamente".[25] A natureza mostra que o encontro não elimina a diferença e ambos dinamizam a vida.

Por fim, a teologia teoantropocósmica compreende Deus a partir do conceito de *panenteísmo*: diferença e diálogo, uma unidade plural. Deus é Uno e Trinitário, é comunhão de pessoas. Ele está em tudo, mas não é pura identidade com tudo: "tudo" não é Deus. Ele se faz presente na criação e no ser humano e ambos expressam sua imagem.

---

24 Cf. BOFF, Leonardo, Masculino/feminino, pp. 205 e 211.

25 Cf. id., A nova consciência, p. 31.

Essa fé trinitária foi possível porque assim Deus se revelou na pessoa de Jesus. Leonardo diz que "Jesus foi contemplado (ungido) para ser o Filho de Deus encarnado. [...] [O Filho] se acercou com amor e simpatia pelo ser humano e o assumiu. A nossa humanidade começou a pertencer ao Filho que então se humanizou ou se encarnou". De outro ponto de vista, antropológico, ou seja, numa teologia ascendente, Leonardo Boff diz que o ser humano "é um projeto infinito e capaz de total abertura a Deus. Jesus se abriu de forma tão radical que o Filho se identificou com ele. Ele se sente o Filho ao chamar a Deus de Abba-Pai de bondade".[26]

Essa visão cristológica de Leonardo Boff leva a implicações antropológicas e teológicas importantes e suscita nova práxis: "Se Jesus se divinizou no Filho e se o Filho se humanizou em Jesus e esse Jesus é em tudo igual a nós, significa então que ser Filho humanado e homem divinizado está dentro das possibilidades da humanidade."[27] É uma concepção teologicamente aberta ao diálogo e, ao mesmo tempo, produtora de uma práxis dialógica.

Leonardo Boff, a partir da perspectiva de Duns Scotus, afirma que o "Pai não só gera o Logos, mas também *produz ativamente no Logos*". O amor vivido na Trindade, para fora, tem sua "máxima expressão e sacramentalização do Verbo" em Jesus de Nazaré, sua inserção na história, "no coração do mundo" e da matéria. Jesus é expressão daquilo "que surge quando Deus quer ser Deus 'fora' de Deus". Amparando-se em Rahner, Boff diz que Jesus não é "aparência de Deus", mas a própria autorrevelação do *Logos*. A matéria ganha "transparência", uma transparência crística. Está presente, então, no mundo e na humanidade: "Cada pessoa individual e em sua singularidade é também um 'ungido', pois é chamado por Deus, por seu nome, e ocupa o seu lugar no desígnio divino".[28]

5. Conclusão

O paradigma ecológico trouxe um novo enfoque para a teologia. Houve verdadeira mudança paradigmática. Observa-se que a nova produção teológica, em suas concepções cosmológicas, antropológicas e teológicas, ou seja, a teologia *teoantropocósmica* representou uma visão propiciadora de encontro e diálogo, de religação, e também de uma práxis libertadora fundamental para a sustentabilidade de planeta, ainda mais porque é concebida em sua própria conceituação, como essencialmente integradora. Coerente, portanto, com a práxis teórica de sua construção — no diálogo com a realidade, com a ciência — e a práxis que pretende produzir: uma nova atitude que possa atuar na sustentabilidade planetária.

---

26   Cf. id., *O Evangelho do Cristo cósmico*, p. 160.

27   Ibid., p. 160.

28   Ibid., p. 148.

6. Referências bibliográficas

ANJOS, Márcio Fabri dos. (org.). *Teologia e novos paradigmas*. São Paulo: Loyola, 1996.

ANTONIAZZI, Alberto. Por que o panorama religioso no Brasil mudou tanto? *Horizonte* v. 3, n. 5, Belo Horizonte, 2º sem. 2004, pp. 35-36.

ASSMANN, Hugo. *Desafios e falácias*; ensaios sobre conjuntura atual. São Paulo: Paulinas, 1991.

BAPTISTA, Paulo Agostinho N. A religação: o encontro das religiões e o cristianismo na teologia teoantropocósmica. *Horizonte* v. 3, n. 5, Belo Horizonte, 2º sem. 2004, pp. 152-166.

_____. *Diálogo e ecologia*; a teologia teoantropocósmica de Leonardo Boff. Dissertação (Mestrado em Ciência da Religião). Juiz de Fora: UFJF, 2001.

_____. Ecologia e consciência planetária como paradigma teológico. In: OLIVEIRA, Pedro A. Ribeiro de; SOUZA, José Carlos A. de (orgs.). *Consciência planetária e religião*. São Paulo: Paulinas, 2009. pp. 141-177.

_____. Teologia e ecologia: a mudança de paradigma em Leonardo Boff. In: GUIMARÃES, Juarez (org.). *Leituras críticas sobre Leonardo Boff*. São Paulo: Perseu Abramo, 2008. pp. 101-141.

BATESON, Gregory. *Pasos hacia una ecología de la mente*. Buenos Aires: Carlos Lohlé, 1985. (Original: *Steps to an ecology of mind*, 1972.)

BERRY, Thomas. *O sonho da terra*. Petrópolis: Vozes, 1991.

BITTENCOURT FILHO, José. *Matriz religiosa brasileira*; religiosidade e mudança social. Petrópolis: Vozes, 2003.

BOFF, Clodovis. *Teoria do método teológico*. 2. ed. Petrópolis: Vozes, 1999.

_____. *Teologia e prática*; teologia do político e suas mediações. Petrópolis: Vozes, 1978.

BOFF, Leonardo. A nova consciência. In: MURARO, Rose Marie; BOFF, Leonardo. *Feminino e masculino*; uma nova consciência para o encontro das diferenças. Rio de Janeiro: Sextante, 2002. pp. 15-118.

_____. Masculino/feminino: o que é ser humano? In: SOTER (org.). *Gênero e teologia*; interpelações e perspectivas. São Paulo: Paulinas/Loyola/Soter, 2003. pp. 203-216.

_____. *O Evangelho do Cristo cósmico*; a busca da unidade do todo na ciência e na religião. Rio de Janeiro: Record, 2008.

_____. O mercado e a religião da mercadoria. *Concilium*, Petrópolis, v. 241, n. 3, pp. 3-9, 1992.

_____. Cristianismo: fator de um humanismo secular planetário. *Revista de Cultura* v. 64, n. 6, Petrópolis: Vozes, ago 1970, pp. 461-468.

_____. *Dignitas terrae*; ecologia: grito da terra, grito dos pobres. São Paulo: Ática, 1995.

BOFF, Leonardo. *Ecologia, mundialização, espiritualidade*; a emergência de um novo paradigma. São Paulo: Ática, 1993.

_____. *Ética da vida*. Brasília: Letraviva, 1999.

CNBB. *A Igreja e a questão ecológica*; leitura ético-teológica a partir da análise crítica do desenvolvimento. São Paulo: Paulinas, 1992.

COSTA, Jurandir Freire. Estratégia de avestruz. *Folha de S.Paulo*, São Paulo, 23 de mar. 1999, Cad. Mais!

GANOCZY, Alexandre. Criação. In: EICHER, Peter (dir.) *Dicionário de conceitos fundamentais de teologia*. São Paulo: Paulus, 1993.

GESCHÉ, Adolphe. *Deus para pensar*; o cosmo. São Paulo: Paulinas, 2004.

GUATTARI, Félix. *As três ecologias*. Campinas: Papirus, 1990.

JACOB, César R. et al. *Atlas da filiação religiosa e indicadores sociais no Brasil*. Rio de Janeiro: PUC-Rio, 2003.

KÜNG, Hans. *O princípio de todas as coisas*; ciências naturais e religião. Petrópolis: Vozes, 2007.

_____. *Teologia a caminho*; fundamentação para o diálogo ecumênico. São Paulo: Paulinas, 1999.

LAGO, Antonio; PÁDUA, José Augusto. *O que é ecologia*. São Paulo: Brasiliense, 1984.

LOVELOCK, James. *Gaia*; um novo olhar sobre a vida na terra. Lisboa: Edições 70, 1989.

MARIANO, Ricardo. *Neopentecostais*; sociologia do novo pentecostalismo no Brasil. 2. ed. São Paulo: Loyola, 2005.

MIRANDA, Eduardo E. de. Do fim do mundo à origem do universo. Questões filosóficas, científicas e teológicas sobre a salvação do planeta. In: SOTER (org.). *Religião, ciência e tecnologia*. São Paulo: Paulinas, 2009. pp. 143-169.

MOLINER, Albert. *Pluralismo religioso y sufrimiento ecohumano*; la contribución de Paul F. Knitter al diálogo interreligioso. Quito: Ed. Abya-Yala, 2006.

MOLTMANN, Jürgen. *Deus na criação*; doutrina ecológica da criação. Petrópolis: Vozes, 1993.

MORIN, Edgar; KERN, Anne Brigitte. *Terra-pátria*. Porto Alegre: Sulina, 1995 (1993).

PELIZZOLI, Marcelo Luiz. *A emergência do paradigma ecológico*; reflexões ético--filosóficas para o século XXI. Petrópolis: Vozes, 1999.

PRANDI, Reginaldo. A religião no planeta global. In: ORO, Ari Pedro; STEIL, Carlos Alberto (org.). *Globalização e religião*. Petrópolis: Vozes, 1999. pp. 63-70.

PRO MUNDI VITA. Los cristianos y la consciencia ecológica. *Estudios* 13, Leuven (Bélgica), fev. 1990.

QUEIRUGA, Andrés Torres. *Recuperar a criação*; por uma religião humanizadora. São Paulo: Paulinas, 1999.

RUBIO, Alfonso Garcia et alii. *Reflexão cristã sobre o meio ambiente*. São Paulo: Loyola, 1992.

SINNER, Rufolf von; MAJEWSKI, Rodrigo Gonçalves. A contribuição da IECLB para a cidadania no Brasil. *Estudos teológicos* v. 45, n. 1, São Leopoldo, 2005, pp. 32-61.

SOTER (org.). *Religião, ciência e tecnologia*. São Paulo: Paulinas, 2009.

SUSIN, Luiz Carlos (org.). *Mysterium creationis*; um olhar interdisciplinar sobre o universo. São Paulo: Paulinas, 1999.

TRIGO, Pedro. *Criação e história*. Petrópolis: Vozes, 1988.

VAZ, Henrique C. de Lima. *Raízes da modernidade*. São Paulo: Loyola, 2002.

Considerações finais:
a construção de uma teologia aberta e em diálogo com a sociedade

Paulo Agostinho N. Baptista
Wagner Lopes Sanchez

Sabemos que todo conhecimento é uma forma de interpretação do mundo, dos objetos, dos fenômenos e das relações. Somos marcados pelo horizonte de compreensão de nossa época.

Num ambiente pluralista e crítico, marcado pelo crescimento da divulgação científica, a tarefa e os desafios da teologia crescem. Ela deve estar preparada para o diálogo com os diversos campos do saber e se fazer presente, conhecer e refletir "com" e "a partir" da realidade, fazer conexão com o pensamento vivo de seu tempo. Esta coleção e esta obra — *Teologia e sociedade* — buscam abrir esse horizonte.

A rapidez das mudanças culturais exige, cada vez mais, um pensamento atento e ágil que possa responder aos problemas e questões contemporâneas. Se há, na atualidade, a predominância de uma lógica individualista, da mercantilização e privatização das esferas de valor e das diversas áreas como o afeto, a política, a cultura, a religião, não pode a fé ficar reduzida ao campo da experiência subjetiva ou a essa lógica. A teologia deve dialogar, ser discente, aprendiz, para que possa ser docente e educadora. Deve recuperar a dimensão *societas* que está em sua origem como assembleia, com *ekklesia* que reflete sobre sua experiência de Deus. E nisso está sua vocação primeira de ser aberta e de anunciar a todos novas e boas notícias. Deve ser uma teologia pública que comunica, ouvindo e dizendo, aprendendo e ensinando.

No âmbito da Igreja Católica, o Concílio Vaticano II foi um marco nessa caminhada: recolhe a tradição, volta às fontes, traduzindo e interpretando a experiência teológica e espiritual para a sociedade contemporânea. É o exercício do diálogo com a mulher e o homem de nossa época. Fala de suas alegrias e esperanças, de suas angústias e tristezas, especialmente dos pobres e daqueles que mais sofrem, como sendo também os mesmos sentimentos dos que seguem a Cristo (LG, n. 1). Enfrenta o desafio de se abrir ao mundo, de responder aos "sinais dos tempos", de testemunhar a vida do Espírito que a leva a seguir sua missão. Foi o começo de longa trilha.

Para isso, houve verdadeira "virada antropológica". Foi preciso emergir a consciência do sujeito que faz a teologia. Essa consciência se ampliou muito nos últimos quarenta anos. Mudando o contexto — a situação de uma teologia em clima de combate com a "modernidade moderna" no pré-concílio, expressa na visão "extra ecclesiam nulla salus" ou de que fora da Igreja não há salvação —, muda a teologia e surge um pensamento ecumênico e aberto ao diálogo com as outras religiões, com a sociedade e a cultura. Não era mais possível ficar na trincheira de defesa do passado pelo passado.

A recepção do Concílio na América Latina foi muito criativa. Interpretou essa riqueza teológica à luz da nossa realidade, realizando verdadeira inculturação. Assim, começa a nascer uma teologia latino-americana, não mais reflexo da realidade europeia, mas "teologia-fonte" (Lima Vaz), formas eclesiais inovadoras como as CEBs (Comunidades Eclesiais de Base) e toda a animação bíblica, catequética, missionária e litúrgica. Não bastava ler a Palavra e interpretá-la. A fé pedia eficácia, que se transformasse em práxis, em testemunho de amor.

Ao longo de seus 46 anos, a experiência da Campanha da Fraternidade (CF) é um exemplo dessa criatividade e de abertura dialogal. Grandes e emergentes problemas foram refletidos teológica e pastoralmente: a missão da Igreja e as questões da vida cristã como o amor, a fraternidade, a participação, o perdão; os problemas sociais como a fome, a terra, a casa, a justiça, a educação, a saúde, a liberdade e a prisão, os meios de comunicação, a solidariedade, a família, a exclusão, o preconceito, a questão étnica, indígena, de gênero, as drogas, a paz, a política, a economia; e as questões ecológicas e ambientais: a água, a ecologia, a Amazônia, a defesa da vida.

Nesse contexto, a Conferência Nacional dos Bispos do Brasil (CNBB) assumiu um papel de protagonista em momentos difíceis de nossa história: a denúncia da tortura, da fome, das injustiças; a participação no processo de redemocratização e na elaboração da nova Constituição; a defesa da ética em todos os setores: na economia, na cultura e na política, como a campanha contra a corrupção eleitoral, com o projeto de lei de iniciativa popular que gerou a Lei 9.840, e agora o pleito, juntamente com diversas entidades da sociedade civil, do projeto "Ficha Limpa", a exigência de que os candidatos tenham um lastro ético e histórico de cidadania.

A teologia esteve sempre acompanhando esse processo. Saiu dos espaços restritos da formação eclesiástica, especialmente na experiência católica, e foi ocupando tanto o lugar acadêmico quanto da formação das comunidades cristãs, inclusive traduzindo-se para segmentos populares. Em cursos de extensão, de pós-graduação, em finais de semana, manhãs de formação e de diversas outras maneiras, as comunidades de fiéis têm buscado aprofundar sua experiência de fé. A presença da mulher na teologia foi uma feliz novidade. Trouxe nova sensibilidade para o fazer teológico. Ficamos mais atentos, sensíveis e críticos aos diversos rostos e identidades, com suas histórias e experiências, ocupando o lugar da reflexão teológica, como novos sujeitos.

A Palavra de Deus sempre foi a *norma normans non normata* ("norma normatizante não normatizada") da teologia. É sua referência fundamental. A Primeira Carta de João, no capítulo 4, é um hino e um chamado ao testemunho do amor. Anima-nos a enfrentar todos os desafios: "Não há medo no amor. O perfeito amor lança fora o medo" (1Jo 4,18). Essa Palavra nos aponta o caminho e nos estimula a superar os problemas, mas não sozinhos. Não há experiência cristã, não há como viver o amor e enfrentar o medo sem a vida comunitária. Não há teologia cristã sem o fundamento da experiência comunitária, pois seu próprio Sujeito-Objeto — Deus-Trindade — é comunhão amorosa, não é solidão. E não é fácil vivenciar a fraternidade e "fazer comunidade" diante do individualismo e do indiferentismo atual, inclusive quando esses fenômenos se articulam à lógica do mercado e conseguem se incorporar à própria religião, produzindo uma teologia mercantil e privatista.

As diversas questões abordadas neste livro — a pluridimensionalidade humana, o ser humano como sujeito histórico, a relação entre teologia, sociedade e modernidade, suas implicações políticas, sociais, culturais, econômicas, éticas, ecológicas — tiveram como objetivo destacar alguns aspectos significativos de nossa agenda contemporânea. Certamente, muitos outros temas deixaram de ser tratados. Essas outras questões devem nos estimular a continuar a refletir diante de problemas novos que surgem a cada dia.

Nossa sociedade precisa de referências qualitativas. Como expressão da inteligência da fé, a teologia tem papel muito importante para a formação das gerações especialmente quando ela se apresenta de forma aberta e dialogal. Deve dar testemunho da verdade e da liberdade dos Filhos de Deus, pois foi para isto que Cristo nos libertou, conclamando-nos a superar as variadas formas de aprisionamento (Gl 5,1).

A discussão sobre teologia e sociedade deve descortinar também o encontro, na intercessão do horizonte, entre a história e a transcendência: a construção do Reino-Democracia de Deus. Lugar que supere as diferenças excludentes — "Não há judeu nem grego; não há escravo nem livre; não há homem e mulher, porque todos sois um só em Cristo Jesus" (Gl 3,27-28) — tempo-espaço de utopia (não lugar), mas que pode se tornar topia. Quando se acolhe o outro, o diferente, especialmente o excluído, o esquecido e o pobre; quando se respeita a pluralidade como expressão da diversidade criada, são dados passos para a unidade da família humana e o enfrentamento amoroso dos conflitos e a construção da paz. Essa sociedade se torna sustentável e descobre a importância do cuidado com todos e com o espaço-materno de nossa casa comum, a terra.

Autores

Benedito Ferraro

Doutor em Teologia pela Universidade de Fribourg, Suíça. Atualmente, professor de teologia na PUC-Campinas. Assessor da Ampliada Nacional de CEBs e da Articulação Continental de CEBs. Presidente do Cesep (Centro Ecumênico de Serviços à Evangelização e à Educação Popular), vice-presidente da Soter (Sociedade de Teologia e Ciências da Religião) e assessor da Pastoral Operária da Arquidiocese de Campinas.

Edelcio Ottaviani

Doutor em Filosofia pela Universidade Católica de Lovaina. Professor da Faculdade de Teologia da PUC-SP e coordenador do Programa Suplementar FOCO-Vestibular da PUC-SP juntamente com a Profª Silvana Tótora.

Jaldemir Vitório

Mestre em exegese bíblica pelo Pontifício Instituto Bíblico (Roma) e doutor em teologia bíblica pela PUC-Rio. Leciona Sagrada Escritura na FAJE (BH-MG). É presbítero jesuíta e desenvolve atividades pastorais na Paróquia do Santíssimo Sacramento em Justinópolis-MG.

João Batista Libanio

Doutor em Teologia pela Universidade Gregoriana de Roma. Professor emérito de teologia na Faculdade Jesuíta de Filosofia e Teologia (FAJE/ISI) de Belo Horizonte. Escritor. Entre os livros recentes: *Em busca de lucidez*, São Paulo, Loyola, 2008; *Os caminhos de existência*, São Paulo, Paulus, 2009.

João Décio Passos

É professor associado do Departamento de Ciência da Religião da PUC-SP, onde leciona e pesquisa no Programa de Estudos pós-graduados em Ciências da Religião, professor no Instituto São Paulo de Estudos Superiores. Bacharel pela Pontifícia Faculdade de Teologia Nossa Senhora da Assunção e mestre em Teologia pelo Pontifício Ateneu Santo Anselmo, mestre em Ciências da Religião e doutor em Ciências Sociais pela PUC-SP e livre-docente em Teologia pela PUC-SP.

José Carlos Aguiar de Souza

Doutor em Filosofia pela Universidade Federal de Minas Gerais, reitor do Centro de Estudos Superiores de Juiz de Fora, professor do mestrado em Ciências da Religião da PUC-Minas.

Luiz Eduardo Wanderley

Mestre, doutor e livre-docente pela USP, professor titular do Departamento de sociologia da PUC-SP, da qual foi reitor (1984-1988), coordenador do Núcleo de Estudos Latino-americanos do Programa de Pós-graduação em Ciências Sociais, sócio do Cesep e da Ação Educativa. Publicou *Democracia e Igreja Popular*, Educ, 2007.

Márcio Antônio de Paiva

Doutor em Filosofia pela Pontifícia Universidade Gregoriana de Roma, professor do mestrado em Ciências da Religião e diretor do Instituto de Ciências Humanas da PUC-Minas.

Maria Luiza Guedes

Doutora em Educação. Professora associada do Departamento de Ciência da Religião, PUC-SP.

Marta Silva Campos

Assistente social e doutora em Ciências Sociais. Professora associada da PUC-SP. Docente na disciplina política social no Programa de Estudos Pós-graduados em Serviço Social, no Curso de Graduação em Serviço Social e de especialização em Jornalismo Social.

Paulo Agostinho N. Baptista

Doutor em Ciência da Religião (UFJF), coordenador do Núcleo de Cultura Religiosa da PUC-Minas e professor, colaborador e editor da revista *Horizonte* do Programa de Pós-graduação em Ciências da Religião da PUC-Minas. Professor de Ensino Religioso do Colégio Santa Marcelina de Belo Horizonte.

Pedro A. Ribeiro de Oliveira

Doutor em Sociologia pela Universidade Católica de Louvaina (Bélgica), professor de Sociologia da Religião no mestrado do Programa de Pós-graduação em Ciências da Religião da PUC-Minas, membro do Iser-Assessoria e do Centro de Fé e Política "Dom Helder Câmara" e consultor da CNBB para análise de conjuntura.

Roberlei Panasiewicz

Doutor em Ciência da Religião, professor e coordenador-adjunto do Programa de Pós-graduação em Ciências da Religião da PUC-Minas.

Rosana Manzini

É mestre em Teologia Prática pela Pontifícia Universidade Católica de São Paulo e mestre em Teologia Moral pela Pontifícia Faculdade de Teologia Nossa Senhora da Assunção. Professora da PUC-SP e do Centro Universitário Salesiano de São Paulo (PIO XI), onde leciona disciplinas da área de Teologia Moral. Vice-diretora acadêmica da Faculdade Dehoniana (Taubaté-SP). Pertence à diretoria da Sociedade Brasileira de Teologia Moral e é diretora do Centro de Estudos Leon Dehon (Centro de Divulgação e Difusão da Doutrina Social da Igreja).

Silas Guerriero

Mestre e doutor em antropologia pela PUC-SP. Professor associado do Departamento de Ciência da Religião e do Programa de Estudos Pós-graduados em Ciências da Religião da PUC-SP. Atua na área de pesquisa da Antropologia da Religião, especialmente em novos movimentos religiosos e religião na modernidade.

Wagner Lopes Sanchez

Mestre em Teologia pelo Pontifício Ateneu Santo Anselmo, mestre e doutor em Ciências Sociais pela PUC-SP, onde é professor assistente-doutor no Departamento de Ciência da Religião. É membro da diretoria do Cesep (Centro Ecumênico de Serviço à Evangelização e Educação Popular).

Sumário

Apresentação da coleção 5

Introdução 9

PARTE I
RELAÇÃO ENTRE TEOLOGIA E SOCIEDADE

I. As múltiplas dimensões do ser humano
ROBERLEI PANASIEWICZ 15

II. O ser humano como ser histórico
JOÃO BATISTA LIBANIO 29

III. A teologia como produto social e produtora da sociedade:
a relevância da teologia
BENEDITO FERRARO 43

IV. Teologia cristã e modernidade: confrontos e aproximações
WAGNER LOPES SANCHEZ...57

PARTE II
AS DIMENSÕES DA SOCIEDADE A PARTIR DA TEOLOGIA

SOCIEDADE

V. Justiça social e direitos humanos, uma luta antiga:
em memória do profeta Amós
JALDEMIR VITÓRIO 77

VI. A busca de uma sociedade justa na Doutrina Social da Igreja Católica
LUIZ EDUARDO W. WANDERLEY..87

POLÍTICA

VII. Liberdade e engajamento social

     EDELCIO OTTAVIANI 101

VIII. Políticas públicas e exigências éticas

     MARTA SILVA CAMPOS.. 119

CULTURA

IX.   A diversidade cultural como desafio à teologia

     SILAS GUERRIERO 132

X.   *Ser como Deus*: críticas sobre as relações entre religião e mercado

     JOÃO DÉCIO PASSOS.. 145

COMUNIDADE INTERNACIONAL

XI.   Globalização neoliberal e globalização solidária

     PEDRO A. RIBEIRO DE OLIVEIRA 162

XII. Uma pátria comum?

     JOSÉ CARLOS AGUIAR DE SOUZA E MÁRCIO ANTÔNIO DE PAIVA 174

PARTE III
VALORES E DISCERNIMENTOS ÉTICOS

XIII. Uma reflexão ético-teológica a partir da *Gaudium et Spes*
     e da *Caritas in Veritate*

     ROSANA MANZINI... 187

XIV. O papel das religiões na construção das utopias e de uma ética mundial

     MARIA LUIZA GUEDES.. 198

XV. Parâmetros ecoteológicos para a sustentabilidade planetária

     PAULO AGOSTINHO N. BAPTISTA.. 207

Considerações finais: a construção de uma teologia aberta
     e em diálogo com a sociedade

     PAULO AGOSTINHO N. BAPTISTA E WAGNER LOPES SANCHEZ 222

Autores.. 225

Impresso na gráfica da
Pia Sociedade Filhas de São Paulo
Via Raposo Tavares, km 19,145
05577-300 - São Paulo, SP - Brasil - 2012